beck^l_{sche}**reihe**

b^r_s

Korruption ist effektiv, attraktiv und lukrativ. Das haben auch Entscheidungsträger in unserer staatlichen Verwaltung und Politik erkannt. Nicht nur in Abu Dhabi oder Sizilien, sondern längst auch in Deutschland bestechen Verbandsfunktionäre und Bauunternehmer Beamte und Politiker. Schmiergeldzahlungen sind in vielen Branchen bereits Teil der Geschäftspolitik und fügen dem Fiskus jährlich Schäden in Milliardenhöhe zu. Unbemerkt von Justiz und Öffentlichkeit konnten weit verzweigte Beziehungsgeflechte heranwachsen, weil Korruption in deutschen Amtsstuben jahrzehntelang tabuisiert wurde. Anhand zahlreicher Originalfälle stellen die Autoren die schillernden Facetten von Bestechung und Bestechlichkeit anschaulich dar. Sie machen deutlich, daß es sich hier nicht um Einzelfälle handelt, sondern um ein flächendeckendes Kriminalitätsphänomen, das die Grundfesten staatlicher Autorität und das Prinzip des freien Wettbewerbs erschüttert.

Britta Bannenberg ist Professorin für Kriminologie, Strafverfahrensrecht und Strafrecht an der Universität Bielefeld.
Wolfgang Schaupensteiner ist Oberstaatsanwalt in Frankfurt am Main.

Britta Bannenberg
Wolfgang J. Schaupensteiner

Korruption in Deutschland

Portrait einer Wachstumsbranche

Verlag C. H. Beck

Originalausgabe

© Verlag C.H. Beck oHG, München 2004
Gesamtherstellung: Druckerei C.H. Beck, Nördlingen
Gedruckt auf säurefreiem, alterungsbeständigem Papier
(hergestellt aus chlorfrei gebleichtem Zellstoff)
Umschlagentwurf: + malsy, Bremen
Printed in Germany
ISBN 3 406 51066 3

www.beck.de

«Wenn der Staat als zu schwach erscheint, die eigene Werteordnung zu verteidigen, dann zerstört er das Vertrauen derer, die ihn gerade mit dieser Schutzfunktion beauftragt haben. Niemand stattet einen schwachen Garanten mit starken Rechten aus.»

Altbundespräsident Roman Herzog am 18.10.1997 aus Anlass des 20. Todestages von Hanns Martin Schleyer

Inhalt

Einleitung

Korruption hat Konjunktur: Bestechung, Ämterpatronage, Filz, Vorteilsannahme, Verknüpfung privater und dienstlicher Interessen, dubiose Beraterverträge, illegale Parteispenden, Müllskandal mit nicht
enden wollenden neuen Enthüllungen. Stichworte für den Zustand
einer Branche, die seit Jahrzehnten auch in Deutschland im Wachsen
begriffen ist. Die Konferenz der Innenminister und -senatoren (IMK)
warnte 1996 nachdrücklich: «Korruption hat sich zu einer ernsthaften
Bedrohung der moralischen Grundlagen unserer Gesellschaft entwickelt.» Aber da war es bereits zu spät, den Anfängen zu wehren.
Die Alarmzeichen der in Staat und Gesellschaft metastasierenden
Korruptionsgeschwüre wurden lange Zeit hartnäckig übersehen. Infolge der verbreiteten Unterschätzung des Bedrohungspotentials der
wirtschaftskriminellen Korruption und der Gleichgültigkeit der Politik gegenüber diesen Gefahren konnte sich das Schmiergeldunwesen
in Wirtschaft und Verwaltung ungehindert ausbreiten.

Heute erscheint der klassische Beamte in seiner Funktion als Diener
des Rechts eher als hohles Pathos. Aber das Erscheinungsbild des
korrupten Beamten ist so alt wie das Staatswesen überhaupt. Die
Geschichte von Korruption und Bestechung kann über Jahrtausende
zurückverfolgt werden.[1] Bereits die Bibel wusste von der Anfeindung
hoheitlicher Einrichtungen durch Korruption zu berichten und
nimmt daher das Verbot der Bestechlichkeit in ihren Forderungskata-
log auf. Hierzu heißt es im Buch Exodus 23,6 «Du sollst Dich nicht
bestechen lassen; denn Bestechung macht Sehende blind und verkehrt
die Sache derer, die im Recht sind.» Korruption begegnet uns jedoch
nicht nur in der Bibel, und es bedarf auch keines mühsamen Quellen-

studiums, um zu erfahren, was es mit dem Schmiergeldwesen auf sich hat. Korruption ist auch in Deutschland eine historisch bekannte Größe, die bis in die Gegenwart fortwirkt. Ob es den unbestechlichen, formal-korrekten Typ des preußischen Beamten jemals gegeben hat und es sich nicht nur um das biedermännische Konstrukt idealistischer Vertretung hoheitlicher Autorität handelte, mag letztlich dahingestellt bleiben. Erhellt doch ein Blick in die neuere deutsche Verfassungsgeschichte, dass sich die Gründung des Deutschen Reiches 1871 wesentlich auf korruptive Handlungsmuster stützen konnte.[2]

Korruption gab es und wird es immer geben, solange sich Menschen in Gruppen und Gesellschaften welcher staatsrechtlichen und ideologischen Form auch immer zusammenschließen. Nur die Häufigkeit, in der sie anzutreffen ist, die Verbreitung, die sie erfährt, und der Grad der kulturellen Vereinnahmung wird beständigem Wechsel unterworfen sein. So bleibt das Thema Korruption aktuell wie eh und je, nur dass heutzutage Bestecher und Bestochene, so sie erwischt werden, nicht mehr ihr Leben riskieren, sondern allenfalls ihren sozialen Abstieg.

Zur Beschreibung der kriminellen Phänomene von Bestechung, Korruption und betrügerischer Manipulation bedient man sich im Deutschland der Jahrtausendwende gern exotischer Bilder. Man spricht von «Korruptionssumpf» und auch von der «Bananenrepublik.» Da aber Sümpfe hierzulande eher Seltenheitswert haben und Bananen nur als Importartikel bekannt sind, offenbart sich darin der verbreitete Irrglaube, Korruption sei ein exklusives Problem allein ferner Länder mit hohem Sonnenstand: «Je südlicher, desto korrupter.» Korruption präsentiere sich folglich nur in Ausnahmefällen. Verlässt man aber die Niederungen national-chauvinistischer Vorurteile und erklimmt eine Anhöhe, um sich einen Überblick zu verschaffen, wird man irritiert feststellen, dass sich die Durchstecherei nicht auf vereinzelte Biotope beschränkt, sondern die Schmiergeldströme auch in Deutschland mäandern, so weit das Auge reicht. Wir sind Zeitzeugen einer anhaltenden weltweiten Korruptionskonjunktur, die bis vor wenigen Jahren noch für undenkbar gehalten wurde. Korruption ist zu einem gravierenden Problem gesellschaftlicher und wirtschaftlicher Entwicklung geworden. Sie hat unmittelbare Auswirkungen auf die politische Kultur, auf das Verhältnis der Bürger zu den staatlichen Einrichtungen und die Mechanismen der Marktwirtschaft.

In einer Erklärung von Weltbank und IWF anlässlich ihrer Jahrestagung am 23. 9. 1997 in Hongkong werden die Gefahren der Korruption für Staat und Gesellschaft kurz und treffend umrissen: «Korruption führt zur Verschwendung von Steuergeldern, lähmt die öffentliche Verwaltung, treibt die Kosten der Privatwirtschaft in die Höhe und untergräbt das Vertrauen der Bevölkerung in den Staat.»

In den meisten Staaten dieser Erde werden zwischen 2 und 10 % der Auftragssummen an Schmiergeldern bezahlt. In Italien und Spanien sollen es zwischen 5 und 15 % sein. Weltweit werden jedes Jahr nach Schätzung der Weltbank im internationalen Geschäftsverkehr 70 Mrd. Euro in das Korruptionsgeschäft investiert, das keine Arbeitsplätze schafft. Infolge der Globalisierung von Wirtschaft und Politik sowie der Öffnung der wirtschaftlichen Grenzen auf dem Gebiet der EU können weltweite Korruptionspraktiken nicht ohne Rückwirkungen auf den deutschen Markt bleiben. Das globale Korruptionsklima heizt auch Deutschland auf.

Mag man der Aussagekraft der Korruptionsrankings von Transparency International (TI) auch skeptisch gegenüberstehen, so zeigt sich doch ein erhebliches Korruptionsproblem in Industrienationen wie Schwellenländern. Dem von TI herausgegebenen Bribe Payers Index 2002 zufolge, der Auskunft über die Neigung von Unternehmen gibt, in Schwellenländern Schmiergeld zur Umsatzsteigerung zu zahlen, liegt Deutschland zusammen mit Singapur nur im Mittelfeld auf Platz 9 (1 = Australien) von 21 (= Russland) Ländern (der Wert 1 steht für den am wenigsten bestechungsgeneigten Staat). Im Corruption Perceptions Index 2003, der die Bestechlichkeit von Politikern und Staatsdienern beschreibt, ist Deutschland vom 14. Rang (1999) auf Platz 16 zurückgefallen (Nigeria und Bangladesch bilden auf den Rängen 132 bzw. 133 die Schlusslichter).

Der Wachstumsbranche Korruption ist es damit in wenigen Jahren gelungen, das Bild der Deutschen weltweit zu beschädigen. Die Republik wird geradezu überrollt von Filz und Klüngel, von schwarzen Kassen und verheimlichten Parteispenden. Wo vormals für das altruistische Mäzenatentum der Grundsatz galt «Tue Gutes und rede darüber», werden heute Domizilfirmen in der Schweiz gegründet, um heimlich zu geben, als handele es sich bei den Empfängern um verfassungswidrige Organisationen. Entscheidungsträger in staatlicher Verwaltung und Politik stehen auf den Lohnlisten der Wirtschaft («white corruption») und kassieren ungeniert horrende Summen für angebliche Beratungsleistungen. Die Überzeugung der Bürger von der Nichtkäuflichkeit der Repräsentanten staatlicher Autorität gerät ins Wanken und hat bereits tiefe Einrisse erlitten.

Korruption ist in Deutschland heute «kein Thema mehr, das verschämt hinter verschlossenen Türen besprochen wird», so Bundesminister a. D. Carl-Dieter Spranger im September 1997. Parteienübergreifend und mit den Verbänden der Privatwirtschaft und des öffentlichen Dienstes werden die von der weiteren Ausbreitung der Korruption dem Gemeinwesen drohenden Gefahren beschworen und ihre effektive Bekämpfung angemahnt. Das war nicht immer so. Noch Anfang der 1990er Jahre herrschte die selbstgerechte Illusion vor, der deutsche Beamte sei korruptionsresistenter als Staatsdiener anderer Länder: Weil nicht sein darf, was nicht sein kann. Die Deutschen haben lange geglaubt, beseelt vom vermeintlich integeren Volkscharakter, gegen korruptive Umtriebe gefeit zu sein. Doch mag der Glaube auch Berge versetzen, er verhindert keine Korruption.

Max Webers verklärtes Bild vom «preußischen Beamtenethos», das Ideal vom unbestechlichen, fachlich geschulten und pflichtbewussten Staatsdiener, das im 19. Jahrhundert die Beamtenschaft als staatstragende Funktionselite von sich selbst vermitteln konnte, galt als unverrückbarer Garant gegen «italienische Verhältnisse». Der «ehrbare Kaufmann» oder der «fleißige Arbeiter» sind auch solche Symbole einer sich selbst schmeichelnden kollektiven Selbsteinschätzung.[3] Doch eignet sich dieses hehre Selbstbildnis besser als eine weitere Variante in Goethes «Dichtung und Wahrheit» denn als Beschreibung der tatsächlichen Verhältnisse. Die Frage, ob Korruption sich auch in deutschen Amtsstuben ausbreitet, wurde jahrzehntelang schlicht tabuisiert. Unbemerkt von Justiz und Öffentlichkeit konnten so weit verzweigte Beziehungsgeflechte heranwachsen. Wenn Bestechung hier und da aufgedeckt wurde, dann ging man von unvermeidbaren Einzelfällen individuellen Versagens aus. So ist nachvollziehbar, dass man angesichts dieser Vorstellung von unerschütterlicher Loyalität keinen Anlass für misstrauische Kontrollen oder gar eine Novellierung des antiquierten Korruptionsstrafrechts sah. Dagegen fanden kritische Mahner schon früh deutliche Worte. Etwa Marion Gräfin Dönhoff, die 1961 in der ZEIT in dem Artikel «Staatsdiener oder wessen Diener?» Korruptionsfälle aus den 1950er und 1960er Jahre eindringlich beschrieb und meinte, jeder Staat habe schließlich die Beamten, die er verdiene. Auch der Staatsrechtler Theodor Eschenburg geißelte in seinem Buch über «Ämterpatronage» und in anderen Veröffentlichungen die Korruptionspraktiken.[4]

In Unkenntnis der verbreiteten Usancen konnte das Schmiergeldunwesen in nahezu alle Bereiche von Staat, Wirtschaft und Gesellschaft eindringen. Die in der Nierentisch-Zeit vereinzelt bekannt gewordenen Fälle waren da noch von vergleichsweise «idyllischem Zuschnitt», wie Noack treffend bemerkte.[5] Damals wurde schon die kostenlose Nutzung eines Leihwagens zur Korruptionsaffäre hochstilisiert, und Beamten ging es vorrangig um «die Erstbeschaffung» von Autos, Häusern, Musiktruhen und Fernsehapparaten.[6] Eine gewisse Berühmtheit erlangte in den 1950er Jahren die «Kilb-Affäre», benannt nach dem persönlichen Referenten Adenauers, Hans Kilb, dessen private Nutzung eines Mercedes-Dienstwagens nicht nur die üblich gewordene Kontaktpflege von Wirtschaft und Verwaltung offenbarte, sondern mit den juristischen Verrenkungen und Winkelzügen auch den politischen Einfluss auf die Justiz zeigte. Im Vergleich zur Flick-Affäre und zu heutigen Zuständen handelte es sich um verhältnismäßig geringe Bereicherungen. Der Grundstein für die Normalität der Korruption in deutschen Amtsstuben war jedoch gelegt.

Heute vergeht kaum ein Tag, an dem nicht über neu aufgedeckte Affären mit zum Teil enormen Bereicherungssummen in Wirtschaft und Verwaltung berichtet wird. Spektakuläre Bestechungsfälle haben uns mittlerweile nachdrücklich darüber belehrt, dass auch die Verwaltung keine Insel der Glückseligkeit ist, sondern ein Spiegelbild der gesellschaftlichen Missverhältnisse. Die staatliche Verwaltung, vom bazillus corruptus infiziert, bleibt von der klandestinen Ausbreitung der Korruption nicht unberührt. Während die Einsicht zunehmend Platz greift, dass die Erosion der Normen den öffentlichen Dienst längst erreicht hat, macht man sich über den Verfall der Sitten in der Privatwirtschaft, wo nicht erst seit heute über die «Pest des Schmierens» geklagt wird, keine Illusionen mehr. Die Liste namhafter und renommierter Konzerne, die im Visier der Ermittler stehen, liest sich wie das «Who's who» der deutschen Wirtschaft: Deutsche Bank, WestLB, Dresdner Bank, Veba-Konzern, Babcock Borsig, MLP, Mannesmann, SAP – die Liste ließe sich beliebig verlängern. «Die Gier der Manager hat eine Vertrauenskrise ausgelöst. Die Elite predigt zwar Moral, lebt sie aber selten vor.... Früher beschäftigten sich die Strafverfolger lieber mit der Aufklärung eines Mordes oder Feld-, Wald- und Wiesendelikten ... Heute tauchen Staatsanwälte Woche für Woche in Chefetagen auf, manchmal sind auch Handschellen fällig.»[7] Neuerdings werden Topmanager wie gewöhnliche Kriminelle behandelt[8] und rufen damit extreme Reaktionen bei den Betroffenen hervor.[9] Erinnert sei an den subkutanen Vorwurf planmäßiger Kriminalisierung von Politikern und Wirtschaftsführern mit der applizierten Forderung nach Ablösung der Staatsanwälte, denen «politischer Verfolgungseifer» unterstellt wird.[10] Schon tragen namhafte Anwaltskanzleien juristischen Lehrstühlen das Ansinnen an, mit hoch bezahlten Gutachten gegen die als unbequem empfundenen Rechtsauffassungen von Staatsanwälten und Richtern zu Felde zu ziehen. In Wahrheit vollzieht sich lediglich Selbstverständliches: Jeder ist vor dem Gesetz gleich. Von der Staatsanwaltschaft, in früheren Zeiten gerne als die «Kavallerie der Justiz, schneidig, aber dumm» belächelt, war man jedoch deutliche Zurückhaltung bei der Verfolgung einflussreicher Personen gewohnt. Wer von «wild gewordenen Staatsanwälten» spricht, den beschäftigt offenbar die Unbotmäßigkeit der Vertreter der dritten Gewalt: «Was eigentlich nehmen die sich heraus? Sind die nicht weisungsgebunden? Kann man die nicht bremsen? Kann der Justizminister dem ganzen Spuk nicht mit einem Federstrich ein Ende bereiten?»[11] Die Schwierigkeiten der Strafverfolgungsbehörden, gegen «Mächtige» in der Gesellschaft und gegen die seit der berühmten Studie des amerikanischen Kriminologen Edwin H. Sutherland[12] so genannten Weiße-Kragen-Täter zu ermitteln, sind lange bekannt und geben beredtes Zeugnis von der noch immer vorhandenen Normalität der Grenzen der Strafverfolgung gegen Personen mit hohem gesellschaftlichen Status. Im Zweifel wird auf die weisungsabhängige Staatsanwaltschaft auch illegitimer Einfluss ausgeübt, um Strafverfahren einzustellen. Dies zeigt die Erfahrung betroffener Staatsanwälte.[13] Vielleicht deuten sich mit der schwindenden Scheu der Strafjustiz vor großen Namen tatsächlich Änderungen in Richtung einer Korrektur verschobener Rechtsmaßstäbe an, beispielhaft dokumentiert durch die Anklage der Düsseldorfer Staatsanwaltschaft gegen Spitzenmanager der deutschen Wirtschaft im Komplex Mannesmann/Vodafone.

Auch in der öffentlichen Wahrnehmung gewinnt Korruption als Kriminalitätsphänomen zunehmend an Aktualität und wird im Bewusstsein der Bürger bereits als allgegenwärtige Bedrohung empfunden. Seit Anfang der 1990er Jahre haben strafrechtliche Ermittlungen, wie sie in Umfang und Bedeutung zuvor in Deutschland nicht bekannt waren, das Bestechungsunwesen in Wirtschaft, Politik und Verwaltung in den Focus medialen Interesses gerückt. Hierbei spielten ab 1987 gerade die Ermittlungen der Staatsanwaltschaft Frankfurt am Main eine besondere Rolle. Aus diesem Grund werden in diesem Buch vorzugsweise Fallbeispiele aus Frankfurt am Main zur Veranschaulichung grundlegender Strukturen und Probleme bei der Aufdeckung des Korruptionsfilzes vorgestellt. Es ist uns jedoch ein Anliegen, deutlich zu machen: Frankfurt ist überall. Mittlerweile haben viele Bundesländer die leidvolle Erfahrung machen müssen, dass es keine korruptionsfreien Zonen gibt und kein Amt vor Bestechung gefeit ist. Konnten noch 1996 Oberstaatsanwälte aus dem Saarland – nach dem Motto: Korruption gibt es nur dort, wo sie entdeckt wird – behaupten, in ihrem Bundesland existiere keine Korruption, so wird man heute derartige Äußerungen nicht einmal mehr denken. Vielfach hat die Justiz mit den ansteigenden Fallzahlen ab 1995 begonnen, Sonderdezernate zur Korruptionsbekämpfung einzurichten. Stadtverwaltungen überall in der Bundesrepublik haben die Enttarnung von Korruptionsgeflechten erlebt, die sie zuvor – völlig realitätsfern – eben nur in Frankfurt am Main und im Hochtaunus-Kreis vermuteten. Zieht man die Lehren aus den bundesweit aufgedeckten Korruptionsfällen, so wird weiter deutlich, dass es sich nur bei einem kleinen Teil um Einzelfälle mit Bagatell- und Gelegenheitscharakter (petty corruption) handelt. In vielen Bereichen der staatlichen Verwaltung trifft man auf ein verbreitetes Phänomen, das Jahre, wenn nicht Jahrzehnte unkontrolliert wachsen konnte. Typisch sind bei sachgerechter Aufklärung von Verdachtsmomenten Fälle mit einer Vielzahl an Beschuldigten und enormen Schäden. Die Ermittlungen haben hoch organisierte und abgeschottete Beziehungsgeflechte zwischen Amtsträgern und Angehörigen der Wirtschaft freigelegt.[14] Es ist nicht damit zu rechnen, dass es sich dabei um einmalige Phänomene oder gar um vorübergehende Erscheinungen von Korruption, Untreue, Betrug und Steuerhinterziehungen handelt. Jedes Strafverfahren führt zu neuen Ermittlungsansätzen. Und auf den Abschreckungseffekt durch Strafurteile kann nur kurzfristig gesetzt werden, wie etwa die mittlerweile dritte (!) Korruptionsaffäre im Frankfurter Hochbauamt belegt.

Was die Antes-Affäre in Berlin 1985 nicht vermochte, weil man irrigerweise annahm, einen typischen Berliner Polit-Sumpf vor sich zu haben, der nicht auf Westdeutschland übertragbar sei, lösten die ersten großen Strafverfahren Ende der 1980er Jahre in der Frankfurter Stadtverwaltung aus. Eine breite Diskussion auf Fachkongressen, öffentlichen Symposien und in den Medien stellte die damals nur rudimentären Abwehrmaßnahmen gegen Korruption und Durchstecherei[15] auf den Prüfstand. Gefragt wurde, ob die veralteten Strafgesetze ausreichten, die modernen Formen der Korruption zu verfolgen. Hervorzuheben sind die in den 1990er Jahren beginnenden internationalen Bestrebungen, Korruption einzudämmen. Noch vor zehn Jahren galt Bestechung im Ausland als üblich, und die im In- und Ausland gezahlten Schmiergelder konnten bis 1999 noch als Betriebsausgaben von der Steuer abgesetzt werden, wenn nicht eine rechtskräftige Verurteilung vorlag oder das Verfahren nach §§ 153–154c StPO eingestellt wurde. Internationale Organisationen, insbesondere die Nichtregierungsorganisation Transparency International (TI), sind weiterhin bemüht, eine internationale Koalition gegen Korruption zu errichten. In Anbetracht dieser Tatsache ist es erstaunlich, dass man bis heute kaum wissenschaftliche Untersuchungen zu dem Thema findet.[16] Einer bundesweiten Studie zur Korruption liegt die Auswertung einer Vielzahl von Strafakten zugrunde.[17] Sie kommt zu dem Ergebnis, dass Korruption ein strukturelles Problem darstellt und im Kern zur organisierten Wirtschaftskriminalität zu zählen ist.

Korruption hat in Deutschland eine neue Dimension erreicht, die «Schwarze-Schafe-Theorie», das heißt wenige bestechliche Beamte in einer im Übrigen rechtstreu und unbestechlich arbeitenden Verwaltung, gilt als überholt, wenn sie denn je richtig war.[18] Im Hinblick auf eine nicht enden wollende Serie von Selbstbereicherung auf Kosten des Gemeinwesens wird gefragt, ob der öffentliche Dienst in Deutschland «auf dem besten Wege ist, seinen guten Ruf zu verlieren», wie die WELT bereits am 23.9.1991 schrieb. Diese Einschätzung wird jedoch nicht von allen geteilt.[19] Es findet sich auch die Meinung, Korruption diene in der Nachfolge von öffentlichkeitswirksamen Themen wie Wirtschafts-, Umwelt- und Organisierter Kriminalität lediglich als willkommener Anlass, eine Verschärfung des Strafrechts zu fordern. Mit dem Gesetz zur Bekämpfung der Korruption (Korruptionsbekämpfungsgesetz) vom 13.8.1997[20] wurden jedoch Strafbarkeitslücken zu Recht geschlossen und Hindernisse bei der Strafverfolgung beseitigt.

Allerdings stehen Verwaltung und Wirtschaft einer energischen Bekämpfung der Korruption heute noch kritisch bis ablehnend gegenüber. Nach wie vor werden Verharmlosungsstrategien gefahren. Man spricht von Einzelfällen, wo es sich um Netzwerke handelt, und rechtfertigt seine Untätigkeit mit Hinweis auf die Fürsorgepflicht gegenüber loyalen Mitarbeitern. Man vermisst in Wirtschaft und Verwaltung eine effektive Umsetzung von Präventionsstrategien, wie insbesondere verbesserten Kontrollen, und der Gesetzgeber unterlässt bisher die Verabschiedung eines bundesweiten Korruptionsregisters zur Aussperrung von kriminellen Unternehmen. Dies ist umso unverständlicher, als nach übereinstimmender Auffassung das auf ungestörtem Wettbewerb beruhende Prinzip der Marktwirtschaft durch Bestechung gerade ausgehebelt wird.

Es kann nicht hingenommen werden, erkannte Korruptionsdialoge als unbedeutende Einzelfälle zu verniedlichen. Auch verfängt die Augenwischerei nicht, mit der unter Hinweis auf die prozentual geringfügige Ausprägung der Korruption in der Kriminalstatistik das Problem als quantitativ unbedeutend abgetan wird. Im Vergleich der statistisch erfassten Tatverdächtigen mit der Gesamtzahl der Beschäftigten im öffentlichen Dienst könnte man zwar geneigt sein, Korruption als ein Problem von Einzelfällen zu sehen. Dabei wird aber unberücksichtigt gelassen, dass die Kriminalstatistik ein denkbar ungeeignetes Messinstrument ist, um die Korruption in ihrer gesamten Dimension zu begreifen. Die mit unzureichenden personellen Kapazitäten der Staatsanwaltschaften aufgedeckten, quantitativ gering erscheinenden Fälle werden benutzt, um das Problem herunterzuspielen. Das Dunkelfeld ist jedoch erheblich, wie aus Strukturanalysen der enttarnten Korruptionsbeziehungen sicher abgeleitet werden kann.

Mit großer Mehrheit vertraten die Mitglieder des Deutschen Juristentages 1996 die Ansicht, Korruption verursache nicht nur erhebliche materielle und immaterielle Schäden, sondern verletze auch Grundwerte des demokratischen und sozialen Rechtsstaats, gefährde das Ethos des öffentlichen Dienstes, beeinträchtige das Vertrauen der Bürger in den Staat und könne Verantwortungsbewusstsein und Gemeinschaftsgefühl der Mitbürger erschüttern. Korruption in der

Wirtschaft gefährde Geschäftsmoral und die Grundlagen der Marktwirtschaft.[21] Durch Korruption werde die Gesellschaft moralisch anfällig für organisierte Kriminalität, korrumpierte Amtsträger bildeten
Brückenköpfe in Staat und Gesellschaft.

Die Ambivalenz zur Einstellung gegenüber der Korruption zeigt
sich auf der einen Seite in den vielfach geäußerten Überzeugungen,
Korruption habe einen hohen Gefährlichkeits- und Verbreitungsgrad
erreicht, und auf der anderen Seite in der Ablehnung einschneidender
Änderungen, sobald eigene Interessen berührt sind. Diese Wider-
sprüchlichkeit lässt sich bei der Bauindustrie aufzeigen. Einerseits
wird ein energisches Vorgehen gegen Korruption befürwortet, andererseits werden Ethik- und Selbstverpflichtungserklärungen gegenüber strafrechtlicher Verschärfung bevorzugt, wie das Beispiel «Ethik-
ManagementSystem» der Bayerischen Bauindustrie 1996 und das
«Gemeinsame Statement der Firmen Bilfinger&Berger, Hochtief AG,
Philipp Holzmann AG, Strabag AG zur gegenwärtigen Situation
von Baumarkt und Wettbewerb in Deutschland», vorgestellt auf einem
Seminar der Thomas-Dehler-Stiftung im Sommer 1996, zeigen. Alle
vier Unternehmen sind Gegenstand strafrechtlicher Ermittlungen in
mehreren Bundesländern gewesen. Der Verdacht liegt nicht ganz fern,
dass diese Ethikerklärungen wie in anderen Branchen auch nur als
«Feigenblätter» dienen, um die fehlende Bereitschaft zu verdecken, beklagte Fehlentwicklungen ernsthaft aufhalten zu wollen. Das Ausein-
anderfallen von Wort und Tat findet sich auch in der Diskussion um
die Strafwürdigkeit politischer Korruption[22] wieder. Einerseits wird
die Politik nicht müde, in Sonntagsreden eine intensive Bekämpfung
von Korruption in Staat und Gesellschaft einzufordern, andererseits
verweigert sie sich einem Minimum an Transparenz im eigenen Bereich. Man begnügt sich z. B. seit Jahren mit dem Hinweis auf die 1994
eingeführte symbolische Strafvorschrift[23] der Abgeordnetenbestechung des § 108 e StGB.

Mit dem Entwurf des UN-Übereinkommens zur Bekämpfung der
Korruption vom Juni 2003 wird die Verschärfung der Strafgesetze zur
politischen Korruption, insbesondere die Gleichstellung von Abgeordneten mit Amtsträgern, angemahnt. Nachdem Deutschland zunächst zu den zehn Ländern zählte, die sich der Umsetzung der
UN-Konvention in diesem zentralen Punkt verweigert hatten, unter-
zeichnete die Bundesregierung die Konvention im Dezember 2003 in

Mexiko. Die Ratifizierung, also die Umsetzung der Konvention in nationales Recht, steht noch aus. Die gesamte Problematik der politischen Korruption wie Bestechlichkeit, illegale Parteienfinanzierung, Ämterpatronage, Einkünfte aus «Nebenämtern», die die Entschädigung der Abgeordneten zum Teil bei weitem übersteigen,[24] ist noch nicht ausreichend diskutiert. Gerade angesichts der Erfahrungen mit so genannten schwarzen Kassen, den «Ehrenwörtern» zur Verschleierung von illegalen Parteispenden und des durch den Kölner Müllskandal offenkundig gewordenen Korruptionsdreiecks von Wirtschaft, Verwaltung und Politik besteht auch in diesem Bereich dringender Handlungsbedarf hin zu mehr Transparenz. Die Ernsthaftigkeit von Antikorruptionsstrategien wird sich letzten Endes auch am legislativen Aufwand messen lassen.[25]

Das Strafrecht ist allerdings Ultima Ratio, um gesellschaftlichen Fehlentwicklungen zu begegnen. Der Heidelberger Strafrechtsprofessor Dieter Dölling hatte bereits 1996 in seinem Gutachten für den Deutschen Juristentag festgestellt, es handele sich bei der Korruption in erster Linie um ein ethisches und gesellschaftliches Problem. Aus diesem Grund könne die Eindämmung der Korruption nur gelingen, wenn «in der Gesellschaft breite Übereinstimmung über die Verwerflichkeit der Korruption besteht und der von der öffentlichen Meinung getragene praktisch-politische Wille vorhanden ist, energisch gegen Korruption vorzugehen».[26] Es gilt zu verhindern, dass die verschiedenen Erscheinungsformen der Korruption in dieser Gesellschaft schleichend Akzeptanz erfahren.

Um der Verharmlosungstendenz gegenüber Korruption wirksam Einhalt zu gebieten, wird es künftig nicht mehr genügen, repressiv zu reagieren. Der Schwerpunkt einer effektiven Korruptionsbekämpfung liegt auf der Prävention, also auf umfassenden korruptionsverhindernden Strategien. Voraussetzung hierfür ist eine realistische Bestandsaufnahme sowie eine Analyse der aufgedeckten Fälle und ihrer Ursachen. Hieran haben sich die überfälligen Gegenmaßnahmen zu orientieren, beginnend mit auf die Entdeckung von Korruption angelegten Kontrollen, der Beseitigung von Informations- und Ausbildungsdefiziten bis hin zur Überprüfung des Vergabewesens und der Schließung von einschlägigen straf- und prozessrechtlichen Gesetzeslücken.

Wir sind uns bewusst, dass wir im Setzkasten der Korruption mit dieser Abhandlung nicht alle Felder belegt haben. Die Fantasie reicht nicht aus, sich die in Jahrzehnten herausgebildeten Schmiergeldpraktiken quer durch die Gesellschaft auszumalen. Die politische Korruption haben wir bewusst außen vor gelassen und uns neben wenigen Fällen aus der Privatwirtschaft schwerpunktmäßig den Erscheinungsformen der Korruption im öffentlichen Dienst gewidmet. Weiteren Problemfeldern wie der Bestechung von Selbstständigen (zum Beispiel das brisante Verhältnis zwischen Pharmaindustrie und niedergelassenen Ärzten), im Sport und von Journalisten in den Medien können wir ebenfalls aus Raumgründen nicht vertieft nachgehen.

Den Füchsen der Bauwirtschaft werden wir nichts Neues beibringen, was aber auch nicht beabsichtigt ist. Als Motiv für die Veröffentlichung hat uns die Vorstellung geleitet, dem Leser anhand von tatsächlichen Geschehnissen die Augen für die alltägliche Bestechung zu öffnen und eine gewisse Sensibilität für die Gefahren einer um sich greifenden Korruption zu vermitteln. Den von Berufs wegen Interessierten möchten wir ein Gespür für die Vorgehensweisen der Täter verschaffen, Hinweise auf Bestechungsvarianten und deren Verschleierungen geben. Wir möchten einen Beitrag leisten, Schwachstellen möglichst frühzeitig zu erkennen und durch geeignete Vorsorgemaßnahmen zu verhindern, dass Korruption im eigenen Umfeld unbemerkt zum täglichen Begleiter wird.

Uns erreichen immer wieder Klagen von Kontrolleuren und Revisoren, sie wüssten zu wenig über die Methoden von Manipulation und Korruption. Wir hoffen, auch den Strafverfolgungs- und Kartellbehörden, den Betriebsprüfern und Steuerfahndern aus der Finanzverwaltung und nicht zuletzt den erkennenden Gerichten einen kleinen Teil von den vielfältigen Erfahrungen aus der Strafverfolgungspraxis vermitteln zu können. Es gibt keinen Königsweg bei der Bekämpfung der Korruption. Die weitere Ausbreitung von Korruption zu verhindern, ist eine gesamtgesellschaftliche Herausforderung und nicht allein Aufgabe der Justiz.

I Was ist Korruption?

Schlaglichter auf die (deutsche) Korruptionsgeschichte

Macht bedarf der Kontrolle und tendiert wohl immer zur Ausbildung der Schattenseite Korruption, wie Noack mit großem historischen Überblick beschrieben hat.[1] So finden sich in der Geschichte der Bundesrepublik immer wieder Beispiele für Korruption:[2] die Hauptstadt-Affäre 1949, die Leihwagen-Affäre 1958/59, die HS-30 Affäre 1958–1966, die Flick-Affäre,[3] der «Kölsche Klüngel», bis hin zur Affäre um die Lieferung von Fuchs-Panzern, Airbus-Flugzeugen und die Zahlungen von Provisionen durch den französischen Mineralölkonzern Elf Aquitaine im Zusammenhang mit dem Kauf der Leuna-Werke und des Minol-Tankstellennetzes sowie weitere Beschreibungen des Zustands der politischen Parteien, legen bereits Zeugnis ab über den kollektiven Hang zur Käuflichkeit.[4]

Bereits an der Wiege des Deutschen Reiches soll die Korruption als Geburtshelfer gestanden haben. Als Gegenleistung für das Anerbieten der Kaiserkrone an König Wilhelm von Preußen im November 1870 erhielt König Ludwig II. von Bayern aus Bismarcks geheimem Welfen-Fonds fortan jährlich 300 000 Goldmark, im Laufe der Jahre 1871 bis 1886 insgesamt ca. vier Millionen. Die Geldtransaktion über die Schweiz (!) vermittelte Graf Max von Holnstein, der Oberstallmeister Ludwigs, der für seine Dienste 10 % Provision kassierte. Auch bei der Gründung der BRD soll die parlamentarische Entscheidung über den Regierungssitz durch Bestechungsgelder beeinflusst worden sein.[5]

Die Menschheitsgeschichte wird von Korruption begleitet. Schon in frühen Zeiten gab es bildliche Darstellungen von Rechtsereignissen, die sich der Bestechlichkeit, zumeist von Richtern und Zeugen, widmen. Die Justitia wurde wohl erstmals 1494 auf dem Holzschnitt Albrecht Dürers in dem Buch «Narrenschiff» des Baseler Rechtsprofessors Sebastian Brant mit der Augenbinde dargestellt. Die Augenbinde fand seit etwa 1520 in immer größerem Maße Verwendung, um die Tugend der richterlichen Unparteilichkeit zu symbolisieren. Die verdeckten Augen werden in dem Sinne interpretiert, dass der nach innen gerichtete Blick sich der Wahrheit und Vernunft öffnen und die Abschirmung nach außen den Richter davor bewahren soll, parteiisch zu sein. Andere Darstellungen der damaligen Zeit, wie der Gerichtshof von Theben (1604) oder der Holzschnitt aus Emblematum Libellus (Paris 1542) des Andrea(s) Alciatus, symbolisieren die Gerechtigkeit und Unbestechlichkeit der Richter durch einen blinden Oberrichter in der Mitte des Senats, umgeben von Richtern mit abgehackten Händen als Ausdruck ihrer Unbestechlichkeit.[6] Im «alten Rom» sollen den bestechlichen Richtern gar die Augen ausgestochen worden sein. Wer den Versuch nicht lassen konnte, kaiserliche Beamte zu korrumpieren, musste ebenfalls mit drakonischen Strafen rechnen. Der Delinquent riskierte durchaus seine Nase und obendrein das Eintauchen in die Adria, allerdings – anders als bei den mittelalterlichen gegen zu kleine Brötchen backende Bäcker verhängten Ehrenstrafen – in einem vernähten und obendrein mit Gewichten beschwerten Sack.

Heute wird das Schließen der Augen durch einen beisitzenden Richter in der Hauptverhandlung nicht als gesteigerte Form der Aufmerksamkeit angesehen, sondern eher der Anschein erweckt, er schlafe und könne dem Verhandlungsgeschehen nicht mehr folgen. Die geschlossenen Augen des neuzeitlichen Richters sind mithin ganz entgegen ursprünglicher Symbolik dazu angetan, befürchten zu lassen, den streitenden Parteien sei der gesetzliche Richter nicht mehr gewährt. So verkehrt sich das alte Symbol richterlicher Unparteilichkeit in den Vorwurf der Befangenheit, und Zeiten und Anschauungen ändern sich.

Weiter Korruptionsbegriff

Es gibt keinen einheitlichen Begriff der Korruption.[7] Der Versuch einer Begriffsbestimmung führt über allgemeine Ausführungen zur Wortbedeutung (abgeleitet aus dem lat. corrumpere: Bestechlichkeit, Verderbtheit, Sittenverfall) zu Definitionen, die in verschiedenen Wissenschaftsbereichen entwickelt wurden. Auf die historischen Beispiele für Korruption wird vielerorts hingewiesen.[8] Danach kannte jede gesellschaftliche Organisationsform neben den legalen Machtstrukturen auch die unlautere Einflussnahme und Bestechung, um Macht zu gewinnen. Kein Staat ist von Korruption frei, unterschiedlich sind das Ausmaß und die Phänomene, die von der bagatellhaften petty corruption bis hin zu staatsbedrohenden Strukturen politischer Korruption reichen. In einem ethisch-moralischen Sinn kann Korruption alle Verhaltensweisen bezeichnen, bei denen sich Personen mit öffentlichen oder privaten Aufgaben auf Kosten der Allgemeinheit als unangemessen bewertete Vorteile verschaffen.[9] Es finden sich sozialwissenschaftliche, politikwissenschaftliche, theologische und sozialpsychologische Begriffsbestimmungen neben wirtschaftswissenschaftlichen und strafrechtlichen Deutungsversuchen. Korruption wird u. a. «als Missbrauch von Macht, und zwar als Missbrauch eines öffentlichen Amtes oder Mandates zu privaten wie parteipolitischen Zwecken durch die Verletzung von Rechtsnormen» definiert.[10] Für die Wirtschaftswissenschaft wird auf einen Tausch abgestellt, bei dem einer der Beteiligten durch Missbrauch einer Vertrauensstellung eine nicht erlaubte Handlung als Leistung erbringt.[11]

Strafrechtlicher Korruptionsbegriff

Das Strafrecht kennt den Begriff Korruption nicht, auch wenn der Gesetzgeber die Novellierung der einschlägigen Bestechungsdelikte in einem «Gesetz zur Bekämpfung der Korruption» vom 13. 8. 1997 (Korruptionsbekämpfungsgesetz), in Kraft getreten am 20. 8. 1997, geregelt hat.

Im Strafgesetzbuch versteht man unter Korruption seit den Änderungen durch das Korruptionsbekämpfungsgesetz die Amtsdelikte der §§ 331–335 (Vorteilsannahme, Bestechlichkeit, Vorteilsgewährung und Bestechung) und die Bestechlichkeit und Bestechung im geschäftlichen Verkehr (§§ 299, 300) sowie § 108 b (Wählerbestechung) und § 108 e StGB (Abgeordnetenbestechung).

Die Amtsdelikte bilden nach wie vor den Kern der Korruptionsdelikte. Man unterscheidet Vorteilsannahme und Vorteilsgewährung (§§ 331, 333 StGB) von den Tatbeständen der Bestechlichkeit und Bestechung (§§ 332, 334 StGB), die eine pflichtwidrige Diensthandlung voraussetzen. Nach der Gesetzeslage vor dem Korruptionsbekämpfungsgesetz musste der in der Praxis häufig schwierige Nachweis erbracht werden, dass der Vorteil als Gegenleistung für eine konkrete Diensthandlung bestimmt war, die so genannte Unrechtsvereinbarung. Zahlungen aus Anlass und bei Gelegenheit einer Amtshandlung («Dankeschön für gute Zusammenarbeit») oder um sich das allgemeine Wohlwollen und die Geneigtheit des Amtsträgers zu erkaufen (Klimapflege), blieben mangels Zuordnung zu einer konkreten Diensthandlung ebenso straflos wie das «Anfüttern».[12] Letzteres beschreibt den planvollen Auf- und Ausbau von Abhängigkeit durch die Gewährung von zunächst kleineren Aufmerksamkeiten bis hin zu aufwändigen Geschenken und Geldzahlungen. Das Beziehungsverhältnis zwischen Vorteil und Gegenleistung ist durch das Korruptionsbekämpfungsgesetz erweitert worden.[13] Heute ist bereits das Anbieten etc. von Vorteilen «für die Dienstausübung» gemäß §§ 331, 333 StGB unter Strafe gestellt. Der Nachweis einer bestimmten Diensthandlung als Gegenleistung für den Vorteil wird nicht mehr gefordert. Außerhalb jeder strafrechtlichen Betrachtung bleiben nach wie vor all diejenigen «Vorteile», auf die der Empfänger einen Rechtsanspruch hat (z. B. der Werkvertrag, der ein Gutachten honoriert). Die Problematik der Abgrenzung zur Straflosigkeit zeigt sich in dem Bereich der schwer fassbaren Sozialadäquanz. Danach werden solche Zuwendungen nicht kriminalisiert, die im Rahmen sozial anerkannter gesellschaftlicher oder geschäftlicher Gepflogenheiten gewährt werden (etwa aus Anlass von Dienstjubiläen oder Geburtstagen), dem Gebot der Höflichkeit entsprechen (Bewirtung im angemessenen Umfang aus Anlass einer Betriebsbesichtigung; Mitfahrgelegenheit zur Baustelle) oder gewohnheitsrechtlich anerkannt sind (das Dankeschön für die aufopferungsvolle Pflege der Krankenschwester). Es kommt darauf an, ob der Zuwendung der Charakter einer unlauteren Gegenleistung für Diensthandlungen innewohnt. Als Faustformel gilt, dass Sachleistungen im Werte bis zu 10 Euro grundsätzlich nicht zu beanstanden sind, dazu zählen auch so genannte Streugeschenke (Büroartikel von geringem Wert). Hingegen findet Bargeld keine Gnade vor dem Strafgesetz.

Schwierigkeiten bestehen in der Praxis nicht selten mit sogenannten Drittmitteln an Universitäten und Kliniken, weil gerade im medizinischen Sektor unter dem Titel «Förderung von Forschung und Wissenschaft» Schmiergeldzahlungen der Pharmaindustrie zur Umsatzsteigerung verschleiert werden.[14]

Früher waren die Amtsdelikte nach herrschender Auffassung als eigennützige Delikte zu verstehen. Durch den Vorteil musste der Nehmer persönlich materiell oder immateriell besser gestellt sein. Straflos blieben Zuwendungen an Dritte, etwa Spenden an die Partei des Amtsträgers als Gegenleistung für eine Auftragsvergabe. Auch dieses Schlupfloch wurde durch das Korruptionsbekämpfungsgesetz gestopft. Es kommt nicht mehr darauf an, ob der Vorteil dem Amtsträger selbst oder einer anderen Person oder Organisation zukommt.

Vorteilsannahme und Vorteilsgewährung (§§ 331, 333 StGB) werden nun mit drei Jahren statt bisher zwei Jahren Freiheitsstrafe bedroht. Bei den Tatbeständen der Bestechlichkeit und der Bestechung (§§ 332, 334 StGB) bleibt der Strafrahmen von mindestens sechs Monaten (332 Abs. 1 StGB) bzw. drei Monaten (§ 334 Abs. 1 StGB) bis zu fünf Jahren Freiheitsstrafe erhalten. In einem neuen § 335 StGB ist für besonders schwere Fälle der Bestechung und Bestechlichkeit eine Strafzumessungsregelung mit einem Mindeststrafrahmen von einem bis zu zehn Jahren Freiheitsstrafe vorgesehen. Dabei handelt es sich um Regelbeispiele wie Vorteile großen Ausmaßes, fortgesetzte Bestechlichkeit, gewerbsmäßige Begehung oder Tatbegehung als Mitglied einer Bande. Da es sich um einen Vergehenstatbestand handelt, bleibt eine Verfahrenseinstellung nach Opportunitätsgesichtspunkten gem. §§ 153 ff. StPO weiterhin möglich.

Durch das Korruptionsbekämpfungsgesetz wurden neue Tatbestände, der Submissionsbetrug (§ 298 StGB) und die Angestelltenbestechung bzw. -bestechlichkeit (§§ 299 f. StGB) in das Strafgesetzbuch eingefügt. Der Submissionsbetrug oder amtlich die «wettbewerbsbeschränkenden Absprachen bei Ausschreibungen» sind heute strafbare Vergehen mit einer angedrohten Freiheitsstrafe von bis zu fünf Jahren. Damit wurden die bisherigen Kartellordnungswidrigkeiten nach § 38 Abs. 1 Nr. 1 und 8 GWB zu Straftaten hochgestuft, weil man erkannt hat, dass Abreden häufig mit Schmiergeldzahlungen ermöglicht werden. Strafbar ist bereits die Abgabe eines Angebots, das auf einer rechtswidrigen Absprache beruht. Es wird nur kartellrechtswidriges Verhalten erfasst, nicht also z. B. die zulässige Bildung von Bietergemeinschaften. Erforderlich ist nicht, dass die Absprache vor dem Veranstalter des Wettbewerbs verheimlicht wird, um gerade die besonders strafwürdigen Fälle zu erfassen, bei denen der Mitarbeiter eines Investors (Bauleiter) oder eines Beauftragten (Ingenieurbüro) kollusiv mit Bieterfirmen zusammenarbeiten. Abs. 1 erfasst die Abgabe von Angeboten bei beschränkten und öffentlichen Ausschreibungen. Abs. 2 betrifft die freihändige Auftragsvergabe nach Teilnahmewettbewerb (freie Preiseinziehung durch Angebotsabgabe); die unmittelbare Auftragsvergabe ohne vorangehenden Teilnahmewettbewerb ist hingegen nicht erfasst, da kein Wettbewerb unter mehreren Konkurrenten stattfindet. Geschütztes Rechtsgut ist vorrangig der freie Wettbewerb und nur in zweiter Linie das Vermögen des Wettbewerbsveranstalters. Personen, die die Abgabe eines wettbewerbsbeschränkenden Angebots fördern (z.B. durch Nichtbeteiligung nach Abstandszahlung, Offenlegung von Bieterlisten), werden durch die allgemeinen Vorschriften über Täterschaft und Teilnahme erfasst. Soweit im Einzelfall bei dem Veranstalter oder einem Mitbewerber ein konkreter Vermögensschaden nachweisbar ist, liegt auch Betrug (§ 263 StGB) vor. Kartellbehörden und Staatsanwaltschaften sind nun beide mit der Verfolgung der Preisabsprachen befasst. Die Kartellbehörde ist neben der Staatsanwaltschaft zuständig für die Verhängung von Geldbußen gegen juristische Personen (§ 81 a GWB). Die Verfolgung der Bestechung im geschäftlichen Verkehr (Angestelltenbestechung, §§ 299, 300 StGB), ist heute auch von Amts wegen möglich. Der Strafrahmen sieht Freiheitsstrafe bis zu drei Jahren (§ 299 Abs. 1 StGB), in besonders schweren Fällen von drei Monaten bis zu fünf Jahren vor (§ 300 StGB). Wie bei den Amtsdelikten werden nach der Novellierung zwar auch Drittzuwendungen erfasst. Das «nachträgliche Dankeschön» ist wie das «Anfüttern» aber anders als in §§ 331 ff. StGB weiterhin straflos, da Strafbarkeitsbedingung die Vereinbarung einer konkreten unlauteren künftigen Bevorzugung bei dem Bezug von Waren oder gewerblichen Leistungen als Gegenleistung für den Vorteil ist. Weitere Strafbarkeitslücken betreffen die Geschäftsinhaber, etwa von Ingenieur- und Architekturbüros, und niedergelassene Ärzte, die bestochen werden können, wenn sie nicht selbst «Beauftragte» im Sinne von § 299 StGB sind. Auch die Bestechung im Zusammenhang mit Beratungsleistungen (durch Gutachter und Wirtschaftsprüfer), die Korruption im Sport (Bestechung von Schiedsrichtern und IOC-Mitgliedern) oder von Medienvertretern («Hofberichterstattung» durch die Presse, das «zufällige» Einblenden des Logos eines Markenartikelherstellers in einem Fernsehbeitrag) ist nicht strafbar.

Viele Vorgänge, die von der Gesellschaft als korrupt bezeichnet werden, sind strafrechtlich nicht erfasst, so insbesondere die Bestechung von Funktionären politischer Parteien, etwa zur Berücksichtigung von Verbandsinteressen der Gewerkschaften und der Industrie. Ämterpatronage, Klientelismus und Nepotismus bleiben weit gehend ausgeblendet, Wählerbestechung nach § 108 b StGB ist bedeutungslos, und der § 108 e StGB tut nur so, als verbiete er die Bestechung von Abgeordneten, da er nur den praktisch nicht vorkommenden Stimmenkauf erfasst. Darüber hinaus richtet sich das Strafrecht als Schuldstrafrecht gegen natürliche Personen. Juristische Personen und Personenvereinigungen können nicht strafrechtlich verfolgt werden. Damit bleiben Straftaten, die aus Unternehmen heraus organisiert werden, strafrechtlich folgenlos, wenn, wie häufig, angesichts einer schwer durchschaubaren hierarchischen Arbeitsteilung die handelnden Personen nicht ermittelt werden können.

Mit den strafrechtlichen Normen der §§ 331–335 StGB sieht man vor allem die «Lauterkeit des deutschen öffentlichen Dienstes» oder «das Vertrauen in die Unkäuflichkeit von Trägern staatlicher Funktionen und damit zugleich in die Sachlichkeit staatlicher Entscheidungen» geschützt.[15] § 108 e StGB stellt auf das «Prinzip der demokratischen Gleichheit der Bürger sowie auf das öffentliche Vertrauen in die Unkäuflichkeit der Mandatsausübung und die Funktionsfähigkeit des repräsentativen Systems» ab.[16] §§ 298–300 schützen den freien Wettbewerb. Das geltende Strafrecht geht also bei Korruptionsdelikten von recht unterschiedlichen Rechtsgütern aus. Zwar kann das Strafrecht wegen seiner begrenzten Wirkkraft nicht alle sozialen Probleme lösen. Gerade bei der Diskussion um Korruption zieht das Strafrecht aber immer wieder die entscheidende Grenze vom Erlaubten zum Verbotenen und wirkt insoweit möglicherweise geradezu handlungsleitend, wenn bestimmte Formen der Korruption in der Gesellschaft als moralisch verwerflich angesehen, jedoch nicht pönalisiert werden. Was unterscheidet aber moralisch z.B. den Unrechtsgehalt der Bestechung eines Architekten, der als Verpflichteter an Bauvorhaben der öffentlichen Hand mitwirkt (und damit im rechtlichen Sinne Amtsträger ist), von einem Architekten, der, statt das Interesse seines Auftraggebers (eines privaten Bauherrn) zu vertreten, sich für das teure Bauunternehmen verwendet, weil er von diesem eine Provision erwartet? Liegt etwa kein schwerwiegender Verstoß gegen berufsethische Grundsätze vor, wenn der Journalist einer großen Auto-Zeitung ein Auto für Monate kostenlos fahren darf und diesen Fahrzeugtyp im Test-Vergleich überaus positiv herausstellt? Auch andere Konstellationen erfasst das Strafrecht (bisher) nicht: den Abgeordneten, der einen Umschlag mit Geld von einem Unternehmer erhält, um sich in seinem Wahlkreis für dessen Investitionsvorhaben zu verwenden;[17] den Baukonzern, der mit dem Bauamtsleiter einer Stadt über viele Jahre intensive dienstliche Beziehungen unterhielt und diesen schließlich als kaufmännischen Direktor einstellt; den ehemaligen Staatssekretär im Finanzministerium, der, nachdem er mit einem Großinvestor umfangreiche Geschäfte mit landeseigenen Immobilien abgewickelt hat, zu dessen Generalbevollmächtigtem avanciert; den Oberbürgermeister einer Großstadt, der einen Parteifreund als Geschäftsführer der soeben privatisierten Energie-GmbH einsetzt, obwohl dieser fachlich nicht qualifiziert ist; den Journalisten aus dem Ressort Innenpolitik, der zu Ministerreisen eingeladen wird und, mit Hintergrundinformationen und Interviews bestens versorgt, die Regierungsarbeit in hellen Farben zu Papier bringt; Wirtschaftsprüfungsunternehmen, die einerseits beratend tätig sind (lukrativer Auftrag, Wunsch nach langfristiger Zusammenarbeit) und zugleich für dasselbe Unternehmen Bilanzen prüfen und dabei festgestellte Unregelmäßigkeiten «übersehen»; den niedergelassenen Arzt, der vom Pharmaunternehmen A zu Kongressveranstaltungen in Fünf-Sterne-Hotels in Südafrika mit Rahmenprogramm eingeladen wird und daraufhin bei bestimmten Indikationen nur noch Präparate von A verschreibt: «Wenn Sie wollen, dass ich Ihre Tabletten verschreibe, kaufen Sie mir ein Rennrad von Bianchi.» Die Liste mit derlei Korruptionsfolklore ließe sich beliebig fortschreiben und weist damit auf längst üblich gewordene Praktiken hin.

Begleitdelikte der Korruption sind in der Regel Betrug und Untreue, weil die Schmiergelder und andere Vorteile in die betroffenen Maßnahmen eingerechnet werden. Die rechtswidrig erlangten Vorteile werden dem Finanzamt verschwiegen, so dass mit der Korruption auch Steuerhinterziehung einhergeht. Helfen Mittelsmänner bei der Sicherung der Schmiergeldbeute, ist schnell der Tatbestand der Geldwäsche erfüllt.

Die Wissenschaft hat bislang Korruption in Deutschland nur selten untersucht.[18] Eine bundesweite empirische Studie[19] zeigt die starke Verbreitung gerade der schwer wiegenden Formen von Korruption (strukturelle Korruption). Langjährige, auch jahrzehntelange Verbindungen lassen sich belegen, in denen die Beteiligten fortwährend manipulieren, verschleiern und profitieren. Korruption in Deutschland ist danach kein Problem der so genannten Einzelfall- oder Bagatellkorruption. Diese Fälle kommen zwar vor, stellen jedoch weder ein massenhaftes Phänomen dar (wie z. B. die facilitation payments, Beschleunigungszahlungen in verhältnismäßig kleiner Münze, etwa im Zollbereich), noch gäben sie Anlass zur Beunruhigung. Wir sprechen von Einzelfällen, wenn bei Gelegenheit, also aus der Situation heraus, geschmiert wird (bei der Verkehrskontrolle überreicht der Autofahrer Führer- und Euroschein, in der Erwartung den Führerschein zurückzubekommen), die Bestechung also weder geplant noch auf Wiederholung angelegt ist (situative Korruption). Geber und Nehmer sind sich in der Regel fremd, das Geschehen beschränkt sich meistens nur auf zwei oder wenig mehr Personen. «Gewachsene Beziehungen» bezeichnet man als strukturelle Korruption, die räumlich und personell begrenzt ist. Es geht um länger andauernde Korruptionsbeziehungen, die sich vorwiegend auf eine Wirtschaftsregion beschränken. Die Korruptionsverflechtungen können weit über hundert Personen und Dutzende von Firmen umfassen. In der Regel wachsen diese Beziehungen sehr lange ungestört. Auf solche strukturelle Korruption treffen wir typischerweise im Bauwesen und allgemein im Vergabebereich der öffentlichen Verwaltung. Von Netzwerken der Korruption sprechen wir zumeist im Zusammenhang mit der organisierten Wirtschaftskriminalität. Hier ist eine Vielzahl von Personen auf Nehmer- und Geberseite, häufig Kartelle, auf Dauer und über die Grenzen von Bundesländern hinweg, beteiligt. Die Korruption gehört zur Geschäftspolitik eines Unternehmens und wird entsprechend dem hierarchischen Aufbau vom Vorstand beschlossen und über die kaufmännische Geschäftsleitung bis hinunter zum Kalkulator in die Tat umgesetzt. Eine systematische Einflussnahme der gewaltorientierten organisierten Kriminalität (in Abgrenzung zur organisierten Wirtschaftskriminalität),[20] wie sie etwa im Bereich des Menschen- und

Drogenhandels anzutreffen ist, auf Politik, Justiz und Verwaltung mit Hilfe von Korruption ist in Deutschland bislang nicht festzustellen, von Einzelfällen abgesehen.

Deutschland im internationalen Vergleich

Nach dem TI Corruption Perceptions Index 2003, der 133 Länder umfasst, befindet sich Deutschland im internationalen Vergleich auf Platz 16.[21] Auf den vorderen Rängen und damit am wenigsten von Korruption betroffen rangieren die skandinavischen Länder mit Finnland, Island und Dänemark auf Platz 1 bis 3, Schweden auf Platz 6 und Norwegen auf Platz 8. Auf den hintersten Rängen finden sich Nigeria und Bangladesh (132 und 133). Deutschland liegt nach dem CPI-Ranking zwischen Österreich bzw. Hongkong und Belgien. Die Aussagekraft dieser Rangliste muss offen bleiben. Sie macht deutlich, dass sich kein Staat als frei von Korruption bezeichnen kann (Reuters, 28. August 2002: »(M)any developed countries had no cause for pride«). Die Schwellenländer sind extrem von Korruption betroffen. Die relativ positive Einschätzung der Korruptionsresistenz der skandinavischen Länder bestätigt sich durch weitere Eindrücke. TI teilt beispielsweise mit, die GRECO (Group of European States Against Corruption, ein dem Europarat zugeordnetes Gremium) habe bei ihrem Besuch in Finnland im Jahr 2000 zwar weder Schwerpunktstaatsanwaltschaften noch auf Korruptionsbekämpfung spezialisierte Polizeieinheiten vorgefunden, dafür die mit Verfassungsrang ausgestattete Informationsfreiheit der finnischen Gesellschaft. Diese Tradition der Transparenz, also die Zugänglichkeit der meisten Informationen aus öffentlichen Datenbeständen, wird in Skandinavien als sehr wirksame korruptionsverhindernde Maßnahme betrachtet. Konkret bedeutet das, die gezahlten Steuern des Nachbarn, der Besitzer eines Autokennzeichens oder die Bewerber in einem Ausschreibungsverfahren für einen öffentlichen Bauauftrag sind jedermann zugänglich. Hinzu kommt die Institution des Ombudsmannes.

Bernhard Wegener, Professor für Öffentliches Recht an der Universität Erlangen-Nürnberg, ist der deutschen Situation mit seiner angeblichen Tradition der Geheimhaltung in der staatlichen Verwaltungstätigkeit auf den Grund gegangen und fand Erstaunliches: Die

Geheimhaltung existiert ohne normative Rechtsgrundlage allein auf «traditioneller Übung» und widerspricht zudem zentralen demokratischen Anforderungen: «Selbstbestimmung setzt Wissen voraus; Wissen auch und gerade über das Handeln der Verwaltung. Eine demokratische Verwaltung muß deshalb die Transparenz ihrer Tätigkeit zum Prinzip erheben.»[22]

Trotzdem hat ein bundesweites Informationsfreiheitsgesetz für mehr Transparenz in der öffentlichen Verwaltung keine großen Chancen auf Realisierung. Die seit 1998 von den Bundesländern Brandenburg, Berlin, Schleswig-Holstein, Nordrhein-Westfalen und Sachsen-Anhalt erlassenen Informationsfreiheitsgesetze geben dem Bürger lediglich einen beschränkten Zugang zu amtlichen Informationen. Es wird von Schwierigkeiten berichtet, den Rechtsanspruch in die Praxis umzusetzen. Die Möglichkeiten der Zugangsbeschränkung sind derart weit gefasst, dass sich der ungehinderte Informationszugang eher als Ausnahme denn als Regel darstellt.

Der Bribe Payers Index (BPI) 2002 beschreibt die Bereitschaft der 19 führenden Exportländer von den USA bis Australien, im internationalen Geschäftsverkehr ihre Vorteile mittels Schmiergeldzahlungen zu suchen. Gallup International wurde damit beauftragt, in 14 Schwellenländern, die nicht in größerem Maße von externer Finanzhilfe abhängig sind, jeweils 55 bis 60 Führungspersönlichkeiten aus großen nationalen oder ausländischen Wirtschaftsunternehmen, Handelskammern, Anwaltskanzleien, Buchprüfungsfirmen und Geschäftsbanken zu befragen. Das überraschende Ergebnis ist, dass diejenigen Staaten, die sich auf den vordersten Rängen des CPI befinden, ihrerseits bereit sind, im Geschäftsverkehr mit Schwellenländern Bestechungsgelder zu zahlen. Auf Platz 1–3 fanden sich Australien, Schweden und die Schweiz, Deutschland liegt auf Rang 9 gleichauf mit Singapur, und die hinteren Plätze belegen Taiwan, China und Russland.

II Wie verbreitet ist Korruption?

Statistik

Die Polizeiliche Kriminalstatistik (PKS) zählt ausschließlich die polizeilich bekannt gewordenen Straftaten. Fälle, die von den Staatsanwaltschaften oder Zollbehörden bearbeitet werden, sind in der PKS nicht enthalten. Die Strafverfolgungsstatistik der Justiz erfasst Informationen zu Personen, die wegen Straftaten rechtskräftig abgeurteilt wurden. Zahlen zu §§ 331 bis 335, 298, 299, 300 StGB werden nur dann erfasst, wenn diese Tatbestände die schwerste Straftat darstellen. Ist die Bestechung nur Begleitdelikt, interessiert sie statistisch nicht. Wie sehr die Sensibilität in Deutschland für die Korruptionsproblematik fehlte, zeigt bereits der Umstand, dass von 1971 bis 1993 die Bestechungsdelikte nicht im Einzelnen, sondern nur unter der Gruppenbezeichnung «Straftaten im Amt» in der polizeilichen Kriminalitätsstatistik ausgewiesen waren. In diese Gruppe fallen unter anderem Körperverletzung im Amt, Gebührenüberhebung, Verfolgung Unschuldiger und der Verrat von Dienstgeheimnissen. Genaue Zahlenangaben über Bestechungstatbestände waren bis 1993 nicht möglich.

Dem «Lagebild Korruption» des BKA ist seit 1994 ein kontinuierlicher Anstieg der Korruptionsverfahren zu entnehmen. Insbesondere

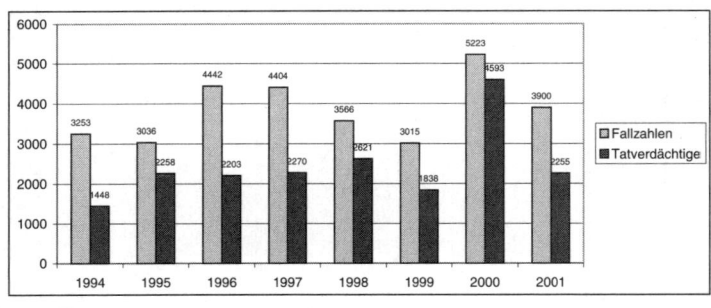

PKS §§ 331–334 bzw. seit 1998 auch § 335 sowie §§ 299 f. StGB

die Zahl der bereits im Vorfeld der Tatbegehung geplanten Bestechungsfälle (strukturelle Korruption) ist deutlich gestiegen.

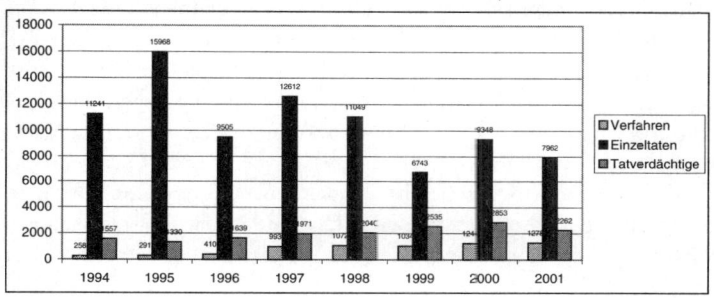

Lagebilder Korruption BKA

Daneben erstellt das BKA seit 1991 ein Lagebild Organisierte Kriminalität. Nach der OK-Definition: «Organisierte Kriminalität ist die von Gewinn- oder Machtstreben bestimmte planmäßige Begehung von Straftaten, die einzeln oder in ihrer Gesamtheit von erheblicher Bedeutung sind, wenn mehr als zwei Beteiligte auf längere oder unbestimmte Dauer arbeitsteilig a) unter Verwendung gewerblicher oder geschäftsähnlicher Strukturen, b) unter Anwendung von Gewalt oder anderer zur Einschüchterung geeigneter Mittel, c) unter Einflussnahme auf Politik, Medien, öffentliche Verwaltung, Justiz oder Wirtschaft zusammenwirken», ist die Variante c) von Interesse. Dem Lagebild 2001 zufolge wurden 476 Verfahren mit OK-Relevanz registriert. Darunter fielen 87 Verfahren unter die Alternative korruptiver Zusammenhänge nach c). Von diesen 87 Verfahren wiesen wiederum nur 23 Verfahren eine strafrechtliche Relevanz nach §§ 331–335 und §§ 298–300 StGB auf. Die 23 Verfahren umfassten 23 Fälle der Vorteilsgewährung, 161 Bestechungsdelikte, 27 Fälle der Vorteilsannahme und 189 Fälle der Bestechlichkeit. Verbindungen «symbiotischer» Art zwischen Organisierter Kriminalität und Politik, Medien, öffentlicher Verwaltung, Justiz oder Wirtschaft fanden sich hingegen – insoweit in Übereinstimmung mit der wissenschaftlichen Einschätzung – nicht.

Die unabhängig von der PKS geführten Lagebilder des BKA werden mit anderer Zielsetzung erstellt, so dass sich die Zahlen nicht miteinander in Beziehung setzen lassen. Stark schwankende Fallzahlen müssen kein Ausdruck realen Anstiegs oder Sinkens von Korruption sein. Die Ursache kann in Fallstrukturen liegen, die auf umfangreichen Tatkomplexen mit einer Vielzahl von Einzelhandlungen beruhen. Bis heute ist ungeklärt, ob von einer tatsächlichen Zunahme der Korruption auszugehen ist oder ob höhere Fallzahlen auf einer effektiveren Dunkelfeldaufhellung beruhen. Nur eines ist sicher: Verlässliche Informationen über das Ausmaß korrupter Strukturen in Wirtschaft und Verwaltung liegen uns damit bis heute nicht vor. Denn das statistische Zahlenwerk beschreibt das Ausmaß der Korruption in Deutschland nicht annähernd zutreffend und ist damit für eine zuverlässige Analyse nur bedingt geeignet.[23] Der vormalige Präsident des BKA Ludwig Zachert warnte schon 1995 vor dem Trugschluss, die Statistik gäbe die tatsächliche Lage wieder. Erst jüngst wies der Präsident des Bayerischen Landeskriminalamtes Heinz Haumer erneut auf das Grundproblem der mangelnden Genauigkeit und Verlässlichkeit des Datenmaterials hin.[24]

Das Dunkelfeld

Die Masse der Korruptionsdelikte wird den Verfolgungsbehörden nicht bekannt und damit auch statistisch nicht erfasst. Die aufgeklärten Fälle bilden nur die Spitze des Eisberges, dessen Ausdehnung und Tiefgang bekanntlich ungewiss ist. Korruption gedeiht im Verborgenen, es handelt sich um ein typisches Heimlichkeitsdelikt. Es ist für die Korruptionskriminalität kennzeichnend, dass die Täter von Beginn an und auch nach Entdeckung auf die Verschleierung ihres Tuns aus sind. Auf den Kriminalitätsfeldern wie illegaler Waffen- und Drogenhandel und klassischen Bereichen der gewaltorientierten organisierten Kriminalität, wo anzeigebereite Opfer fehlen, ist von einem enormen Dunkelfeld auszugehen. Bei der Betäubungsmittelkriminalität wird angenommen, dass lediglich 1 % der Delikte bekannt wird.[25] Für die Korruption gilt nichts anderes. Ihre Aufdeckung und Analyse ist schwer. Für sie ist kennzeichnend, dass sie in dem Sinne opferlose Kriminalität ist, als es (zumeist) keine individuell Geschädigten gibt. Die Korruption hat wenige Nutznießer, geht aber zu Lasten aller. Die Schmiergeldzeche zahlt der seriöse Wettbewerber, der von der kriminellen Konkurrenz vom Markt gedrängt wird, und der Steuerbürger, der nicht ahnt, dass er vermehrt zur Kasse gebeten wird, weil die Kosten für einen überdimensionierten Klärwerksbau auf die Abwassergebühren umgelegt oder die Gebühren für die Kindertagesstätte wegen der üblichen Einrechnung von Schmiergeldern in die Bauunterhaltungskosten angehoben wurden. Einmal unterstellt, Korruption und die Verschwendung von Steuergeldern – die Berichte der Rechnungshöfe sind immer wieder Beleg für die Notwendigkeit eines neuen Straftatbestandes der Haushaltsuntreue – würden entscheidend eingedämmt, dann gäbe es auf lange Zeit keinen Grund, über die Erhöhung von Steuern zu diskutieren.

Die Opferlosigkeit hat unmittelbare Konsequenzen für die Tataufklärung. Wenn es keinen Geschädigten gibt, der wie etwa bei einem Wohnungseinbruch oder einer Körperverletzung Anzeige erstattet, dann fehlt der Justiz der klassische Zeuge, um die Täter dingfest zu machen. Urkundliche Belege über Käuflichkeit werden meist vergeblich gesucht. Nur das geschulte Auge kann der Finanzbuchhaltung entnehmen, dass sich hinter scheinbar unverfänglichen Rechnungen Schmiergeldforderungen verstecken. Selten stößt man auf Tagebucheintragungen oder auf Kontoauszüge mit dem handschriftlichen Zusatz «Schmierg.». Täter, die sich freiwillig stellen, sind selten. Wenn sich Beteiligte ausnahmsweise den Staatsanwälten offenbaren, dann kann dies, wie im Fall des Mitarbeiters eines Bauunternehmens, daran liegen, dass er sich in einer ausweglosen Situation befindet: Er wurde in seinem Hause überfallen und einer der anwesenden Familienangehörigen mittels Sprühfarbe in Augen und Gesicht erheblich körperlich verletzt, die gesamte Einrichtung zerstört. In einem anderen Fall wurde ein Kronzeuge von den Mitgliedern eines enttarnten Baukartells systematisch daran gehindert, in Deutschland wieder beruflich Fuß zu fassen. Ein Baustofflieferant wurde mit Boykottdrohungen genötigt, einen geständigen Täter zu entlassen. Übereinstimmend wird aus den Bundesländern von Einschüchterungsversuchen gegenüber Zeugen – ein Zeuge las in der Presse seine eigene Todesanzeige – berichtet. Firmen zahlen ihren Mitarbeitern Schweigegelder, stellen Verteidiger und entlohnen Aussagen im Unternehmensinteresse mit wirtschaftlicher Absicherung, Beförderung oder großzügig dotierten Beraterverträgen.

Das Dunkelfeld ist sehr groß, es beträgt nach Einschätzung der Korruptionsfahnder mindestens 95%, d. h. von 100 Fällen werden allenfalls fünf bekannt. Es ist folglich nur schwer zu erforschen, wie verbreitet Korruption ist, ob sie zugenommen hat oder nur vermehrt aufgedeckt wird. Sicher ist, dass die Profiteure der Bestechung in ihrer übergroßen Mehrheit unbehelligt bleiben. Die Bilanz der Strafandrohung ohne Strafverfolgung fällt im Bereich der wirtschaftskriminellen Korruption dramatisch schlecht aus.

Zwei Beispiele aus der «Frankfurter Korruptionsszene» sollen deutlich machen, welchen Einfluss die Intensität der Ermittlungen auf Dunkel- und Hellfeld hat.[26]

Im Komplex Messe Frankfurt richtete sich der Verdacht der Angestelltenbestechlichkeit zu Anfang lediglich gegen einen Mitarbeiter der Messe. Die Ermittlungen wären üblicherweise mit Anklageerhebung gegen diesen einen Mitarbeiter schnell abgeschlossen worden; angesichts der Bugwelle offener Verfahren ein erstrebtes Ziel. Die Staatsanwaltschaft hat aber das Verfahren nicht voreilig beendet. Denn die von dem Tatverdächtigen angewandten Manipulationstechniken legten den Verdacht nahe, dass hier nur die Spitze eines ausgedehnten Bestechungsgeflechtes zum Vorschein gekommen war. Nach zwei Jahren intensiver Nachforschungen standen Anfang 2003 insgesamt 132 Mitarbeiter der Messe und Firmenangehörige auf der Liste der Beschuldigten. Konkrete Hinweise führten zu weiteren Fallkomplexen außerhalb der Messe Frankfurt.

In der Korruptionsaffäre Frankfurt III ging man am Anfang lediglich von einem bestechlichen Buchhalter im Evangelischen Regionalverband Frankfurt aus. Auch dieser Fall schien zügig aufgeklärt, zumal das, was auf den ersten Blick wie Korruption aussah, sich als Untreuehandlung eines Buchhalters herausstellte. Die Ermittlungen hätten also umgehend durch Anklageerhebung zum Abschluss gebracht werden können. Da war aber noch ein Fax, das die Fahnder auf die Spur eines umfangreichen Geflechts aus Bauabsprachen und Korruption bei der Frankfurter Aufbau AG und, mal wieder, im Hochbauamt der Stadtverwaltung führte. Es handelte sich um eines der üblichen Faxangebote, wie sie bei Ausschreibungen für Bauunterhaltungsmaßnahmen von den Wettbewerbern an den Auftraggeber verschickt werden. Aber dieses Fax war bei einem Mitbewerber eingegangen. Ein klarer Beleg für eine Absprache. Woher aber wussten die Konkurrenten voneinander? Der Verdacht lag nahe, dass ein Insider gekauft war. Im Endergebnis richteten sich die

Ermittlungen gegen rund 240 Personen und 120 Firmen aus der Baubranche.

Wie kommt es zum Strafverfahren?[27]

Die Quote benamter Anzeigen bei Polizei und Justiz ist gering. Auch
von Mitarbeitern solcher Firmen, die an Absprachen und Bestechung
beteiligt sind, oder von unterlegenen Wettbewerbern kommen nur
wenige Hinweise. Demgegenüber geben Anzeigen der Banken wegen
auffälliger Finanztransaktionen nach dem Geldwäschegesetz und die
Mitteilungen der Finanzbehörden gemäß § 4 Abs. 5 Nr. 10 EStG immer öfter Anlass für die Einleitung von Ermittlungen. Revisions-
berichte aus der staatlichen Verwaltung erhalten ebenfalls vermehrt
Hinweise auf Korruptionsstraftaten. Neben den Ermittlungen selbst,
die, sachverständig geleitet, eine Lawine von Folgeverfahren auslösen
können, sind anonyme Anzeigen die am besten sprudelnden Erkennt-
nisquellen. Anonyme Hinweise sind grundsätzlich ernst zu nehmen,
denn es handelt sich häufig um Insiderwissen. «Soweit Insider ihre
Kenntnisse anonym anzeigen, stellt diese Vorgehensweise in einem
nach allen Seiten abgeschotteten System der Korruption bisweilen die
einzige Äußerungsmöglichkeit ohne Gefahr von Repressalien dar.»[28]
Insider, die Informationen unter ihrem Namen offen legen, nennt man
im internationalen Sprachgebrauch whistleblower.[29] Gerade bei der
Korruption wächst die Bedeutung von Hinweisen durch Insider,
denen jedoch häufig kein Glauben geschenkt wird, wenn sie in der
Anonymität verbleiben oder ihre Aussage von der Zusicherung von
Vertraulichkeit abhängig machen. Nicht nur, dass solche Informationen häufig ohne Konsequenzen bleiben und weder Strafanzeige erstattet wird noch interne Prüfungen eingeleitet werden; der Informant
muss befürchten, als Nestbeschmutzer dazustehen und mit Verleum-
dungsklagen überzogen zu werden. Der psychologische Mechanismus ist altbekannt: Man verurteilt den Überbringer der schlechten
Nachricht, die schlechte Nachricht selbst tritt dahinter zurück.

III Wie schädlich ist Korruption?

Materielle Schäden – was geht Korruption den Bürger an?

Die Wirtschaftskriminalität verursachte im Jahr 2001 mit 6,8 Mrd. Euro konkret festgestellter Schadenssumme weitaus größere materielle Schäden als die Summe aller Schäden aus der herkömmlichen Vermögensdelinquenz von Einbruch bis zum Diebstahl in Höhe von 4,2 Mrd. Euro p. a. Nur 1,7 % aller polizeilich registrierten Delikte sind Wirtschaftsstraftaten, die aber 60 % der Schäden ausmachen.

Die Wirtschaftskriminalität war schon immer von ausgeprägter Sozialschädlichkeit, nur wird sie anders als die sonstigen Vermögensdelikte nicht als eine Staat und Gesellschaft besonders gefährdende Kriminalitätsform wahrgenommen. Dies ist eine der Ursachen, warum sie ungebremst zunimmt. Im Jahr 2001 wurden 110000 Wirtschaftsstraftaten verzeichnet und damit 21 % mehr als im Erfassungsjahr zuvor.

Die Korruption ist Teil der Wirtschaftskriminalität. Kontrolle und Verantwortung etwa des Einkäufers im Unternehmen, der über die Auftragsvergabe an den günstigsten Bieter entscheidet, oder des Technischen Angestellten auf der kommunalen Deponie, der überwachen soll, dass nicht als Hausmüll deklarierter Sondermüll abgekippt wird, werden weggekauft. Der Lagerverwalter akzeptiert Rechnungen, obwohl nur ein Teil der Ware angeliefert wurde. Der Bauleiter verzichtet trotz Gewährleistungsanspruch auf die Beseitigung von Mängeln und erteilt stattdessen einen Nachauftrag. Minderleistungen werden als vertragsgerechte Ausführung akzeptiert, Reinigungsunternehmen reinigen nicht, Sicherheitsunternehmen sichern nicht, rechnen aber die «vertragsgemäße Ausführung» ab. Planungsbüros planen nicht, sondern lassen sich durch die Bieterfirmen ihre Planungsleistungen kostenlos erbringen, die sie dann als eigene abrechnen. Zehntausende fiktiver Lohnstunden für Bauunterhaltung werden betrügerisch abgerechnet (es sind Fälle bekannt, in denen über Jahre hinweg 70 % der

Lohnstunden fingiert waren), Maschinen kommen nie zum Einsatz, Baugerüste werden nicht aufgestellt. Maurer, die die Baustelle nie gesehen haben, Phantomangestellte, deren Namen aus Telefonbüchern stammen. Bauhelfer ohne Qualifikation stehen als Facharbeiter auf den Stundenzetteln, Bauleistungen werden doppelt abgerechnet.

Die alltäglichen Preisabsprachen verteuern Lieferungen und Leistungen. Die Schmiergelder sind in den Angeboten einkalkuliert: «Darüber muss man nicht reden, das ist in der Praxis üblich.» So kommt es, dass z. B. von Absprachen betroffene öffentliche Baumaßnahmen um 30 % überteuert sind. Es wird davon ausgegangen, dass in Teilbereichen der staatlichen Verwaltung bis zu 90 % aller Bauvorhaben auf Bestechung und Preisabsprachen beruhen, so dass Bund, Ländern und Gemeinden Verluste von etwa 5 Milliarden Euro im Jahr entstehen.[30]

Immaterielle Schäden – die unbekannte Dimension

Die durch Korruption verursachten immateriellen Schäden lassen sich demgegenüber nicht in Geld quantifizieren. Ganz überwiegend wird angenommen, dass Korruption Grundwerte des sozialen und demokratischen Rechtsstaates verletzt,[31] die Geschäftsmoral und die Grundlagen der Marktwirtschaft gefährdet, das polizeiliche Berufsethos beschädigt,[32] Arbeitsplätze vernichtet, überhöhte Preise und Staatsverschuldung verursacht,[33] Entwicklung und Innovation blockiert, die Schattenwirtschaft fördert[34] und den Verfall politischer Moral ansteigen lässt.[35]

«Weil es ja alle machen», ist die pestilenzartige Ansteckungsgefahr nicht zu unterschätzen. Die Sog- und Spiralwirkung alltäglicher Korruption ist gewaltig. Die Ausbreitung der Korruption führt zu einem Verlust des Vertrauens in die Integrität und Rechtmäßigkeit von staatlichem Verwaltungshandeln. Wenn Staatsdiener käuflich erscheinen und in der Politik Filz und Klüngel regieren, bleiben demokratische Prinzipien auf der Strecke und wird letzten Endes die Autorität des Staates selbst in Frage gestellt.

IV Wachstumsbranche Korruption

Wie korrupt ist Deutschland?

Wir kommen um die Erkenntnis nicht herum: Korruption ist mittlerweile in Deutschland weiter verbreitet und tiefer verwurzelt, als bisher für möglich gehalten wurde. «Backschisch» ist kein Import aus orientalischen Landen oder den viel zitierten Bananenrepubliken. Das persische Wort buchstabiert sich auch in Deutsch und heißt «Geschenk». Geschenke erhalten die Freundschaft, und «Freunde wird man ja wohl noch haben dürfen».[1] Heute vergeht kaum ein Tag, an dem nicht über neu aufgedeckte Affären in Wirtschaft und Verwaltung mit unglaublichen Bereicherungssummen berichtet wird. Auch in der Politik soll es ja, und schon wieder fehlt der Glaube, korrupt zugehen. Die bange Frage lautet: Wird Korruption in Deutschland wie in Südamerika zur «Logik des Alltags»?[2] Nach Einschätzung des Bundesverbandes Deutscher Psychologen (BDP) «nimmt in der BRD die Belastung von Wirtschaft und Gesellschaft durch Korruption und Bestechung weiter zu».[3] Dieser Meinung waren schon 1995 die Hälfte der befragten deutschen Manager. Die Selbsteinschätzung der Wirtschaft, die in ihrer Mehrheit Bestechungspraktiken als «Usancen» toleriert,[4] verheißt nichts Gutes: Die Geschäftsbeziehungen sind längst zur korruptiven Beziehungsebene verkommen. Es besteht eine verbreitete Übung, geschäftliche Kontakte mit der Gewährung privatnütziger Vorteile zu verbinden: «Freundschaften aller Art bedürfen der Pflege. Nur dann vermögen sie zu wachsen und erbringen das, was man sich von ihnen erhofft.» So bekannte ein Ex-Manager von Thyssen vor dem Berliner Untersuchungsausschuss zur CDU-Spendenaffäre freimütig, Schmiergelder seien international und in Deutschland üblich. Bei schwierigen Geschäften schalte man Politiker ein, für deren Dienste man sich erkenntlich zeige: «Wir sind doch hier nicht unter Jungfrauen».[5] Ein Unternehmer aus der Baubranche mit 30-jähriger Berufserfahrung erzählte während seiner Vernehmung, dass, solange er in diesem Bereich arbeite, sowohl in Ämtern als auch bei privaten Bauherren alle die Hand aufhalten: «Manche hinter dem Rücken, die anderen ganz offen.»[6] War es in den 1960er Jahren überwiegend noch «weiße und braune Ware» (Waschmaschinen, Kühlschränke bzw. TV und Radio), wird heutzutage Bargeld gefordert. Schecks über mehrere 100 000 Euro wechseln den Besitzer, damit der zugesagte Auftrag auch tatsächlich kommt.

Korruption als Teil der Geschäftspolitik

So sicher, wie nicht jedem Beamten das Kainsmal der Käuflichkeit auf der Stirn steht, ist auch nicht jeder Unternehmer ein Wirtschaftskrimineller. Gleichwohl sind heutzutage Schmiergeldzahlungen zur aggressiven Durchsetzung von Unternehmensinteressen fester Bestandteil der Geschäftspolitik. Nichts wird dem Zufall überlassen. Von langer Hand werden enge Beziehungen zur Verwaltung, zu Mandatsträgern und zu Parteifunktionären aufgebaut, um sich diese Verbindungen in kollusiver Weise zu gegebener Zeit und dauerhaft nutzbar zu machen. Die Einflussnahme auf Entscheidungsträger in der staatlichen Verwaltung und Privatwirtschaft wird sorgfältig vorbereitet. Mit Geld und Geschenken wird frühzeitig sichergestellt, dass die Auftragsbeziehung zu «guten Kunden» verlässlich ist und über Jahre hinweg stabil bleibt. Schmiergelder werden in Prozentpunkten der Auftragssumme ausgehandelt. Unternehmerische Entscheidungen und Korruptionsabreden gehen Hand in Hand. Nicht nur die Beteiligung am Ausschreibungswettbewerb, sondern auch Investitionen in einen neuen Geschäftszweig, ja sogar der Kauf eines Unternehmens werden von korruptiven Absprachen abhängig gemacht. In einem Fall hatte sich der Geschäftsinhaber erst entschlossen zu investieren, nachdem er von potenziellen Großkunden die Zusage erhalten hatte, dass die neue Niederlassung gegen Zahlung von Bestechungsgeldern Aufträge erhalten wird.

Funktionäre politischer Parteien können in solche Abreden ebenso eingebunden sein wie Mandatsträger. Besonders kritisch ist die Verquickung von Auftragsbeschaffung und Spendentätigkeit zu sehen, wobei sich die Akquisiteure auch die eigenen Taschen füllen können. Die Aufdeckung illegaler Parteienfinanzierungen, verbunden mit

Machtmissbrauch und Rechtsbruch, ist schwierig, und es kann bereits heute prognostiziert werden, dass gerade auf diesem heiklen Gebiet noch einiges an Überraschungen auf uns zukommt.

Die Bestechungsgelder werden wie selbstverständlich in die Preise einkalkuliert oder durch überhöhte Leistungsabrechnungen refinanziert. Dieser Betrug ist in der Praxis selbstverständlich: «Darüber muss nicht gesprochen werden.» Es wäre ein Irrglaube anzunehmen, bei den spendablen Firmen handele es sich um leistungsschwache Krauter, die sich nur mit Bestechung ihren Anteil am Auftragskuchen sichern können. Auf dem Korruptionskarussell sitzen die Chefetagen renommierter Unternehmen. Generalbevollmächtigte tüten höchstpersönlich die Bestechungsgelder in Briefumschläge, die sie von ihrem Niederlassungsleiter dem Empfänger überbringen lassen. Vorstände lassen sich auf Schaubildern die Wege der Schmiermittel zu ihren Empfängern aufzeigen.[7] Ob Korruption im Unternehmensinteresse liegt und ob im Einzelfall Bestechungsgelder eingesetzt werden, wird ausschließlich von der Unternehmensspitze entschieden, nachgeordneten Mitarbeitern fehlen für diese Entscheidung Kompetenz und Mittel. So meldete der Niederlassungsleiter eines Speditionsunternehmens an seine Zentrale mit der Bitte um Zustimmung: «Massive Umsatzsteigerung durch Schmiergeldzahlung. Der Gewinn des Unternehmens wird dadurch nicht vermindert.» In einem Reisebericht an die Unternehmensleitung findet sich der Hinweis über die Zahlung von 20 000 DM, «wie mit der Geschäftsleitung vereinbart», an einen Stadtdirektor als Gegenleistung für die Unterstützung bei Auftragsbeschaffung. Es ist die Geschäftsführung, die «in schwierigen Fällen der Auftragserlangung» oder zur Finanzierung von «Abstandszahlungen» bei Kartellabsprachen (eine Firma verzichtet auf die Teilnahme am Wettbewerb und erhält dafür einen Ausgleich in Geld) von der operativen oder kaufmännischen Abteilung eingeschaltet und um grünes Licht für Zahlungen gebeten wird. Die Rolle des Geldbeschaffers übernimmt die Unternehmensleitung. Es sind dieselben Wirtschaftsführer mit bestem Leumund und von hohem gesellschaftlichen Ansehen, die in Fachausschüssen sitzen, als Handelsrichter Recht sprechen, Verbänden und berufsständischen Innungen präsidieren, Professuren bekleiden und als Sachverständige Rat geben. Sie reden dem freien Spiel der Kräfte in einem fairen Wettbewerb das wohlfeile Wort, predigen über Wirtschaftsmoral und Unternehmensethik, empfinden es aber nicht als anstößig, sich an Absprachen zu beteiligen und für sich selbst Vorteile einzufordern, die ihnen nicht zustehen. Im vermeintlich alles überragenden Unternehmensinteresse werden Bilanzen gefälscht und Kartelle gebildet.

Das folgende Schaubild zeigt eine «Bereicherungskurve», gefunden bei einem Bauunternehmer, der in zehn Jahren durch besonders eifrige Bestechungsaktivitäten seinen Umsatz von fünf Millionen DM auf 20 Millionen DM vervierfachte.

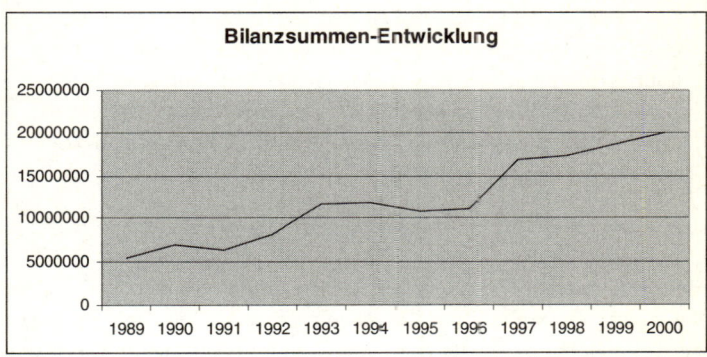

Original einer Bilanzsummen-Entwicklung mit Hilfe von Schmiergeldzahlungen (Jahreszahlen verändert)

Überraschte Ermittler

Im Bereich der solchermaßen bedrohlich ausufernden White-Collar-Crime ist die Korruption eine neue Erscheinungsform organisierter Wirtschaftskriminalität, die die Kriminalpolitik völlig überrascht hat und der sie heute noch weitgehend konzeptionslos gegenübersteht. Unbemerkt von Justiz und Öffentlichkeit sind in den zurückliegenden Jahrzehnten weit verzweigte Beziehungsgeflechte herangewachsen, in denen oft über 100 Personen und Dutzende von Unternehmen eingebunden sind. Überall, wo man hingreift, wird man fündig.

Erfolgreiche Tataufklärung ist von proaktiven Strategien abhängig, verbunden mit dem geschulten Blick erfahrener Ermittler. Die Erfahrung zeigt, dass sich aus einem vermeintlichen Einzelfall schnell

Hunderte mit einer Vielzahl von Tatverdächtigen entwickeln können. Mit jedem Geständnis wird eine Lawine an Folgeverfahren losgetreten, was für die ausfächernden Korruptionsbeziehungen kennzeichnend ist (ohne entsprechende personelle Ausstattung ist die Strafverfolgung jedoch schnell wieder am Ende angelangt).

«Anfüttern»

In Wirtschaft und Verwaltung hat sich, wie der Vorsitzende der deutschen Bischofskonferenz Lehmann beklagt, «ein skrupelloser Hang zur Korruption breit gemacht».[8] Die von München bis Kiel, von Düsseldorf bis Magdeburg identischen Praktiken belegen, dass das eskalierende Schmiergeldwesen eine neue Qualitätsstufe auf der nach oben offenen Korruptionsskala erklommen hat und allgegenwärtige Praxis im Wirtschaftsleben geworden ist. Zahlungen «zur Klimapflege» sind ebenso Standard wie das «Anfüttern». Das Anfüttern hat allerdings weniger mit der Essenseinladung zum Italiener an der Ecke zu tun. Es geht vielmehr um die subtile Strategie zur Herstellung von Abhängigkeit, die mit den häufig zitierten «kleinen Aufmerksamkeiten» oder auch einem großzügigen Geschenk zum Geburtstag scheinbar harmlos beginnt. Die Annahme von «Gefälligkeiten», wie der Einladung zur Betriebsbesichtigung mit anschließendem Wochenendaufenthalt «in schöner Umgebung», wird leicht gemacht, weil «die nicht viel kosten» und eine Gegenleistung (zunächst) nicht erwartet, geschweige denn gefordert wird. Auf diese Weise wird, vom Begünstigten unbemerkt, dessen Nehmer-Qualität ausgetestet. Der Zuwendungsempfänger soll durch die allmähliche Steigerung der Vorteile in eine stetig wachsende Abhängigkeit bis hin zur Erpressbarkeit gebracht werden. Gegen kleine Aufmerksamkeiten ist aus Sicht des Empfängers und auch Dritter (Vorgesetzter, Kollegen) nichts einzuwenden, da der Anschein der Käuflichkeit bewusst vermieden wird. Die Bestechungsabsicht wird verschleiert, sie ist auch für nicht Eingeweihte schwer erkennbar. Die Zuwendung ist so gestaltet, dass der Begünstigte überzeugt sagen kann: «Dafür lasse ich mich doch nicht kaufen.» Typisch ist die Einladung zum Mittagessen aus Anlass einer Baustellenbegehung. Das Ziel der Einladung ist es, sich näher zu kommen und ein für den Gastgeber günstiges Geschäftsklima aufzubauen. Wiederholten Einladungen wird gerne der Mantel der Kollegialität, der persönlichen, guten Beziehung, die leicht zur «Freundschaft» gerät, umgehängt. «Nachdem ich zwei Baumaßnahmen mit der Firma A. abgewickelt hatte, wurde ich von dem Geschäftsführer, der mein Ansprechpartner war, zum Essen eingeladen. Anlässlich dieses Essens bot er mir an, dass ich, wenn ich etwas bräuchte, mich nur rühren solle.» Rabatte und die Vermittlung günstiger Einkaufskonditionen werden nicht ausgeschlagen. Man wäre ja dumm, wenn man nicht zugreift. Käuflich ist man deswegen noch lange nicht. An der sachlichen Geschäftsbeziehung ändert sich dadurch nichts, redet sich der Begünstigte ein, wie am folgenden Beispiel deutlich wird: Der Unternehmer kennt eine billige Quelle für Autoreifen. Die Abholung erledigt der Begünstigte selbst. Die Rechnung geht an das Unternehmen, welches den Betrag nicht einfordert. So gerät die Angelegenheit allmählich in «Vergessenheit». Dasselbe geschieht bei Arbeiten am Haus des Amtsträgers. Dieser bittet ein Unternehmen, mit dem er dienstlich befasst ist, um die Ausführung der Maßnahme. Ein Angebot wird nicht erwartet, man kennt ja die Preise. Eine Rechnung wird nicht gestellt, auf Bezahlung nicht gedrungen, man redet nicht mehr darüber, die Sache ist erledigt. Die folgende Übung steht häufig für den Übergang von Sachleistungen zu Geldzahlungen: Der Unternehmer hat keine Zeit, mit dem Bauleiter essen zu gehen, und übergibt einen Geldschein mit den Worten: «Machen Sie sich einen schönen Abend.» Man rechtfertigt die Annahme des Geldes vor sich selbst mit Überlegungen wie: «Der setzt das so oder so von der Steuer ab, und außerdem ist es ja auch seine Baustelle.» Unter dem Strich bleibt es doch betragsmäßig gleich, ob der Unternehmer an dem Essen teilnimmt oder nicht, er zahlt nicht mehr als sonst auch. Warum soll man also das Geld nicht akzeptieren?

Ein Unternehmen besitzt ein Kontingent von Freikarten für Sport- oder Kulturveranstaltungen. Die Annahme fällt leicht, weil der begünstigte Bauleiter nicht als Einziger Karten erhält, sondern mit ihm weitere Kunden. Oder der Amtsträger kauft ein Firmenfahrzeug zum Abschreibungspreis. Es handelt sich um eine günstige Gelegenheit, weil «man sich gut versteht». Hat ein Bauleiter Schwierigkeiten mit der Finanzierung seines Hauses, löst ein Darlehen auf Vertrauensbasis die Finanzierungsprobleme dauerhaft. Man redet sich ein, das habe nichts mit dem Dienst zu tun. Ein anderer Bauleiter erhielt aufwändige Geschenke für seine Modelleisenbahn. Der Unternehmer ist selbst Sammler, da hat man Verständnis füreinander und «hilft sich schon mal».

Solche Aufmerksamkeiten ohne direkte Gegenleistungen begründen ein «Amigoverhältnis», das sich früher oder später für den Geber auszahlt. Die Korruption profitiert von dem Gefühl der Dankbarkeit. Der Begünstigte kommt gar nicht umhin, die Interessen des Gebers irgendwann zu berücksichtigen.[9] Zu gegebener Zeit wird – frei nach dem Patenprinzip – die «Bitte» um eine «Hilfestellung» geäußert, mithin eine Gegenleistung für die erwiesene Großzügigkeit erwartet, die man «unter Freunden» nicht zurückweisen kann: Die «Berücksichtigung» bei einer für das Unternehmen wichtigen Ausschreibung, eine Information über den Kostenrahmen des Auftraggebers, die Nennung der Mitbewerber und ihrer Angebote oder eine verlässliche Auskunft über Bauerwartungsland. Der Amtsträger wird die Rechnung mit deutlich überzogenen Lohnstunden selbstverständlich nicht anzweifeln, die vertragsgerechte Lieferung wird blind abgezeichnet, auf Garantieansprüche wird stillschweigend verzichtet. Es handelt sich ja in den Augen der Beteiligten um nichts «Kriminelles», sondern um «Gefälligkeiten auf Gegenseitigkeit». Der Angefütterte hängt, erpressbar geworden, am Haken.

Solche Klimapflege findet sich gerade auf den oberen Führungs-
ebenen des öffentlichen Dienstes: Bürgermeister, Landräte, Amtsleiter
und Stadträte vergeben zwar selbst keine Aufträge für Kindergär-
ten und Klärwerke, verabschieden keine Bebauungspläne und verkaufen auch keine Grundstücke. Ihr Einfluss auf die Auswahl der
Firmen und die Auftragsvergabe ist jedoch fraglos vorhanden. Über
Jahre hinweg fließen erhebliche Sach- und Geldzuwendungen, nur
die konkrete Gegenleistung – häufig geschickt verschleiert – ist schwer
nachzuweisen.

Es wird häufig gefragt, wer üblicherweise zuerst am Korruptions-
rad dreht, ob also Geber oder Nehmer die Initiative zur Korruption
ergreift. Nach empirischen Erkenntnissen deutet einiges darauf hin,
dass im kommunalen Bereich bei den alltäglichen Verwaltungsauf-
gaben häufig die Staatsdiener den ersten Schritt tun, anders bei singu-
lären Großprojekten. Ob es aber der Amtsträger ist, der fordert, oder
ob der Unternehmer Vorteile anbietet, kann dahingestellt bleiben.
Beide sind Täter. Das «Fordern» wie das «Gewähren» wird ohne Unterschied mit Strafe bedroht.

Schmiergelder zur Umsatzsteigerung

Vorteilsgewährungen dienen der Durchsetzung unterschiedlichster
Interessen der Unternehmen:
- Ermöglichung von Kartellabsprachen
- reibungslose Auftragsabwicklung
- Manipulation bei Auftragsvergabe, etwa durch Einbau von Schein-
  positionen im Leistungsverzeichnis, die tatsächlich nicht oder in
  minderer Qualität zur Ausführung kommen sollen
- Zusage, nicht auf der vertragsgerechten Ausführung zu bestehen,
  etwa bestimmte Leistungspositionen gänzlich entfallen zu lassen
- Verzicht auf Durchsetzung von Gewährleistungsansprüchen und
  Sicherheitsgarantien
- Erlangung von Genehmigungen und Konzessionen
- Verrat von Geschäftsgeheimnissen, etwa der Bieterliste, Angebote
  der Mitbewerber, internen Kalkulationen des Investors
- Beschaffung von Insiderinformationen, etwa der Aussicht auf
  lukrative Nachträge

- Zuteilung von Fördermitteln
- Verhinderung von Verbotsverfügungen
- Vermeidung von Ordnungskontrollen

Geldzahlungen und vielfältige Sachgeschenke befördern die Akquisition an der Konkurrenz vorbei, garantieren eine reibungslose Auftragsabwicklung und ermöglichen überhöhte Leistungsabrechnungen. Es gibt schriftliche Handlungsanweisungen zur Umsatzförderung mit verbindlichen Vorgaben für die Mitarbeiter (siehe Kasten S. 51). Darin enthalten sind Anleitungen, mit welchen Akquisitionsmaßnahmen gute Kunden gefördert werden dürfen und wie die Refinanzierung der gewährten Vorteile sicherzustellen ist («3-fach auf den Gewinn von mindestens 10 % aufschlagen») (s. Kasten S. 51).

Korruption in der Bauwirtschaft

Das Bestechungsunwesen ist in etlichen Wirtschaftszweigen verbreitet, u. a. sind das:
- Bauwirtschaft
- Facility Management/Gebäudeverwaltung
- Speditionswesen
- Pharmaindustrie
- Medizintechnische Gerätehersteller
- Rüstungsindustrie
- Druckgewerbe
- Abfallwirtschaft
- Immobilienwirtschaft
- Werbebranche
- Reinigungsbranche
- Bewachungsunternehmen

Das besondere Augenmerk der Korruptionsfahnder gilt aufgrund einschlägiger Erkenntnisse der Bauwirtschaft, die als korruptionsgeneigte Moralbrache gilt. Nach Erhebungen des BKA kommen 44,5 % der Geber aus der Bauwirtschaft.[10] Die Wirtschaftsprüfungsgesellschaft KPMG bewertet aufgrund einer Umfrage von 1995 das Bauwesen (neben der Immobilienwirtschaft, dem Versicherungswesen, Handel und Finanzdienstleistung) als eine Risikobranche. Der «Maßnahmen-

Heizung und Sanitär GmbH
(Datum)

Niederlassung

PROTOKOLL

Seminar vom (Datum)
In der WASSERMÜHLE, A-Dorf

Unter dem Leitsatz:
«WIE BRINGEN WIR DIE NIEDERLASSUNG
IM JAHRE (Datum) IN DIE GEWINNZONE ?»

Teilnehmer

Herr L

Herr A

Herr B

Herr C

Herr D

Folgendes wurde verbindlich beschlossen:

Es ist grundsätzlich zu vermeiden, BARGELD zu verwenden. Sollte dies jedoch unumgänglich sein, so muss zukünftig der Geschäftsleitung nachgewiesen werden:

Die Firma hat einen NETTO-Gewinn von mindestens 10 %.

Der BARBETRAG wird DREIFACH auf unseren Gewinn von mindestens 10 % aufgeschlagen.

WICHTIG !!!

ABWÄGUNG: GUTE KUNDEN und AUFTRÄGE
Auch weiterhin durch entsprechende
Akquisitionsmaßnahmen förcern!!

Auszug aus einem Originalprotokoll; Namen und Orte anonymisiert

katalog zur Korruptionsbekämpfung» der Bundesministerien des Inneren und der Justiz vom 20. 3. 1996 warnt eindringlich vor dem «besonders korruptionsanfälligen Bauwesen». Ein geflügeltes Wort in der

Branche skizziert die dort herrschende Bereitschaft zur Regelverletzung: «Entweder ins Gefängnis oder in den Konkurs.» Es gibt Bauunternehmer, die jahrzehntealte Korruptionsbeziehungen pflegen und sich an keinen Fall eines regulären Wettbewerbs erinnern können. Die Schmiergeldbeziehungen werden als Teil des betrieblichen Knowhows und Motor des Umsatzes vom Vater an den Sohn weitergegeben. Das erste Gebot in der Branche wird strikter beachtet als so manche DIN-Vorschrift: «Du darfst Dich nicht erwischen lassen!» Der Hauptverband der deutschen Bauindustrie räumt denn auch in seinem «Parlamentarierbrief Baumarkt und Wettbewerb» vom 8. 3. 1995 freimütig ein, dass im Baubereich Korruption und Preisabsprachen verbreitet sind. Im gleichen Zeitraum trat der Bundesverband der Deutschen Industrie e. V. (BDI) mit einer «Empfehlung für die gewerbliche Wirtschaft zur Bekämpfung der Korruption in Deutschland» an die Öffentlichkeit. Unter Hinweis auf die Notwendigkeit eines Verhaltenskodex werden Vorschläge zur Korruptionsprävention formuliert und an eine Stärkung der Vorbildfunktion der Unternehmensleitung appelliert. In einem «Gemeinsamen Statement» von 1996 erteilten die vier «Großen» der Bauwirtschaft (Bilfinger & Berger, Hochtief, Philip Holzmann, Strabag) den Korruptionspraktiken eine Absage und bezeichneten Preisabsprachen als «kein zulässiges Mittel der Geschäftstätigkeit». Zur selben Zeit verhafteten Staatsanwälte in München Mitarbeiter von Unterzeichnern des Aufrufs wegen aktiver Bestechung.

Die Branche liefert vielfältiges Anschauungsmaterial für alltägliche Manipulationspraktiken, die einen Korruptionsstandard von geradezu professioneller Organisationshöhe offenbart. 3–5 % der Auftragssumme werden im Baugewerbe als Gegenleistung für bevorzugte Auftragsvergaben gezahlt. Bei Bauunterhaltungsmaßnahmen mit einem hohen Lohnstundenanteil sind es bis zu 25 % und mehr.

Korruptionskartelle

Wettbewerbswidrige Absprachen sind festgezurrter Bestandteil des Marktgeschehens. Das Prinzip des freien und fairen Preis- und Leistungswettbewerbs wird durch Kartelle nachhaltig durchlöchert: «Die Preise hoch, die Reihen fest geschlossen.» Schon Adam Smith brachte es auf den Punkt: «People of the same trade seldom meet together, even for merriment and diversion, but the conversation ends in a conspiracy against the public or in some contrivance to raise prices.» (Geschäftsleiter derselben Branche kommen nur selten zusammen – und sei es nur zum Vergnügen und zur Geselligkeit –, ohne dass das Treffen in einer Verschwörung gegen das öffentliche Wohl oder in einer Absprache, die Preise zu erhöhen, endet.)[11] Dass die Erfolgsstory der Kartelle etwas mit Korruption zu tun hat, war eine neue Erkenntnis der 1990er Jahre. Korruption und Absprache sind Zwillinge. Durch «Provisionen» gekauft, überlassen es die Mitarbeiter des Wettbewerbsveranstalters dem Kartell, den Kreis der Bieterfirmen selbst zu bestimmen. Die Kartellmitglieder legen außerhalb des Wettbewerbs fest, wer das günstigste Angebot abgibt und damit den Zuschlag erhält. Ein Unternehmer: «In meinem Kreis haben die Absprachen immer funktioniert, ich kann keinen Fall sagen, wo jemand ‹quer geschossen› hat. Der Großteil (80–90 %) der beschränkten Ausschreibungen ist nach meiner Einschätzung in den jeweiligen Kreisen abgesprochen worden, wobei es nicht immer mein Kreis gewesen sein muss. ... Bei den Preisabsprachen mussten wir immer innerhalb eines bestimmten Rahmens bleiben, weil wir ja mit Preisprüfungen rechnen mussten.»

Absprachen werden nicht als kriminell empfunden, sondern als «Abwehrkartelle» gegen einen übermächtigen Staat gerechtfertigt. Sie dienen angeblich dazu, einen ruinösen Wettbewerb zu verhindern, und sollen für eine gleichmäßige Auslastung der Betriebskapazitäten im Interesse des Erhalts von Unternehmen und Arbeitsplätzen sorgen.[12] Auch ohne Kartellabsprachen eröffnen eingebaute «Rechenfehler» in Angebotsunterlagen ein weites Feld für betrügerische Machenschaften. So erhält der Bieter nach dem Submissionstermin seine Unterlagen zurück, um seinen Preis in Kenntnis der Konkurrenzangebote auf die erste Rangstelle herunterzurechnen (Änderung der Bieterfolge). Dagegen wird er als Mindestfordernder sein Angebot an das des Zweitfordernden annähern («Draufsatteln») – und verdient auf diese Weise bereits das erste Geld, ohne eine Hand gerührt zu haben.

Planungsbüros

Im Zentrum von Manipulationen und Absprachen stehen die im Auftrag der Bauherren tätigen Planungsbüros, denen das besondere Vertrauen entgegengebracht wird, sich ausschließlich für die Interessen des Investors zu verwenden. Tatsächlich sind sie die Nutznießer eines verbreiteten Absprachesystems. Planungen und selbst die Kostenschätzung werden nicht selten durch einen der Bieter erbracht: «Wer plant, der baut.» Als Gegenleistung erhält dieser Insider-Informationen und kann Massen in das Leistungsverzeichnis eintragen, die tatsächlich nicht zur Ausführung kommen. Dadurch erlangt er Kalkulationsvorteile gegenüber der nicht eingeweihten Konkurrenz. Auch die wirtschaftliche Verquickung von Planungsbüros, Herstellern und Technischen Anlagebauern verhindert vielfach einen fairen Wettbewerb.

Öffentlicher Dienst – Korruption von A bis Z

Korruption ist in der deutschen öffentlichen Verwaltung ein verbreitetes Phänomen. Ganze Herden grauer und schwarzer Schafe bevölkern die Amtsstuben. Wenn vor Jahren noch ein Sturm der Entrüstung Dienstaufsichtsbeschwerden in das Büro des Staatsanwalts wehte, der das Problem als «flächendeckend» beschrieb, werden heute Maßnahmenkataloge gegen Korruption formuliert und Dienstanweisungen über das «Verbot der Annahme von Belohnungen und Geschenken» verfügt. Die Sensibilität gegenüber korruptiven Gefahren hat zugenommen, man ist bemüht, schon den Anschein der Käuflichkeit zu vermeiden. So werden die üblichen Weihnachtsgeschenke mit einem höflichen, aber bestimmten Begleitschreiben an den Absender zurückgeschickt oder an soziale Einrichtungen weitergeleitet. Amtsleiter versenden rechtzeitig vor der winterlichen Saison der Geschenke «blaue Briefe» an die Firmen mit dem freundlichen Hinweis, dass nicht ein Präsentkorb die Erinnerung an den Geschäftspartner wach hält, sondern die Qualität seiner Leistung. Fortbildungsveranstaltungen kommen nicht mehr ohne einen Kurs über Korruptionspraktiken aus. Das «Anfüttern» ist zum Synonym für die Hinterfragung von solchen Geschenken geworden, deren Anlass und Zweck nicht offenkundig dem Anstands- und Höflichkeitsgebot im menschlichen Umgang miteinander entspringt. Alle Bemühungen um die Erhaltung der Reinheit der öffentlichen Hand sind aber vielfach vergeblich. Zu tief verwurzelt sind die lukrativen Beziehungen zwischen Amtsträgern und Firmen. Zu groß ist die Versuchung, sich mühe- und risikolos einen unversteuerten Nebenverdienst zu verschaffen, im Vergleich dazu erscheint die legale Alimentierung der Staatsdiener nicht selten als ein mickriges «Schöppchengeld». Diese Verflechtungen werden durch den so genannten Lagerwechsel noch enger geknüpft, wenn Angehörige der Verwaltung den Sprung in die Selbstständigkeit risikolos wagen, weil sie mit dem Tag ihrer Firmengründung von den ehemaligen Kollegen mit Aufträgen bestens versorgt werden. Ihre Amtszeit hat sie gründlich gelehrt, in welcher Münze die Dankbarkeit zu zahlen ist, die Preise sind ihnen aus eigener Anschauung bestens bekannt.

Das Prinzip der öffentlichen Hand pervertiert zum Prinzip der offenen Hände. Die «chronique scandaleuse» buchstabiert sich von «A» bis «Z». In der staatlichen Verwaltung treffen wir überall auf korruptive Abreden. Kaum ein Fachamt bleibt verschont. Alles scheint käuflich:

– Abschleppaufträge
– Asylantenbeherbergung
– Arbeits- und Aufenthaltserlaubnisse
– Abfallentsorgung
– Auftragsabwicklung
– Bauaufträge
– Baugenehmigungen
– Bestuhlung in Biergärten
– Bereitstellung von staatlichen Fördermitteln
– Einkommensteuerbescheide mit Wohlwollen
– Führerscheine
– Fahrbahnmarkierungen
– Kantinenbelieferung
– Kunstobjekte für staatliche Museen
– Konzessionen für Gaststätten und Spielsalons
– Marktstände im öffentlichen Verkehrsraum
– Sozialwohnungen
– Sportanlagenbau

– Speditionsleistungen
– Sicherheitsausrüstung für die Polizei
– Straßenbeschilderung und Notrufsäulen
– TÜV-Stempel
– Visaerteilung
– Zügige Rechnungsanweisung
– Zulassung von Kraftfahrzeugen

Bei der Ausübung des staatlichen Gewaltmonopols durch die Polizei wird für die Verdeckung von Straftaten gezahlt sowie für Informationen über laufende Ermittlungen und Auskünfte aus polizeilichen Datenbeständen. Korruptionsansätze finden sich in nur sehr geringem Umfang bei der Justiz. Ob dies so bleibt, ist keinesfalls garantiert. Schließlich hatte schon Goethe das Schmiergeld während seiner Praktikantenzeit am Reichskammergericht in Weimar als «Instrument der Rechtspflege» ausgemacht.

Die Nahtstellen der Korruption

Die Korruption im öffentlichen Dienst hat so viele Vettern, wie es Berührungspunkte zwischen Verwaltungsangehörigen und Externen gibt. An den Nahtstellen zwischen staatlicher Verwaltung und privatem Bereich befördern insbesondere in der Leistungsverwaltung Bestechungsgelder und Sachzuwendungen die Interessen von Bürgern und Unternehmen. Die so genannten Prozentzahlungen garantieren eine reibungslose Auftragsabwicklung zu fetten Preisen. Barschecks verschaffen Konzessionen und Genehmigungen. Pekuniäre Handreichungen verhindern hohe Gebührenbescheide und strenge Ordnungskontrollen. Wirtschaftliche Abhängigkeit (spätestens ab 40 % des Gesamtumsatzes) fördert die Bereitschaft, den Kunden durch Korruption zu halten, wenn nicht sogar die Gegenseite ihre Auftragsmacht erpresserisch ausnutzt.

Überall stoßen die Ermittler auf korruptionsanfällige Schwachstellen:
– allgemein im Auftrags- und Beschaffungswesen, insbesondere dort, wo die öffentliche Hand eine monopolartige Stellung innehat (z. B. im Straßen- und Klärwerksbau)

- bei gebührenpflichtigen Amtshandlungen, etwa der Nutzung von kommunalen Mülldeponien
- bei der Erteilung, Überprüfung und Rücknahme von Genehmigungen (z.B. im Baurecht) und Konzessionen (z.B. im Gaststättengewerbe)
- bei der Gewährung öffentlicher Mittel und Zuschüsse
- bei Lieferkontrollen (Warenanlieferung) und Vertragskontrollen (Kontrolle vertragsgemäßer Ausführung), Aufmaß- und Rechnungskontrollen
- bei Ordnungskontrollen (z.B. Sperrstunden, Lebensmittelrecht)
- und überall dort, wo geldwerte Insiderinformationen sprudeln

In der Privatwirtschaft wie in der öffentlichen Verwaltung treffen wir auf dieselben korruptionsgefährdeten Risikobereiche:
- bei Auftragsvergaben (insbesondere für Neubau und Instandhaltung)
- bei Einkauf von Handelsware, Logistik und Produktionsmitteln
- bei Planung und Entwicklung
- bei Abrechnung von Leistungen

Das Kaleidoskop der Korrupten

Wer lässt sich warum kaufen? Korruption ist kein Armutsdelikt. Das Motiv ist nur ausnahmsweise die finanzielle Notlage des Vorteilsnehmers. Die Selbstbereicherung beschränkt sich nicht auf die unterbezahlten Chargen. Die heimlichen Schleichpfade der Korruption ziehen sich durch die gesamte Hierarchie von Unternehmen und Behörden. Das Kaleidoskop der Korrupten reicht vom «Bleistiftspitzer» bis zum Bürgermeister, vom Einkäufer bis zum Geschäftsführer, jeder fragt: «Was ist für mich drin?» Das Füllhorn der Vorteile ergießt sich auf den technischen Angestellten im Bauamt und den Sachbearbeiter in der Ausländerbehörde ebenso wie auf Landräte und Vorstände. Bauleiter und Ärzte, Unternehmer und Ingenieure tauchen ungeniert in den Schmiergeldstrom ein. Mag sein, dass Geld vor allem die korrumpiert, die es nicht haben (Peter Ustinov). Aber gerade höhere Einkommensgruppen sind in der Gilde der Korrupten bestens vertreten, diejenigen also, die es an sich «nicht nötig hätten». Einer

Umfrage zufolge nehmen 47 % der befragten Unternehmen an, dass der am ehesten von Korruption betroffene Personenkreis dem oberen Management zuzurechnen ist.[13] Der Appetit kommt bekanntlich beim Essen, ein hohes Einkommen hat noch nie vor Begehrlichkeiten bewahrt. Neben beruflichem Ehrgeiz, der schieren Lust an Machtausübung, der Überforderung am Arbeitsplatz oder auch der Enttäuschung über verpasste Karrierechancen ist es vor allem die Aussicht auf risikolose Bereicherung, die die Korrupten zu ihrem kriminellen Tun antreibt.

Der Verlockung des schnellen Geldes erliegen in Privatwirtschaft und Verwaltung vorwiegend die lang gedienten, erfahrenen und fachlich anerkannten Mitarbeiter (Leistungsträger), denen allesamt viel Vertrauen entgegengebracht wird. Angesichts der verbreiteten Suche nach dem bequemen Erfolg ohne Leistung und einem Hang zur Selbstverwirklichung auf Kosten anderer wundert es nicht, wenn sonst eher als formalistisch und unbeweglich bekannte Staatsdiener bei der Versilberung ihres Amtssessels zu kreativen, fantasievollen und geradezu engagierten Unternehmern in eigener Sache mutieren. Bauleiter vom Amt werden zu Dirigenten örtlicher Absprachekartelle. Kommunale Sachbearbeiter gründen eigene Firmen, die zu umsatzstarken Lieferanten der Gemeinde avancieren, Bürgermeister halten Anteile an Immobiliengesellschaften und Beratungsunternehmen, denen sie lukrative Staatsaufträge verschaffen.

Minima Moralia – fehlendes Unrechtsbewusstsein

Die Hemmschwellen der Käuflichkeit liegen tief, das Unrechtsbewusstsein ist gering ausgeprägt. Diese unter den Korrupten verbreitete Fähigkeit zur Verdrängung moralischer Skrupel mag als ein Parameter gelten für Alltäglichkeit und Erfolg der Strategie des Bestechens. Laut Untersuchungen des BKA haben 70 % der Vorteilsgeber kein Unrechtsbewusstsein. Das Verschwinden des Unrechtsbewusstseins ist Folge des allgemein beklagten Werteverfalls, der «Verkehrung der ethischen Grundeinstellung».[14] Die aus Unternehmensethik und den «guten Sitten» errichteten Dämme gegen Wettbewerbsverstöße und Wirtschaftsvergehen sind weggebrochen. Der Begriff des «ehrbaren Kaufmanns» als Ausdruck von Zuverlässigkeit und Gesetzestreue gehört heute zum Antiquariat ehemals unternehmensleitender Prinzipien.[15] Die Bereitschaft zum Regelverstoß nimmt in besonderem Maße zu, wenn es nicht um eigennützige Bereicherung geht, sondern um die Förderung von Interessen Dritter, etwa denen des eigenen Unternehmens: «Ich meinte, im Firmeninteresse gehandelt zu haben, und fühlte mich durch meine Vorgesetzten gedeckt.»

Großunternehmen bieten eine Million Euro für den Stadtsäckel, wenn die höchst umstrittene Baugenehmigung im Außenbereich gegen den Widerstand der Bürger erteilt wird. Unternehmen zahlen als vermeintlich altruistische Sponsoren großzügig für kommunale Sozialeinrichtungen und erwarten hierfür die Zustimmung zum Bau eines Industrieparks.

Nach einer Forsa-Umfrage vom Juni 2002 haben – hochgerechnet – 150 000 kleine und mittelständische Unternehmer bereits einmal Bestechungsgeld gezahlt oder «Gefälligkeiten» erwiesen, um an einen Auftrag zu kommen. Jedes siebte der befragten Unternehmen (repräsentativ für 1,1 Millionen Firmen) räumt ein, schon einmal bestochen zu haben, um einen Auftrag zu bekommen.[16] Die Weiße-Kragen-Täter bezeichnen ihr Geschäftsgebaren nicht als kriminell, die Beteiligten definieren sich nicht als Straftäter. Was alle machen, kann nicht anstößig sein: «Man muss was tun, wenn man arbeiten will», so ein Unternehmer, der freimütig einräumte, seit Jahren Mitarbeiter des kommunalen Bauamtes bezahlt zu haben. Das mangelnde Unrechtsbewusstsein schlägt sich auch in der Sprache der Beteiligten nieder. Keiner führt das Wort Korruption im Munde. Niemand redet von «Schmiergeld» oder «lässt sich kaufen». Den Unternehmen gelten strafbare Zuwendungen als «Investitionen» oder Ausgaben zur Pflege des Geschäftsklimas. Bestechungsgelder werden als «Provisionen» rhetorisch verschleiert, «nützliche Aufwendungen im Geschäftsinteresse» («NA-Kosten») wie ein Risikofaktor einkalkuliert: «Ohne Geschenke geht nichts», lautet die Einsicht berufserfahrener Unternehmer, denen Korruption lange schon zum Kavaliersdelikt geraten ist.

Legalität und Illegalität verschwimmen in dem Maße, wie man sich an das Exerzieren krimineller Praktiken gewöhnt. «Das widerspricht aber meinem Rechtsgefühl», echauffierte sich ein Unternehmer bei der Verkündung seines Haftbefehls, nachdem er jahrelang fortlaufend bestochen hatte, um an Aufträge zu gelangen. In Schulungsprogrammen der Haustechnikbranche (Heizungs-, Lüftungs-, Klimatechnik,

HLK) werden dem Nachwuchs Richtlinien über richtiges Absprache-
verhalten vermittelt:

«Ansonsten sind – bis auf diverse Ausnahmen, auf die ich noch
komme – die im Verband tätigen Firmen sichere Partner. Absprache-
listen der zu beteiligenden Firmen werden grundsätzlich aus diesem
Bereich zusammengestellt. Wer in der HLK-Branche einen guten
Ruf genießen will und ‹seine› sicheren Projekte einfahren will, hält
sich – teilweise nach hartem Ringen um die Anteile – an die festgelegten Regeln. Alles andere gilt als unseriös und zieht automatisch
den Verlust eigener Projekte mit sich. Der Grund der Absprache
besteht ausschließlich darin, die Projekte zu ‹vernünftigen› Preisen
einzufahren.

Die Firmen mit entsprechenden Kontakten zu Bauherren, Planern,
Baubehörden etc. und ausreichender Planungskapazität bieten diese
Kapazität zunächst kostenlos an (hauptsächlich an Ingenieurbüros!).
Die so genannte Planungshilfe im Anfangsstadium eines Projektes
gilt als 90%ige Sicherheit für eine erfolgreiche Absprache und Auf-
trag!»

Wirtschaftlicher Erfolg durch Absprachen, Ausriss aus einem Schulungspro-
gramm

Aufwändige Sachgeschenke werden als «Dankeschön für gute Zusammenarbeit» und als «Pflege des Geschäftsklimas» oder ganz schnör-
kellos als «Durchlaufposten» für die Buchhaltung umschrieben. Im
Maschinenbau heißt es nach einer alten Mechanikerregel: «Was laufen
soll, muss geschmiert werden.» Geldzahlungen an Amtsträger werden
als «Vergütung von Mehrleistungen» rationalisiert. Der Landrat erhält «Freundschaftsgeschenke» als eine ihm zustehende «Entlohnung
für seinen besonderen Einsatz im Interesse der Bürger und der Unternehmen». Bei dieser verqueren Sicht der Dinge ist nicht weiter erstaunlich, wenn ein wegen Bestechlichkeit verurteilter Mandatsträger
lauthals beklagt, man möge doch «seine guten Taten für das Gemeinwohl nicht vergessen».

Kriminologen ist dieser für alle Arten der Kriminalität gepflegte
Mechanismus der Selbstrechtfertigung bestens bekannt. Der Neutra-
lisierungstheorie[17] liegt die Annahme zugrunde, kriminelles Verhalten

werde den Tätern dadurch erleichtert, dass diese durch Rationalisierungen und Erklärungen die Verhaltensanforderungen des Strafrechts für sich ausschalten (neutralisieren). Kriminelles Verhalten wird dabei von bestimmten wiederkehrenden Mustern begleitet. Die Neutralisierung führt bei dem Täter zu einer Entschuldigung seines Verhaltens und lässt die Strafdrohung in den Hintergrund treten. Gerade bei wiederholten kriminellen Handlungen werden ausgeprägte Techniken entwickelt. Der Nutzen dieser Erkenntnis liegt deshalb insbesondere darin, präventiv zu versuchen, diese Neutralisierungen aufzubrechen und damit Einsicht in das Unrechtmäßige des eigenen Tuns sowie eine Verantwortungsübernahme zu erreichen, die künftige Rechtsbrüche unterbinden hilft. Die verschiedenen Mechanismen finden sich bei den Tätern der Korruption wieder: Verleugnung der Eigenverantwortung (denial of responsibility), Verneinung des Unrechts (denial of injury), Ablehnung des Opfers (bzw. bei Korruption: Leugnung eines Schadens) (denial of victim), Verdammung der – in diesem Kontext – Justiz (condemnation of condemners) und Berufung auf eine höhere Autorität (appeal to higher loyalties). In konkreten Beispielen drückt sich dies so aus: «Ich habe das Schmiergeld zwar gezahlt, aber es war nicht meine Entscheidung, er hat es gefordert. – Wenn wir nicht gezahlt hätten, hätten wir den Auftrag vergessen können. – Ich habe das Geld genommen, weil er es mir regelrecht aufgedrängt hat. – Ich habe ihm seinen Anteil gezahlt, aber wem schadet das? – Das tun doch alle. Wem schade ich denn? – Das ist doch üblich im Vertrieb. Ich habe das Geld genommen, aber was ist denn dabei? – Der Staat spart doch noch Geld, wenn ich mich darum kümmere, dass es keinen Ärger mit der Auftragserfüllung gibt. – Der Staat kann doch froh sein, dass alles gut und billig erledigt wurde. Ich habe darauf geachtet, dass alles ohne Mängel und in der vereinbarten Zeit erledigt wurde. – Das war doch nur eine kleine Anerkennung.» Im engen Zusammenhang damit steht hier die Ablehnung des Opfers bzw. des Schadens: «Was ist das schon im Vergleich mit den Sachen, die die da oben begehen? – Bei der Treuhandleitung haben sie sich erst richtig bedient. – Ich bin hier nur ein kleines Rädchen im Getriebe. Haben Sie schon einmal bei meinem Chef nachgeprüft ... – Man sollte lieber einmal diejenigen strafrechtlich verfolgen, die sich richtig bedienen» (Anspielungen auf die «große» Politik, auf politische Skandale und auf vermeintliche Straftaten von Unternehmens- und Behördenleitungen). Teilweise wird noch vorgebracht: «Ich wurde mit der ganzen Sache allein gelassen und war völlig überfordert, das hat doch keinen interessiert. – Ich habe nur so gehandelt, wie die Unternehmensleitung es wollte. – Wir stehen in einem harten Konkurrenzkampf, es geht um Arbeitsplätze.»

Dass es sich bei Bestechung und Bestechlichkeit um ein Vergehen handelt, das im erschwerten Fall mit Freiheitsstrafe von immerhin bis zu zehn Jahren bedroht ist, scheint nur wenige zu schrecken. Die Gewinnmaximierung ist das alleinige Ziel, dem die Methoden untergeordnet werden: «Legal oder illegal – ganz egal.» Die Entscheidung zwischen «sauber bleiben» oder «mehr Umsatz» fällt zumeist zugunsten der letzteren Alternative aus. Das derzeitige Sanktionensystem und vor allem die geringe Entdeckungswahrscheinlichkeit stellen keinen Anreiz für Gesetzestreue dar. Solange Straftaten sich lohnen, helfen keine Moralappelle.

Mangelnde Sensibilität in Wirtschaft und Verwaltung

Das Thema Wirtschaftskriminalität wird in den Führungsetagen der deutschen Unternehmen und bei den Verbänden der freien Wirtschaft weit gehend unterschätzt und nicht selten verharmlost. Nach einer Umfrage[18] unter 200 der 2000 größten Unternehmen in Deutschland wird Wirtschaftskriminalität und Korruption als ein akutes Problem der deutschen Wirtschaft angesehen, das aber nicht auf den eigenen Verantwortungsbereich bezogen wird: «Bei uns ist im Großen und Ganzen alles in Ordnung. Das Problem haben nur die anderen.» Obwohl immerhin 56 % der befragten Unternehmen glauben, bereits Aufträge verloren zu haben, weil Wettbewerber Bestechungsgelder gezahlt haben, verweigert sich der weitaus größte Teil der Wirtschaft, das Thema aktiv anzugehen. Folglich sind nur 38 % der Befragten mit den einschlägigen Gesetzen hinreichend vertraut.[19] So sieht zwar die Mehrzahl der Unternehmen Korruption in internationalen Geschäftsbeziehungen kritisch. Aber das Internationale Bestechungsgesetz, das die Bestechung von ausländischen Amts- und Mandatsträgern im internationalen Geschäftsverkehr mit Geld- und Freiheitsstrafe bedroht und seit Februar 1999 unmittelbar geltendes Recht für deutsche Unternehmen ist, zählt nicht zum Allgemeinwissen.[20]

Mit der Kenntnis der einschlägigen Bestechungsparagraphen des deutschen Strafgesetzbuches ist es ebenfalls nicht weit her. Jeder vierte Unternehmer ist der Meinung, durch «Bakschisch» für den Einkaufsleiter begehe er keine Straftat. «Hilfeleistungen» in Form von Sachzuwendungen, zumeist aus dem Warensortiment und Dienstleistungsspektrum der eigenen Firma, werden als nicht anstößig, weil üblich angesehen («Erst bei Geld fängt die Bestechung an»). Was alle tun, kann nicht strafbar sein, lautet die naive Gleichung, die nicht vor Strafverfolgung schützt. Dass man selbst zu den Opfern zählen könnte, ist noch nicht in den Köpfen angekommen. Während das vom BKA herausgegebene Bundeslagebild Korruption einen seit 1994 kontinuierlich ansteigenden Trend statuiert, der sich auch im Jahr 2000 fortgesetzt hat, und die Mehrheit der Führungskräfte in deutschen Unternehmen ebenfalls von einer deutlichen Zunahme der Wirtschaftskriminalität ausgeht, ist der Mangel an Interesse und Initiative erstaunlich.[21]

Die Prävention spielt bei deutschen Managern kaum eine Rolle. Es fehlen «Problembewusstsein und Handlungsbereitschaft», heißt es im Vorwort zum Anti-Korruptions-Alphabet 2002 von Transparency International. Dies gilt vor allem für die mittelständische Wirtschaft, die trotz einer Anzahl von Empfehlungen und Rahmenrichtlinien keine Programme zur Korruptionsprävention entwickelt. Nur 24 % geben an, einschlägige Aktivitäten eingeleitet zu haben.[22] Nicht mal jedes fünfte Unternehmen verfügt über einen speziell geschulten Beauftragten.[23] Als Reaktion auf die das Image beschädigende Korruption in der eigenen Organisation und nicht zuletzt im Hinblick auf die verschärften gesetzlichen Haftungsregelungen beginnen Unternehmen zwar vereinzelt, sich Moralkodizes zuzulegen. Strukturelle Eingriffe in Aufbau- und Ablauforganisation im Interesse einer verbesserten Korruptionsvorsorge werden aber weit gehend ebenso vermieden wie qualifizierte Kontrollstrukturen, die kriminellen Umtrieben von Mitarbeitern und Externen auf die Spur kommen. Man belässt es bei unternehmensinternen Rundschreiben über Wertemanagement (Code of Ethics) und dem Abdruck von Verhaltensanweisungen im Umgang mit Kunden (Code of Conducts), die vorgeben, die Grenze zwischen Erlaubtem und Verbotenem aufzeigen zu wollen,[24] und verpflichtet die Geschäftspartner auf Standards für «Transparenz und Sauberkeit der Geschäftsabwicklung». Auf Selbstkontrolle besinnt man sich häufig erst, wenn der öffentliche Druck wegen zunehmender krimineller Machenschaften zu stark wird und die Unternehmen Imageschäden befürchten müssen. An eine Selbstreinigung ist aber nicht ernsthaft zu glauben. Was angeblich in die «Bibel eines jeden Verhaltenskodex» gehört,[25] nämlich «Rechtschaffenheit, Transparenz, Loyalität und Fairness», und sich als Appell an Mitarbeiter und Geschäftspartner in diversen selbst verordneten Guidelines wieder findet, hat mit dem wirklichen Leben nur wenig gemein.

«Das Geschäft mit der Prävention läuft schleppend», klagen Wirtschaftsprüfer, die nicht zuletzt vor dem Hintergrund einer in weiten Bereichen gegenüber der boomenden Wirtschaftskriminalität versagenden Strafjustiz ein neues Geschäftsfeld entdeckt haben und den Firmen Risikoanalysen und Vorbeugungsprogramme zum Schutz gegen korrupte Mitarbeiter und Geschäftspartner anbieten.[26] Die meisten Unternehmen werden erst aus Schaden klug.[27] Schon 1995 hatte das BKA festgestellt, dass die Bereitschaft der Unternehmen, mit gezielten Maßnahmen frühzeitig gegen Korruption vorzugehen, «relativ gering» ist. An diesem Zustand hat sich nur wenig geändert.

Dieses Nicht-wahrhaben-Wollen der enormen Risiken, die in der Korruption angelegt sind, und der Auswirkungen einer Missachtung der Regelwerke durch weite Teile der Wirtschaft auf die allgemeine Wirtschaftsmoral entspricht dem in der staatlichen Verwaltung verbreiteten Selbstbildnis vom loyalen und gesetzestreuen Beamten. Nach wie vor gilt der Vertrauensgrundsatz, die Gutgläubigkeit kommt auch ohne Beleg aus: «Die Nachrichten in der letzten Zeit haben deutlich gemacht, die Korruption ist allgegenwärtig. Wir haben mit Erleichterung feststellen können, dass unsere Bundesverwaltung offensichtlich nicht betroffen war!» Den Kommunalverwaltungen fällt es schwer, das Problem der Korruption offensiv aufzugreifen, wie das Deutsche Institut für Urbanistik im Juni 2000 hervorhob. Statt umfassende Präventionsprogramme anzupacken und Auftragsvergaben korruptionsresistent zu machen, beschränkt man sich verwaltungstypisch auf Schmalspurprogramme wie die Rotation und das so genannte Vier-Augen-Prinzip (deren Wirksamkeit nicht bewiesen ist und deren Umsetzung nicht kontrolliert wird). Der Deutsche Städte- und Gemeindebund stellte seinen Mitgliedern erstmals im Mai 2003 eine Dokumentation über die «Korruptionsprävention bei der öffentlichen Auftragsvergabe» vor. Trotz aller einschlägigen Erkenntnisse über die zunehmende Ausbreitung von Korruption in der staatlichen Verwaltung ist der Widerstand gegen die Einführung umfassender korruptionsvorbeugender Maßnahmen beachtlich, und die Annahme liegt nahe, dass nur ein kleiner Teil der Ressentiments öffentlich geäußert wird. So etwa am 3. Juni 2003 auf dem Berliner Symposium «Effizienter Staat. Integre Verwaltung», wo Erkenntnisse über Strukturen der Korruption[28] als «unverantwortliche Pauschalierung ohne wissenschaftliche Grundlage» abgetan wurden.[29] Auf die Anfrage eines Doktoranden des Lehrstuhls für Strafrecht und Kriminologie der Universität Bielefeld an 100 Kommunen des Landes NRW, welche Präventionsmaßnahmen gegen Korruption dort jeweils vorgehalten werden bzw. beabsichtigt sind, weigerten sich einige der Befragten zu antworten und reagierten unangemessen bis hin zu persönlichen Anwürfen ob der Themenstellung. Auch der Deutsche Städtetag zeigte kein Interesse an der für die Kommunen kostenlosen Bestandaufnahme. Er stellte die Beantwortung des Fragebogens frei, so dass ein erheblicher Teil der Verweigerungen mit dem Pauschalargument begründet werden konnte, der «Deutsche Städtetag habe die Untersuchung nicht genehmigt». Es wird bestritten, dass Korruption überhaupt ein nennenswertes Kriminalitätsproblem darstellt. Natürlich ist die weitaus größte Zahl der Mitarbeiter im öffentlichen Dienst loyal und rechtstreu. Dasselbe gilt im Übrigen für Unternehmer und deren Mitarbeiter. Der Hinweis auf den statistisch geringen Anteil überführter Staatsdiener verkennt aber die Tatsache, dass eine Vielzahl von Verwaltungsangehörigen in weit verzweigte Korruptionsgeflechte eingebunden ist, und verwechselt leichtfertig Hellfeld mit Dunkelfeld.

In jüngster Zeit wird Korruptionsprävention zudem unter Verweis auf neue Steuerungsmodelle zur Verwaltungsmodernisierung abgelehnt. Die Rationalisierung dient als Vehikel zur Verweigerung effektiver Kontrollen: «Man kann doch nicht alle Mitarbeiter unter Generalverdacht stellen!» Der ehemalige Präsident des Hessischen Rechnungshofes wusste, warum viele Bereiche der Verwaltung nicht funktionieren, «weil man nichts tut, sondern es unterlässt, gegen Korruption vorzugehen. Verschämtes-so-Tun, als würde das Ansehen der Verwaltung geschützt, indem Korruption verschwiegen wird, ist einer der schlimmsten Fehler, den man machen kann».[30]

Der Firnis der Käuflichkeit überzieht Bürger und Branchen. Allenthalben gilt das 11. Gebot: «Bereichert euch, wo ihr könnt!» 50 % der Befragten hätten keine Skrupel bei der Vorteilssuche mit Hilfe von Schmiergeld, bei 2/3 der interviewten Schüler und Studenten besteht Bereitschaft hierzu; 75 % erkennen gleichwohl, dass Korruption eine Gefahr für das Gemeinwohl darstellt.[31] Nach einer Allensbach-Umfrage aus dem Frühjahr 2002 sehen 61 % der Befragten Filz und Ämterpatronage als ein in Deutschland weit verbreitetes Phänomen an. Gar 72 % sind der Meinung, dass durch Parteispenden politische Entscheidungen gekauft werden.[32] Die Deutschen haben demnach ein feines Gespür dafür, dass anonyme Parteispenden und schwarze Kassen der Korruption wesensverwandt sind. In dieselbe Richtung weist eine Umfrage von Gallup International und Transparency International: In Deutschland wird Korruption weniger im Alltag wahrgenommen, jedoch im wirtschaftlichen und politischen Bereich als starker Einflussfaktor vermutet. Nach Meinung der Befragten beeinflusst Korruption in hohem Maß das wirtschaftliche (59,8 %) und politische (54,9 %) Geschehen. 39,2 % der Befragten halten die Parteien für am meisten korruptionsbelastet.[33] Die Gefahr, sich vom Trend eigennütziger Vorteilssuche anstecken zu lassen, ist eminent, die Sogwirkung der Korruption kann jeden erfassen, das wusste schon Cicero: «Keine Festung ist so stark, dass Geld sie nicht einnehmen könnte.» Dass aber nicht schon jeder gekauft wurde, liegt wohl weniger an der persönlichen Korruptionsresistenz, sondern am fehlenden Marktwert. Wo keine Einflussmöglichkeit, amortisiert sich das Schmiergeld nicht: «Man lobe nicht die Sittlichkeit, was Mangel an Gelegenheit» (Wilhelm Busch).

Die Suche nach dem privatnützigen Vorteil im Graubereich des Rechts oder, wo nötig, durch gezielten Regelverstoß ist zu einem verbreiteten Volkssport auf hohem kriminogenen Niveau geworden. Das Mosaik verbreiteter sozialschädlicher Verstöße besteht aus einer Vielzahl bunt schillernder Facetten: Steuer- und Versicherungsrecht, Verkehrs- und Zollrecht, Umweltrecht und Arbeitsschutz, Schwarzarbeit und illegale Beschäftigung. Auf 350 Mrd. Euro schätzt das Tübinger Institut für angewandte Wirtschaft (IAW) das Ausmaß solcher regelwidrigen Aktivitäten.[34] Nach Schätzung des Gesamtverbandes der

Wer besticht schon den Pförtner, wenn er Bauaufträge will (Abdruck mit
freundlicher Genehmigung des Cartoonisten Thomas Plaßmann)

Deutschen Versicherungswirtschaft von 1998 erklärten rund 57 %
aller Versicherten bis 30 Jahre, sie «seien zum Schummeln bereit».[35]
12 Mrd. Euro gehen dem Fiskus jährlich verloren, weil Zinserträge in
Luxemburg und der Schweiz verschwiegen werden. 15 % der Sozial-
leistungen (Kindergeld, Sozialhilfe, Arbeitslosengeld, Bafög u. a. m.),
so wird vermutet, werden missbräuchlich kassiert. Die zwingende
Folge des Wegbrechens der moralischen Messlatten und eines fort-
schreitenden Verlusts des Rechtsempfindens ist die Ausbreitung der
Korruption in alle Lebensbereiche. Warum Korruption sich lohnt,
wird uns im nächsten Kapitel klar, wenn wir am «Buffet der Gefälligkeiten» stehen.

V Am Buffet der Gefälligkeiten

«Jeder hat seinen Preis, aber nicht jeder bekommt ein Angebot»[1]

Schmieren und Schmierenlassen ist in Wirtschaft und Verwaltung
so normal geworden wie die tägliche Fahrt mit dem Auto. Für viele
Einkäufer in deutschen Unternehmen und Bauleiter in der staatlichen
Verwaltung ist es selbstverständlich, dass sich ihre Geschäftspartner
für Aufträge erkenntlich zeigen. Die freche Liste der Wohltaten zeugt
von atemberaubender Raffgier.

Alles, was das Herz begehrt

Am Buffet der Gefälligkeiten wird in den fantastischsten Währungen
mit allem bestochen, was Spaß macht und Geld kostet. Als Gegenleistung für bevorzugte Auftragsvergaben und andere «Handreichungen» bedient man sich bei Firmen wie in Kaufhäusern ohne Kassen.
Manche können von lieb gewordenen Gewohnheiten nicht lassen. Belegt ist der Fall eines wegen Bestechlichkeit zu langjähriger Freiheitsstrafe verurteilten ehemaligen Vizelandrats, der sich beim Kaufhaus-
diebstahl während des Freigangs erwischen ließ. Das Beste ist gerade
gut genug. Es verschafft ein paradiesisches Lebensgefühl, sich (fast)
alles leisten zu können, ohne nach dem Preis fragen zu müssen. Aus
kriminellen Quellen gespeiste Geldguthaben bereiten keine schlaf-
losen Nächte. Gefordert und gewährt wird alles, was das Herz begehrt. Die Palette der Vorteile ist so vielseitig wie die Angebote unserer Konsumgüterindustrie. Begehrt sind Autos der Luxusklasse, etwa
ein Audi Quattro für 77 000 Euro der ein BMW für die Ehefrau «mit
allem drum und dran» für 56 000 Euro. Für die Tochter wird das
Cabriolet vor die Haustür gestellt: «Schlüssel und Fahrzeugpapiere
finden Sie im Handschuhfach.» Nicht selten werden Firmenfahrzeuge
zum Abschreibungspreis überlassen: Alle zwei Jahre übernahm ein

Amtsträger den Geschäftswagen eines Unternehmers, sobald sich dieser einen Neuwagen zulegte. Pkw werden auf Firmenkosten geleast und zur kostenfreien Nutzung überlassen. Bedienstete wiederum bieten ihre alten Privatwagen zu überhöhten Preisen dem Unternehmer zum Kauf an. Die Übernahme von Reparatur- und Wartungskosten, die kostenfreie Nutzung von Fahrzeugen aus dem Fuhrpark des Auftragnehmers und das Betanken privater Fahrzeuge an Betriebstankstellen gehören zum üblichen Rahmenprogramm. Beliebt sind Immobilien, Villen und Landhäuser einschließlich der Übernahme aller laufenden Kosten sowie die Bezahlung von Reparatur- und Modernisierungsmaßnahmen. Für Hobbysegler gibt es Boote mit Liegeplatz etwa in Kiel oder auf Mallorca. (Der gewitzte Skipper nahm seine Sponsoren gerne mit auf Kreuzfahrten durchs Mittelmeer. Die Kosten für Logis und Hafengebühren legte er auf die geladenen Gäste um.) Auf dem Wunschzettel stehen Krafträder und Kleinflugzeuge, Aktienpakete und Antikes, luxuriöse Fernreisen von Indonesien bis Kanada, mit denen man im Kollegenkreis gerne prahlt. In einem Fall wurde eine Südseereise für 21 000 Euro fällig. Das Familienfoto am Strand von Hawaii ging später im Postkartenformat an den Untersuchungsgefangenen zur Erinnerung an sonnigere Zeiten. Kapstadt mit Unterbringung in der Präsidentensuite war Bedingung: «Das hätte ich mir selbst nie gegönnt», klagte der Unternehmer, der die Reise buchen musste. Einladungen in Edelrestaurants und ins Rotlichtmilieu werden ebenso ungeniert angenommen wie Einkaufstouren mit Ehefrau nach Marbella und VIP-Reisen zu Formel-1-Rennen mit Besuch der Fahrerboxen. Kellerbars und Kulinarisches, Weine der Spitzenklasse und kistenweise Spirituosen, Opernkarten und Ölgemälde, Eintrittskarten fürs Kabarett, gerahmte Drucke und echte Stiche, Unterhaltungselektronik und Videokameras finden ihre nimmersatten Abnehmer. Frei Haus werden alle nur denkbaren Küchengeräte, teuerste Bürotechnik, Handys und Computer geliefert. Als Gegenleistung für die Hilfestellung bei Kartellabsprachen gibt es auch schon einmal eine komplette Telefonanlage für das Planungsbüro. Die Bestechlichen entwickeln ein ausgeprägtes Hamsterverhalten: Depots voller Elektrogroßgeräte in Originalverpackung werden angelegt für die Zeit danach: «Ich geh bald in Rente, da muss noch was laufen!» Fotoausrüstungen und Einkaufsgutscheine, die gerne zu Jubiläen, runden Geburtstagen und vergleichbaren Anlässen gereicht werden, erfreuen sich großer Beliebtheit. In einem Fall spielte «Kommissar Zufall» den Fahndern während der Durchsuchung der Wohnräume eines Amtsträgers in die Hände. Überbrachte doch just in diesem Moment der Postbote eine «Eilsendung» mit Einkaufsgutscheinen im Wert von 1000 DM «mit Empfehlung und besten Grüßen». Die sofortige Durchsuchung der Firmenräume des Absenders förderte die Namen von weiteren bis dahin glücklichen Gutschein-Empfängern zu Tage. Geldzahlungen werden als Darlehen verschleiert, und die Frage der Rückzahlung wird von der günstigen Geschäftsentwicklung abhängig gemacht. Überhaupt findet man über Darlehen nur selten schriftliche Unterlagen, wie auch im Fall «Malediven-Projekt»: Der Großteil der vereinbarten Bestechungssumme wurde nicht ausbezahlt, sondern zunächst als Finanzierungsdarlehen für ein Hotelprojekt auf den Malediven geparkt. Die ratenweise «Rückzahlung», mit Zinsen versteht sich, sollte zu Hause vor auffälligem Lifestyle schützen.

Es gibt nichts, was es nicht auch kostenlos gibt: Teppiche, Textilien und Tankkarten, Heizöllieferungen für Haus und Hallenbad, für die Gattin Pelze (Black Lama) und Preziosen, die Einkleidung von Kopf bis Fuß beim Herrenausstatter, von der Ski- und Wanderausrüstung für die gesamte Familie bis zu Straßenschuhen und Sportbekleidung, vom Schulranzen bis zur Ledergarderobe (die aktuellen Konfektionsgrößen werden dem Unternehmer mitgeteilt), Fachliteratur, aufwändige Bildbände, Gartenpflege und Erntehilfe, Pflanzen und Pflaster, Sämereien und Muttererde, Grillgeräte und Markisen, Zuchttiere und Zierbrunnen. Für die eigens aus Schottland importierten Rinder (Scottish Highland) werden Zäune und Unterstände errichtet, für Heidschnucken, Hühner und Pferde gibt es Futtermittel und Futterkrippen, Stallungen und Stroh. Bezahlt werden Einbauschränke und Einbauküchen, Heimwerkerbedarf, Gartenhütten und Wintergärten. Golfausrüstung und Zahnersatz komplettieren den Gabentisch. Buchstäblich alles wird bereitgestellt: vom Rasierapparat bis zur Glühbirne, vom Weihnachtsbaum bis zur Steckdose, sogar der Sargschmuck für die Beerdigung der eigenen Mutter. Ungeahnte Sammelleidenschaften werden entdeckt und eifrig ausgebaut. Sammlerstücke aller Geschmäcker und Provenienzen finden ihre Liebhaber: Käthe-Kruse-Puppen und Meißener Porzellan, Sammeltassen, Zinnbecher und Chronometer (von der Weltkrieg-II-Pilotenuhr bis zur Jaeger

Le Coultre für 66 000 Euro) füllen Schränke, Schubladen und Tresore. Kuckucksuhren (300 Stück) dekorieren Wände und Flure, Modelleisenbahnen (252 Stück im Gesamtwert von über 100 000 Euro) sind in eigens hergestellten Glasvitrinen zu bewundern. Alle von den Unternehmen vorgehaltenen Werk- und Dienstleistungen, einschließlich Fuhrpark und Maschinenbestand, werden ebenso ausgiebig wie kostenfrei genutzt. Das gilt für das Bereitstellen von Pritschenwagen und Arbeitskräften für private Umzüge und Transporte wie für Schreibarbeiten und die Installation von Baustellentelefonen (die Gebühr zahlt der Unternehmer). Soziale Einrichtungen des Unternehmens (Tennis- und Golfplätze, Schwimmbäder, Saunen, Ferienwohnungen in Oberstdorf, auf Sylt, in der Schweiz und auf Mallorca), die sonst nur den Firmenmitarbeitern zustehen, werden wie selbstverständlich in Anspruch genommen. Die Vermittlung von begehrten Mitgliedschaften in Clubs, Vereinen und Logen als ein Mittel, Geschäftsbeziehungen zu stabilisieren, ist längst normal. Bauleistungen und Reparaturen an privaten Liegenschaften stehen im Vordergrund der Vergünstigungen, wenn es um die Pflege der Geschäftsbeziehungen zur Bauverwaltung geht. Die kostenfrei erwartete «Unterstützung» reicht von der Garagenzufahrt bis zum Dachausbau, von der Regenrinne bis zum Sprudelstein, von der Anlage eines japanischen Gartens mit Bogenbrücke aus Zedernholz über die Natursteinmauer, das verkachelte Schwimmbad bis zur Freisitzüberdachung mit Tonnengewölbe aus Plexiglas nach Haltestellenart (Verrechnung zu Lasten des Bauamtes unter der Kostenstelle «Rad- und Fußwege»). Bauplanung und Bauleitung für private Bauvorhaben werden als kostenloser Service erwartet. Einladungen zu Fachseminaren werden gerne angenommen, wenn Unterbringung, Verpflegung und ein attraktives Rahmenprogramm eingeschlossen sind («Begleitung nach Wahl»). Wegen der steuerlichen Abzugsfähigkeit werden Weinproben als «Besichtigungsfahrten» deklariert – gerne am Wochenende; die verkosteten Rebensäfte werden frei Haus nachgeliefert: ‹Den Besichtigungsfahrten schlossen sich Fahrten in die verschiedenen Weinorte des Rheingaus und nach Franken an, wo in den teuersten Lokalen auf meine Kosten gegessen und anschließend Weinproben veranstaltet wurden und wo sich die Herren auf meine Kosten mit Wein eindeckten.» Zu den Incentives zählen Wanderungen und Schifffahrten, Jagdausflüge und Festspiele in der näheren («Muffel Festspiele» in Rothenburg) und weiteren Umgebung (Verona), zum Blumenfest ins Elsass oder zur Apfelblüte nach Meran/Südtirol («mit dem Besuch eines Heimatabends»), zu Kegelausflügen (Sauerland, «mit zwei Übernachtungen») und Sportveranstaltungen wie Boxen, Fußball, Tennis, Auto- und Radrennen. Die so genannten Betriebsstättenbesichtigungen sind willkommener Anlass, Amtsträger zu Skifreizeiten und verlängerten Wochenenden etwa nach Wien, München, Budapest und an den Tegernsee einzuladen. In einem Fall war das Fahrtziel ein bekannter Gourmettempel im Süden der Republik. Im Zuge des vergnüglichen Abends mit Festmenü und Musikbegleitung wird der begehrte Auftrag noch vor dem Dessert von den anwesenden kommunalen Honoratioren unterzeichnet. Für die Unterschriften kommt der Füllfederhalter zupass, der soeben als Damengeschenk gereicht wurde. Die Vertragsurkunde wird zurückdatiert («Es ist doch Wochenende») und das vorsorglich mitgeführte Amtssiegel gleich aufgedruckt. Ein privates Video hält die illustre Gesellschaft zur Erinnerung fest. Kutschenfahrt und Stadtbesichtigung runden das Ausflugsprogramm ab.

Streugeschenke und Sammelkassen

Geschenke von geringem Wert werden großzügig an Mitarbeiter der öffentlichen Verwaltung verteilt, ohne dass auf eine konkret anstehende Entscheidung gezielt Einfluss genommen werden soll. Ja, es muss zu dem bedachten Mitarbeiter des Fachamtes nicht einmal eine geschäftliche Beziehung bestehen. Man will mit solchen Aufmerksamkeiten Präsenz zeigen und sich in positiver Erinnerung halten. Überwiegend handelt es sich bei dem, was ganz offen und ungeniert verteilt wird, um Genussmittel wie Alkohol oder Gebrauchsgegenstände des täglichen Bedarfs; Büroartikel sind darunter, Kugelschreiber, Zettelblöcke, Taschenrechner und andere so genannte Streugeschenke. Der Wert solcher Einzelzuwendungen liegt nur selten über dem steuerlich absetzbaren Betrag. Die von Amt zu Amt variierenden Gepflogenheiten werden peinlich genau befolgt. In manchen Ämtern sind für jeden Besucher deutlich sichtbar Gelddosen für diverse «soziale Anlässe» aufgestellt (Kaffee, Kegel-, Ausflugs- und Weihnachtskassen). Die «Spendenbereitschaft» der Unternehmen wird unterstellt: «Kannst auch mal wieder was dalassen, alte Zehbacke», (hessisch für Geizhals). Freitische in Bierzelten gehören zum Ritual freundschaftlicher Beziehungspflege. Zu bestimmten Anlässen und Jahreszeiten werden Donationen erwartet. Die Unternehmer achten darauf, keinen «Fälligkeitstermin» zu übersehen, was von der Belegschaft verübelt und als mangelnde Bereitschaft für eine «gute Zusammenarbeit» mit entsprechend nachteiligen Folgen für das dienstliche Miteinander ausgelegt werden könnte. Bei den Stadtwerken Frankfurt, Abteilung Gleisbau, wurde in jährlichem Wechsel ein Mitarbeiter bestimmt, der von den Auftragnehmern per Rundruf («erinnere ich an die anstehende Weihnachtsfeier der Abteilung») den fälligen Beitrag zur Weihnachtsfeier anmahnte. Dieser orientierte sich an den Umsätzen im abgelaufenen Geschäftsjahr. Über das Ergebnis wurde unter Angabe von Spender und Spendensumme Buch geführt. Kein angefragtes Unternehmen kann es sich da leisten, der Sammelaktion fernzubleiben. Die Unternehmen ihrerseits führen «Weihnachtslisten» und halten im Detail fest, welche Geschenke den Amtsträgern entsprechend der Amtshierarchie zugedacht sind. Die «Aufmerksamkeiten» sind in ihrer Wertigkeit gestaffelt, sogar die hierarchische Position des Geschenkboten wird der Stellung des Amtsträgers angepasst. Auch die Vorzimmerdamen im Amt sind eingeschlossen. Die Geschenkübergabe wird mit Datum und Handzeichen dokumentiert. In Vermerken werden Vorlieben und Abneigungen der Begünstigten festgehalten. Insgesamt ein strategisches Unterfangen, das wegen der Anzahl der Begünstigten und der Vielseitigkeit der Geschenke in Excel-Listen erfasst wird. «Die besten Wünsche zum Jahreswechsel» werden körbeweise mit angehängter Grußkarte und aufgedrucktem Firmenlogo an die Mitarbeiter im Amt verteilt und – bei Abwesenheit des Begünstigten – schon mal dem anwesenden Kollegen mit der Bitte um Weiterleitung ausgehändigt oder auch schlicht auf oder in den Schreibtisch des Amtsinhabers abgestellt. Hingegen werden Briefe mit «Einlage» nicht einem Dritten überlassen oder über die Poststelle geschickt, sondern man überreicht die Geldumschläge höchstpersönlich «auf weitere gute Zusammenarbeit». Der Besuch des Firmeninhabers besitzt Signalwirkung, ist doch amtsbekannt: «Wenn der Umschlag zugeklebt, ist ein Geldschein eingelegt.» Dem Inhaber einer Baufirma soll das Missgeschick unterlaufen sein, bei der weihnachtlichen Verteilungsaktion seine linke Jackentasche mit der rechten verwechselt zu haben. Die linke war für die Abteilungsleiter bestimmt

(500 DM), die rechte für die Sachbearbeiter (100 DM). Es ist nicht bekannt, wie der Unternehmer diesen Betriebsunfall repariert hat.

Spenden und Sponsoring

Finanziell oder mit Sachspenden unterstützt werden auch Vereine, karitative Einrichtungen und andere Organisationen, so sie dem Amtsträger nahe stehen. Zu nennen ist an dieser Stelle auch die Förderung des Betriebssports. Trikots werden kostenlos bereitgestellt (und als «Arbeitskleidung» steuerlich abgesetzt), Maschinen, Arbeitskräfte zur Pflege von Sporteinrichtungen und Mannschaftstransporte organisiert. Durch Bandenwerbung und Inserate in Clubzeitschriften greift man dem Verein finanziell großzügig unter die Arme.

Bauunternehmen, Immobilienmakler, Planungsbüros u. a. erbringen an örtliche Mehrheitsparteien Geld- und Sachspenden und machen dies ausdrücklich abhängig von dem Umfang der künftigen Auftragserteilung. Die kommunalen Auftraggeber schalten durch Direktvergabe oder beschränkte Ausschreibung unter ausschließlicher Beteiligung örtlicher Unternehmen gezielt den Wettbewerb aus. Parteifunktionäre wiederum verbinden die Auftragsvergabe mit der Einforderung von Spenden, die teilweise in festen Prozentsätzen an den Umfang der Auftragsvolumina gebunden sind. Solche Verquickungen von Geschäft und Politik sind gehäuft anzutreffen, wenn zwischen den Beteiligten auch sonst enge persönliche Beziehungen bestehen. Begünstigt wird diese heimliche Allianz durch die Personalunion von kommunalen Mandatsträgern und Leitungsfunktionen in Gemeinden und öffentlichen Einrichtungen wie Eigenbetrieben und privatrechtlich organisierten Gesellschaften mit öffentlichen Trägern (Abwasser-, Wasser- und Landschaftsschutzverbände, Energie- und andere Versorgungsträger, öffentlich-rechtliche Krankenhäuser, Abfallentsorgung und Mülldeponien, Stadtwerke und Verkehrsbetriebe, Flughäfen und Entwicklungsträger, Wohnungsbaugesellschaften und öffentlich-rechtliche Sparkassen etc.). Als Gegenleistung für bevorzugte Auftragsverschaffung, für die Vermittlung von Landesdarlehen und Fördermitteln kann der Vermittler nicht nur mit Spendengeldern, sondern auch mit handfesten persönlichen Vorteilen rechnen.

Am Buffet der Gefälligkeiten erfreut sich das Geldkuvert eines besonderen Zuspruchs. Denn «nichts bringt Menschen so nahe wie der häu-
fige Austausch von Banknoten» (Donald Clayton). Beschränkten sich
Schmiermittel am Anfang der Korruptionshistorie nach dem 2. Welt-
krieg noch auf Naturalleistungen, in Sonderheit freigiebige Bewirtungen mit dem Frankfurter Nationalgericht «Rippchen mit Kraut», die
Lieferung von Elektrogeräten («weiße und braune Ware») und die
kostenfreie Nutzung von Kraftfahrzeugen übers Wochenende, haben
sich die Ansprüche seit Mitte der 1960er Jahre qualitativ massiv
gewandelt. Aus heutiger Sicht nehmen sich die damals für Auftragsbeschaffung und dergleichen gezahlten Beträge um die 100 DM
geradezu bescheiden aus. Geldzahlungen haben in der Folgezeit kor-
respondierend zu dem Anteil der öffentlichen Hand am Brutto-
sozialprodukt und dem Ansteigen des allgemeinen Lebensstandards
der Bundesdeutschen erheblich zugenommen. Heute gibt es in Teilbereichen der öffentlichen Verwaltung und der Privatwirtschaft Aufträge nur gegen «Provisionszahlung». Diese auch «Punkte» genannten Geldleistungen werden in festen Prozentsätzen zwischen 1,5 %
und 25 % der Auftragssumme bemessen. Der durchschnittliche Satz
liegt bei 3–5 %, bei Großaufträgen von über 500 000 Euro bei 1,5 bis
2 % (im Druckgewerbe sind Provisionen bis 15 % nicht unüblich).
Regelmäßig beziehen sich die «Punkte» auf die Hauptauftragssumme.
Ob Nachtragsaufträge und die Mehrwertsteuer bei der Berechnung
der Bestechungssumme ausgeschlossen sind, hängt von dem Verhand-
lungsgeschick des Unternehmers ab. Neben Provisionszahlungen für
konkrete Aufträge gibt es Zahlungen zu personenbezogenen Anlässen wie Geburtstagen, Beförderungen und Jubiläen. Auf die Jahreszeiten bezogene Anlässe sind das Osterfest, der Beginn der Bau-
periode und die Sommerferien («Machen Sie sich ein paar schöne
Wochen»). Zur Weihnachtszeit werden Sach- und Geldgeschenke
in den Amtsstuben verteilt, keiner will zu kurz kommen («War der S.
schon da?»). Die Zahlungen am Jahresende sind in der Regel doppelt
so hoch wie das Jahr über, verbindet der Unternehmer mit dem «Dankeschön für gute Zusammenarbeit» im abgelaufenen Geschäftsjahr
doch die Erwartung, weiterhin gute Aufträge zu bekommen. Verbreitet ist die Erstattung von privat angefallenen Kostenbelegen, Tank-

und Bewirtungsbelegen bis zum Kassenbon für ein Fischbrötchen. Amtsträger sammeln in ihrem näheren und weiteren Umfeld, bei Freunden, Bekannten, Arbeitskollegen und Familienangehörigen Rechnungen, die sie den Firmen monatlich präsentieren: «Anlässlich eines Besuchs in seinem Büro legte mir der Bezirksleiter einen ganzen Packen Quittungen mit der unmissverständlichen Miene vor, dass er dafür das Geld von mir erstattet haben wollte. Wir konnten das Ansinnen nicht ablehnen, ohne sein Wohlwollen zu verlieren.» Bei einem Amtsträger wurden Blankobelege einer Gastwirtschaft sichergestellt, die er sich als Stammkunde hatte geben lassen, um sie selbst auszufüllen und dem Unternehmen zur Auszahlung des Rechnungsbetrages vorzulegen. Auf den Bewirtungsbelegen werden der betriebsbezogene Anlass («Baustellenbesprechung», «Verhandlungen über anstehende Baumaßnahmen im Baubezirk Nord») und die «im Geschäftsinteresse» bewirteten Personen nachgetragen. Steuerhinterziehung ist keine Frage des Gewissens, sondern des Könnens. Bei der Formulierung von Rechnungstexten und Lieferscheinen ist der Einzelhandel gerne bereit, dem Kunden jede andere als die ausgelieferte Ware zu bestätigen. Auf diese Weise wird die Rechnung für das Unternehmen passend gemacht: So wandelt sich die Terrassen-Markise in die Reparatur eines Bauwagenfensters. Aus einem Perserteppich wird Auslegeware für einen Büroraum. Hinter Schreibtischen und Bürostühlen verbergen sich Wohnzimmereinrichtungen. Die Täter sind fantasievoll und unersättlich. Ermittler wie Öffentlichkeit wissen nur um einen geringen Teil der üblichen Korruptionspraktiken.

VI Schmiergeldwäsche – von «Küchenfirmen» und Umwegfinanzierungen

Nicht verzichten, sondern verschleiern

Bargeld heißt das moderne Kommunikationsmittel der Korrupten. Zu groß aber sind die Summen, als dass sie noch eingelegt in einen Briefumschlag oder zusammen mit einem Schriftstück dezent zugeschoben werden könnten. Zu hoch sind die Provisionen, als dass sie sich aus der Portokasse bezahlen ließen. Es gilt, Millionenbeträge zu finanzieren und buchhalterisch geschickt zu verschleiern. So sinnt man auf neue (Ab-)Wege der Schmiergeldschöpfung und generiert die Bestechungsgelder auf vielfältige Weise. Dem Einfallsreichtum, den Schmiergeldfluss zu tarnen, sind keine Grenzen gesetzt.

Beraterverträge

Schriftliche Vereinbarungen über den Gegenstand angeblicher Beratungsleistungen findet man selten. Und wenn, dann ist die geschuldete Leistung wenig konkret beschrieben, und es wird in der Regel lediglich eine mündliche Beratung, nicht aber eine schriftliche Expertise oder gar ein Gutachten erwartet.[1] Gesprächsvermerke, Tischvorlagen oder andere Dokumentationen, die die (vorgetäuschte) Beratung belegen, existieren nicht oder stehen in einem abenteuerlichen Missverhältnis zum Honorar (z. B. für vier Seiten nichtssagenden Text 500000 Euro). Dementsprechend ist auch der Rechnungstext über die «Beratungsleistung» nichtssagend und nicht prüffähig. Der «Berater» rechnet entweder unter eigenem Namen ab oder dem einer Firma, die zumeist auf eine nahe stehende Person oder einen Strohmann eingetragen ist. Der Beratervertrag wird auch gerne zwischen Vorteilsnehmer und einem dritten, außerhalb der gepflegten

Geschäftsbeziehungen stehenden Unternehmen abgeschlossen, um den Korruptionsdialog zwischen «Ratgeber» und «Ratnehmer» zu verschleiern.

Nicht selten glauben Mitarbeiter in der Verwaltung wie in Unternehmen, einen Anspruch auf zusätzliche private Honorierung zu haben, war ihr Engagement für eine erfolgreiche Geschäftsbeziehung im beiderseitigen Interesse doch hoch. In einem Fall wurde das Beratungshonorar für die «Unterstützung» durch einen «anerkannten Experten» in «internationalen Vertragsangelegenheiten» fällig. Bei dem «Experten» handelte es sich um einen für Baumaßnahmen zuständigen Beamten im mittleren Dienst, die «Unterstützung» erfolgte in Form bevorzugter Auftragsverschaffung. In einem anderen Fall ging es um die Abrechnung durch einen beamteten Juristen für «Rechtliche Beratung», der als Geschäftsführer einer staatseigenen GmbH für die gute Auftragslage des Rechnungsempfängers gesorgt hatte. Die monatliche Abrechnung des Honorars aus «Beratervertrag» bemisst sich in einem weiteren Fall gleich an dem Umsatz des Unternehmens, für dessen Steigerung der «Berater» in seiner dienstlichen Eigenschaft durch fortwährende Auftragsverschaffung sorgte. Die Abrechnung über «Anlagemöglichkeiten auf dem nordamerikanischen Markt» gehört zu den klassischen Fällen eines Beratervertrages ohne Beratung.

Der Bürgermeister einer hessischen Gemeinde erhielt von einem örtlichen Ingenieurbüro jahrelang «Honorare für Beratungsleistungen», die als Tarnung für seinen Einsatz um die Beauftragung des Büros durch den Abwasserverband dienten, dessen Vorstandsmitglied er war. Der solchermaßen gut bezahlte Bürgermeister ließ darüber hinaus zu, dass das Planungsbüro die «Beratungskosten» mit einem Aufschlag von 110 bis 120 % auf seine Honorarforderungen bei der Gemeinde wieder hereinholte. Nachdem die Staatsanwaltschaft das Planungsbüro durchsucht hatte und es zu Festnahmen gekommen war, warf der Bürgermeister ein von ihm verfertigtes Schreiben («Bitte nach Kenntnis vernichten») in den Briefkasten des leitenden Mitarbeiters des nämlichen Büros. Darin zählte er die angeblichen Beratungsleistungen auf:

> «Lieber Herr . . .,
> ich bestätige Ihnen, dass ich für Sie bis zum Jahr ... beratend tätig
> war. Und zwar in Fragen
> – der Gütesicherung und Qualitätsanforderungen für RAL-Baupro-
>   dukte
> – Normierung von Baustoffen
> – Europäische Bauproduktenrichtlinie, vor allem bei den Vorar-
>   beiten, und weitere EG-Richtlinien; u. a. Vergaberichtlinien.»

Verschleierte Zuwendung «Beratertätigkeit»; anonymisiert.

Der Unternehmer hielt sich allerdings nicht an die vorgeschlagene
Sprachregelung, sondern räumte ein: «Das Geld wurde nicht als
Gegenleistung für eine tatsächlich erfolgte Beratung gezahlt. Die
Gespräche hatten für mich nie geschäftliche Bedeutung. Genauso
gut hätte ich mich mit ihm über Fußball unterhalten können.»

Häufig beziehen sich die angeblichen Beratungsleistungen auf Beratungen für im Ausland gelegene Baustellen, um eventuelle Kontrollen durch Dienstvorgesetzte oder Ermittler zu erschweren.

> Alfons Meier
> (Datum)
> Gartenarchitekt
>
> An die
> Firma A-GmbH
> Sandstraße
> Mondstadt
>
> Rechnung!
> Für technische Beratung und Ausarbeitung von Unterlagen bei fol-
> genden Objekten berechne ich Ihnen:
>
> Sagbakken Stadion Moi Rana, Norwegen
>
> Provisionsendbetrag   1211,33 €
>
> Mit freundlichen Grüßen

Original einer Rechnung über angebliche Beratungsleistungen in Norwegen;
anonymisiert

Privatgutachten

Mit der Abrechnung so genannter Privatgutachten verhält es sich ähnlich wie mit den «Beraterverträgen», nur dass das Kind einen anderen Namen erhält. Entscheidend ist, ob solche Gutachten durch den Rechnungsempfänger als Betriebskosten steuerlich geltend gemacht werden können und der Rechnungsaussteller auf irgendeinem Gebiet zumindest näherungsweise eine Qualifikation besitzt, die ihn für die Erstattung gutachtlicher Testate geeignet erscheinen lässt. Anwendungsbeispiele für Beratungsleistungen finden sich bei der Prüfung der Qualität von Waren, über deren Einkauf der angebliche «Gutachter» zu entscheiden hat. Ganz allgemein dienen Angebote über Warenlieferungen und Leistungen als willkommener Anlass, gutachtliche Stellungnahmen einzuholen, z. B. im Bereich der Wehrtechnik, ob eine bestimmte technische Lösung bei der Planung etwa einer Heizzentrale berücksichtigt werden kann oder eine bestimmte Maschine als Produktionsmittel geeignet erscheint.

Bei der Auftragserteilung über die «Mitarbeit» bei einem Forschungsvorhaben handelt es sich um die getarnte Bestätigung einer Schmiergeldabrede, adressiert an die Firma der Lebensgefährtin des Bestochenen (s. Kasten S. 81).

Arbeitsverhältnisse

Immer wieder anzutreffen sind Beschäftigungsverhältnisse zwischen Angehörigen des Amtsträgers und solchen Firmen, die von diesem regelmäßig beauftragt werden. Ohne diese Geschäftsbeziehung wären die Arbeitsverhältnisse nicht zustande gekommen. Es handelt sich regelmäßig um reine «Gefälligkeitsanstellungen». Die Arbeitsverhältnisse können auf Dauer oder saisonal abgeschlossen sein; eine verbreitete Form getarnter Vorteilsgewährung. Erfolgt die Anstellung im Unternehmen des Auftragnehmers selbst, hat es der Vorteilsnehmer in der Hand, durch eine gute Auftragslage den Bestand dieses Arbeitsplatzes zu sichern: Der Abteilungsleiter im Straßenbauamt sorgt dafür, dass durch fortwährende Verschaffung lukrativer Baumaßnahmen sein Sohn mit der Einstellung im Betrieb des Auftragnehmers «Karriere macht». Die Ehefrau eines Mitarbeiters der Flughafen

Corporation GmbH   (Datum)
Beratende Ingenieure
Kantstraße 20
A-Stadt

An die Consult GmbH
Auf der Heide 100
B-Stadt

Betr.: Mitarbeit beim Forschungsvorhaben
«Verteilerzentrum H-Stadt»
Hier: Auftrag

Sehr geehrte Damen und Herren,

wie bereits in den diversen Besprechungen über eine mögliche
Mitarbeit in dem o. g. Projekt mit Ihren ausgeführt, begrüßen wir
Ihr Mitarbeitsangebot und erteilen Ihnen hiermit entsprechenden
Auftrag.

Die von Ihnen zu erbringenden Leistungen umfassen die Mitarbeit
bei den in der Anlage näher beschriebenen fünf Arbeitsbereichen.
Die konkreten Bearbeitungsschritte innerhalb der Arbeitsbereiche
werden in den Abstimmungsgesprächen mit uns festgelegt. Die
Ergebnisse Ihrer Bearbeitungen sollen in schriftlicher Form in die
halbjährig zu erstellenden Sachstandsberichte eingehen.

Für Ihre Leistungen wird Ihnen ein Betrag in Höhe von bis zu

$$30\,000 \text{ € (netto)}$$

vergütet. Hierin sind sämtliche Nebenkosten enthalten.

Wir hoffen auf eine gute Zusammenarbeit und verbleiben
mit freundlichen Grüßen.

Dr. Müller
Corporation GmbH

Original einer Rechnung über angebliche Beratungstätigkeit; anonymisiert

Frankfurt AG erklärt Einnahmen aus selbstständiger Dolmetscher- und Übersetzertätigkeit. Die Firmen, die die Leistungen der Ehefrau in Anspruch nahmen, sind ausnahmslos gute Kunden in der Abteilung des Ehemannes. Häufig werden die Angehörigen übertariflich bezahlt oder in eine Tarifgruppe eingestuft, die ihr Leistungsvermögen übersteigt. In einer anderen Fallkonstellation stehen Arbeitsverhältnisse nur auf dem Papier der Lohnbuchhaltung. Ehefrauen, Lebenspartner und der Amtsträger selbst werden auf den Lohnlisten geführt, ohne die Geschäftsräume ihres angeblichen Arbeitgebers je von innen gesehen zu haben. Reinigungsunternehmen bezahlen unter Alias-Namen Aushilfskräfte, die nicht existieren: Schmiergeldzahlungen an einen Mitarbeiter der Frankfurter Messe wurden über Scheinarbeitsverhältnisse bei mehreren Firmen gleichzeitig verschleiert. Außer auf den Namen des Messemitarbeiters und seiner Ehefrau liefen noch sechs weitere «Aushilfstätigkeiten» auf den Namen von Familienangehörigen und deren Freunden. Ein Bauleiter im Hochbauamt kassierte für fingierte Aushilfstätigkeiten unter eigenem und dem Namen seiner (nicht eingeweihten) Ehefrau.

Eine schillernde Variante der Scheinarbeitsverhältnisse wurde Ende der 1980er Jahre im Frankfurter Straßenbauamt aufgespürt, die als so genannte Kinderarbeit bekannt werden sollte. Hier ist allerdings nicht von inhumaner Ausbeutung die Rede. Hinter der «Kinderarbeit» stand die jahrzehntelange, von der Amtsleitung geförderte und von vorgesetzten Dienststellen nicht gerügte Übung, während der jährlichen Schulferien Schüler und Studenten, Ehefrauen sowie Bekannte und Freunde der Amtsträger aushilfsweise als Bürokräfte einzustellen. Bezahlt wurden diese Aushilfskräfte über all die Jahre hinweg nie von der Stadt. Das Bauamt forderte vielmehr seine Vertragsunternehmen auf, Kinder und Studenten auf Lohnsteuerkarte einzustellen. Im Straßenbauamt erledigten die «Kinder» als Urlaubsvertreter einfache Büroarbeiten und nahmen die Arbeitspflicht nicht immer so genau, den willkommenen Verdienst aber gerne. Als ungelernte Aushilfskräfte wurden sie – zu besten Konditionen – von den Firmen entlohnt und dem Fachamt als «Baufacharbeiter» in Rechnung gestellt. Den Firmen als formalen «Arbeitgebern» der «Kinder» entstanden keine Nachteile, im Gegenteil verdienten sie noch gut dabei. Durch die Innenrevision der Stadt war diese besondere Form der «Kinderarbeit» ebenso wiederholt wie erfolglos gerügt worden. Im

Gegenteil unterstützten die Behördenleiter ausdrücklich diese Praxis, und der zuletzt amtierende verschaffte seinem eigenen Sohn einen der begehrten Ferienjobs im Amt. Er war im Übrigen wohl der erste Amtsträger in der Justizgeschichte der Bundesrepublik, der nach der «vorletzten Hausnummer» des Strafgesetzbuches (§ 357 StGB)[2] wegen wissentlichen Geschehenlassens von Untreue und Beihilfe zum Betrug seiner Mitarbeiter zu einer erheblichen Geldstrafe verurteilt wurde. Denn als Vorgesetzter hatte er die Abrechnungsbetrügereien nicht nur von seinen Vorgängern übernommen, sondern sie in seiner Amtszeit weiterhin geduldet, ohne dagegen einzuschreiten, wie es seine Pflicht gewesen wäre. Danach war der Verurteilte als Leiter des Straßenbauamtes nicht mehr länger tragbar. Beruflich hat ihm die ganze Geschichte aber weiter nicht geschadet, wurde doch eigens für ihn bei den kommunalen Stadtwerken eine Hauptabteilung eingerichtet, die ihm seine Bezüge weiterhin garantierte.[3]

Firmen, Immobilien und stille Beteiligungen

Amtsträger gründen eigene Unternehmen, nachdem sie mit ihren Vertragsfirmen vereinbart haben, dass diese als Gegenleistung für künftige Staatsaufträge in dem neuen Unternehmen einkaufen werden. So florierte der Delikatessenhandel eines Angehörigen der Staatsbauverwaltung nach der Zusage mehrerer Bauunternehmen, ihre Kundenpräsente künftig nur bei diesem zu ordern. In einem anderen Fall garantierte die stille Beteiligung ohne Kapitaleinsatz an der Firma eines Auftragnehmers einem Mitarbeiter der DB-AG bei jeder Auftragsvergabe seinen Anteil an der Gewinnausschüttung. Ein Unternehmen aus der Speditionsbranche beteiligte als Gegenleistung für die Begünstigung bei Auftragsvergaben den Disponenten seines Kunden an den Mieteinnahmen aus einem Mehrfamilienhaus.

Provisionen

Für bevorzugte Auftragsvergabe zahlen Firmen als «Provisionen» getarnte Bestechungsgelder. Vor der 14. Großen Strafkammer des Landgerichts Köln zeigte sich der Ex-Geschäftsführer der Müllofen-

Garten- und Rasenkulturen GmbH (Datum)

An Dipl.-Ing. Blume
Landschaftsarchitekt
Am Rebenhang 13
Holzhausen

Arbeitsleistungen Mai – November (Jahr)
Lt. Arbeitsvorlage

Sehr geehrter Herr Blume,

lt. unseren Arbeitsunterlagen wurden im obigen Zeitabschnitt
folgende Arbeitsleistungen erbracht in Form von Planungen, Baustellenüberwachungen etc. im Raume Hanau, Fulda, Kassel und
Darmstadt.

30.	5.	8 Std.
14.	6.	6 Std.
17.	6.	7 Std.
27.	6.	5 Std.
12.	7.	4 1/2 Std.
2.	8.	4 1/2 Std.
20.	9.	5 Std.
4.	10.	5 Std.
25.	10.	4 Std.
8.	11.	3 Std.
29.	11.	6 Std. = 57 1/2 Std. à DM 45,–

<u>Gesamtbetrag DM 2587,50</u>

Über diesen Betrag erhalten Sie beiliegend einen V.-Scheck, ausgestellt auf Post-Bank.
Für die vorbildliche Zusammenarbeit sei nochmals gedankt.

Mit freundlichen Grüßen

Original «Wegwerfunterlage», Teil 1; anonymisiert

Betreibergesellschaft AVG reuig: «Die Selbstverständlichkeit, mit der in der Wirtschaft offenbar diese Provisionszahlungen gehandelt wurden, ließen meine Bedenken kapitulieren und meine Hemmschwelle sinken.»[4] Welchen Einfallsreichtum die Täter dabei an den Tag legen, zeigt das folgende Beispiel: Der Landschaftsarchitekt im Gartenamt kassierte von einem Lieferanten für jeden Quadratmeter Fertigrasen, den er für Sportanlagen, Schulhöfe und Grünanlagen bestellte, eine Provision in Höhe von 0,15 DM. Zur Verschleierung dieser Schmiergeldvereinbarung bestätigt der Rasenlieferant angeblich erbrachte «Arbeitsleistungen in Form von Planungen, Baustellenüberwachungen etc.» und legt einen Verrechnungsscheck über 2587,50 DM bei.

In einer als «Wegwerfunterlage» betitelten Anlage zu diesem Schreiben wird aufgeschlüsselt, was sich tatsächlich hinter den «Arbeitsleistungen» verbirgt: Die Rasenlieferungen an die Kommune werden aufgelistet und die Gesamtquadratmeterzahl vom 32 803 mit der vereinbarten Provision von 0,15 DM pro qm multipliziert = 4920,45 DM. Der Lieferant schlägt vor, «die Rechnung zu teilen» und in zwei Raten zu bezahlen, denn er befürchtet, dass die Überweisung des Gesamtbetrages «für Stundenleistungen an Wochenenden ... zu hoch» erscheinen könnte. Dieses Risiko wollte er «im beiderseitigen Interesse» nicht eingehen.

Bevor der Beamte sich der «Wegwerfunterlage» anweisungsgemäß entledigen konnte, griff der Staatsanwalt zu und sicherte so rechtzeitig ein Beweisdokument, das wesentlich zur Aufhellung einer Jahrzehnte dauernden Korruptionshistorie beitrug.

Weitere Beispiele für diese übliche Praxis: Der Lieferant sagt dem Chefeinkäufer eine umsatzabhängige Prämie zu und zahlt insgesamt rund 2,55 Millionen Euro. Im Gegenzug kauft dieser das Produkt überteuert und sorgt dafür, dass es im Sortiment bestens platziert wird.[5] Der für das Facility Management eines Bürokomplexes zuständige Verwaltungsleiter bemisst seine Provisionsforderungen an den Umsätzen seiner Auftragnehmer, die er allein zuständig dirigiert. Die Firmen können sich solchen «Wünschen» nicht entziehen, ohne Auftragsverluste zu riskieren. In einem anderen Fall wurden «Provisionen» für «Auftragsförderung» verlangt. Dahinter verbarg sich nichts anderes, als dass dem zahlungsbereiten Unternehmen die Preise der Konkurrenz verraten wurden. Als Gegenleistung für Auf-

<u>Wegwerfunterlage,</u>

Lfg.	Erlenwiesen	662 qm	(Rasen-Platten)
	Südschneise	600 qm	
	Sanierungsarbeit.	7487 qm	
	Untertor	7812 qm	
	Erlenwiesen	1550 qm	
	Heimbach	7520 qm	
	Leopoldstraße	6540 qm	
	Burger Landstr.	632 qm	
Zus.		32 803 qm x 0,15 DM/qm = 4920,45	

Wir sollten die Rechnung teilen: sofort	**DM 2587,50**
Febr./März (Jahr)	DM 2332,95
	DM 4920,45

Der Betrag DM 4920,45 für Std.-Leistungen an Wochenenden ist
für eine Zahlung mit Leistung zu hoch, rechnen dann Arbeiten Jan./
Febr./März ab mit Restzahlung 2332,95, und ich denke im beiderseitigen Interesse zu handeln.

MfG

Original «Wegwerfunterlage», Teil 2; anonymisiert

träge fordert der Einkäufer von seinen Lieferanten, dass er seine
Produktionsmittel von einem bestimmten Hersteller bezieht. Von
diesem kassiert der Einkäufer dann Provisionen für «Vermitt-
lungstätigkeit».

Die guten Geschäftsbeziehungen werden auch nach der Pensionie-
rung gepflegt: Ein ehemals einflussreicher Bediensteter der Landes-
bauverwaltung unterstützt unter Ausnutzung seiner «guten alten
Kontakte» frühere Geschäftspartner nach seinem Ausscheiden aus
dem öffentlichen Dienst. Hierfür erhält er «Vermittlungsprovisionen», von denen er einen Teil an seine aktiven Verbindungsleute in der
Bauverwaltung abführt. Die Provisionsvereinbarung wird schriftlich
festgehalten:

Technologie AG   (Datum)

Mitteilung

Betr.: Provisionszahlung an Herrn Schulz

Folgendes wurde vereinbart:
Auftragswert z. Zt. netto € 4 999 000,–
Verbindlicher Auftrag liegt z. Zt. für Generatoren-Anlagen
(€ 2 933 995 ./. 2,5 % Nachlass) vor.

Provision und Zahlungsbedingungen:
Provision 2 % des Netto-Auftragswertes bei Technologie AG
Zahlungsweise: 50 % jeweils nach verbindlicher Auftragserteilung
bei Technologie AG, 40 % nach Lieferung und Zahlungseingang der
Lieferrate (90 %), 10 % nach Übergabe.

Zusätzlich zur Provision in Höhe von 2 % erfolgen folgende Zahlungen: 0,2 % des Gesamtauftragswertes bei Technologie AG, wenn
ca. 30 % Zwischenzahlung, 0,3 % des Gesamtauftragswertes nach
reibungsloser Übergabe der Anlage.

Zahlung an eine Schweizer Bank zugunsten Herrn Schulz

Vermerk über die Provisionsvereinbarung; anonymisiert

Die Zahlungsvereinbarung wurde von der Geschäftsleitung abgezeichnet, darunter der kaufmännische Leiter, der Leiter des Rech-
nungswesens und der zuständige Bereichsleiter. Die Provisionen wurden von dem Vertriebsleiter der Technologie AG auf ein Schweizer
Bankkonto angewiesen.

Mit welcher Dreistigkeit selbst im Kleinen versucht wird, persönliche Vorteile aus dem Amt zu schlagen, demonstrierte ein Bauingenieur im Stadtbahnbauamt einer Großstadt. Der forderte von der
Reinemachefrau 50 DM monatlich für die Vermittlung einer Putz-
stelle (300 DM). Als die Außenstelle des Amtes um ein Büro erweitert
und der Arbeitslohn um 150 DM aufgestockt wurde, verlangte der
Ingenieur das Doppelte. Auch diese 100 DM zahlte die Reinemache-

frau. Erst als der Ingenieur sein Geld in einer Stückelung von 2 x 50-DM-Scheine wollte und sie obendrein noch ein Campingbett in sein Büro stellen musste (dem verheirateten Ingenieur wurde ein Verhältnis mit einer um viele Jahre jüngeren Frau nachgesagt), da wurde es der Reinigungskraft endlich zu bunt, und sie beschwerte sich bei einem Kollegen. So kam auch diese Sache ans Tageslicht und der Ingenieur zu einem rechtskräftigen Urteil.

Kunstwerke und Literaturrecherchen

Vor dem Hintergrund lukrativer Geschäftsbeziehungen entdecken Unternehmen ihr Faible für Kunst und mehr. Man zahlt großzügig für dilettierende Pinselei, für Hobbyfotografie und Videofilme, für Prosa und Sachbücher und auch mal für ein Regiebuch. Der Bedienstete eines Bundesministeriums rechnete mehrere 10 000 Euro für «Literaturrecherchen» ab, die aus einer Zusammenstellung von Beiträgen bestanden, abgeschrieben aus frei zugänglichen Fachzeitschriften, im Übrigen über ein Thema, mit dem der Besteller selbst hervorragend vertraut war. Es werden Rechnungen gestellt über «Studien», die sich als Abschriften von Informationsbroschüren des Auftraggebers erwiesen. «Bedienungsanleitungen» und «Technische Handbücher» werden entworfen, die bei näherem Hinsehen nicht mehr sind als das bloße Abkupfern vorhandener Unterlagen. Für «Fachvorträge» auf Ärztekongressen, die keinen interessieren, und Anwendungsbeobachtungen, die keiner studiert, erhalten Professoren und Klinikärzte beachtliche «Aufwandsentschädigungen». Bei all diesen Vorgängen geht es allein darum, irgendeine Leistung «für die Unterlagen» zu fingieren.

Nebentätigkeiten

Häufig dienen Nebentätigkeiten der Verdeckung von Bestechungszahlungen. Die Nebentätigkeit ist nicht oder mit falscher Begründung angemeldet. Zum Teil werden die Leistungen nicht erbracht, wohl aber Rechnungen gestellt: Mitarbeiter der Bauverwaltung rechnen z. B. für angebliche Ausfertigungen von Bestandsplänen für Liegenschaften der öffentlichen Hand ab; Angehörige der Bauaufsicht liquidieren fingierte Beratungsleistungen für örtliche Architekten. In einer Reihe von Fällen stehen die nebenberuflichen Tätigkeiten in unmittelbarem Zusammenhang mit der eigenen Dienstausübung. So etwa, wenn Angehörige der Bauaufsicht Baupläne zeichnen und Bauanträge formulieren, die sie in ihrer Zuständigkeit wohlwollend und zügig bearbeiten. Bauleiter fertigen selbst die Aufmaße für die auftragsausführenden Firmen und entwerfen deren Rechnungen an das eigene Amt, die sie im Dienstzimmer ohne Zögern als «sachlich zutreffend» abzeichnen. Gegenstand solcher Nebentätigkeiten sind ferner statische Berechnungen oder auch die Hilfestellung bei Anträgen auf Gewährung von staatlichen Fördermitteln, über die der Amtsträger selbst entscheidet. Die so genannte Nebentätigkeit wird nicht selten während der Dienstzeit und unter Einsatz dienstlicher Bürotechnik und des Verwaltungspersonals ausgeführt.

«Küchenfirmen»

Auf der Suche nach Möglichkeiten zur verdeckten Finanzierung von Geld- und Sachleistungen ist ein ebenso ausgeklügeltes wie verbreitetes Muster der Schmiergeldschöpfung durch die Gründung von Schein- und Tarnfirmen geschaffen worden, auf das die Korruptionsfahnder Anfang der 1990er Jahre durch Zufall gestoßen sind. Bei einer Durchsuchung in Nordrhein-Westfalen fanden hessische Ermittler in der Küche eines Verdächtigen einen PC. Wer speichert Kochrezepte im Computer? Die Neugierde war geweckt, und die Festplatte wurde mitgenommen. Es stellte sich heraus, dass unter dem Namen der Firma der Ehefrau (Firmensitz unter der gemeinsamen Wohnanschrift) Rechnungen an verschiedene Unternehmen abgespeichert waren, mit denen der Ministeriale in engem dienstlichen Kontakt stand. Die Ehefrau verfügte offenkundig nicht über die erforderliche Sachkunde, ein solches Unternehmen zu leiten oder gar die abgerechneten Leistungen zu erbringen. Büroräume und Mitarbeiter gab es nicht. Wie sich herausstellte, war die Firma allein zu dem Zweck gegründet worden, Rechnungen über fingierte Leistungen in Höhe der vereinbarten Schmiergelder zu stellen. Seitdem werden solche Firmen im Jargon der Ermittler schlicht «Küchenfirmen» genannt. Hier sei

eine Auswahl solcher Scheinfirmen vorgestellt, die im Laufe der Zeit enttarnt worden sind:
- Copyshop
- Unternehmensberatung
- Designerbüro
- Zeichen-, Schreib-, Übersetzungsbüro
- Architektur- und Ingenieurbüro
- Planungsunternehmen
- Statikbüro
- Unternehmen für Computertechnik und Software
- Transportunternehmen
- Unternehmen für Verkaufsförderung.

Klaus Gern Planungs-GmbH   (Datum)

Fa. Meier und Partner GmbH

Rechnung

Sehr geehrte Damen und Herren,
gemäß Ihrem Auftrag für die Ergänzung und Katalogisierung von Planungsunterlagen, Dokumentationen und Schreibarbeiten stellen wir wie folgt in Rechnung:
Planungsarbeiten für Fernmeldeverkabelung,
Datenverkabelung und Brandmeldetechnik   DM 46 893,00
Erstellung der Dokumentationen   DM 15 600,00
Messung der Linienstrecken   DM 11 250,00
Erstellen der Messprotokolle   DM   3890,00
Katalogisierung der Planungsunterlagen   DM   6050,00
                                        gesamt   DM 83 683,00
                          15 % MwSt.   DM 12 552,45
                                                    DM 96 235,45

Mit freundlichen Grüßen
Gern, Planungs-GmbH

Original der Scheinrechnung einer «Küchenfirma»; anonymisiert

Die Einnahmen werden zum Teil steuerlich erklärt. Es gibt Scheinfirmen, die sich (Rück-)Rechnungen von den Vorteilsgebern oder auch Dritten über angebliche Beratungsleistungen ausstellen lassen und nicht existierende Mitarbeiter beschäftigen. Auf diese Weise werden die zu versteuernden kriminellen Gewinne reduziert.

Kriegskassen und Schwarzgeldtöpfe

Die Wirtschaft speist ihre Schwarzgeldtöpfe und so genannten Kriegskassen mit nahezu unbegrenzten Verfügungsmitteln. Sie hält sich offshore Firmen, Töchter und Stiftungen im In- und Ausland, die nach Bedarf Rechnungen über Fantasieleistungen stellen, welche als steuermindernde Betriebsausgaben verbucht werden. Die Rechnungsbeträge werden zwar angewiesen oder auch per Barscheck bezahlt. Tatsächlich fließt aber die Valuta nach Abzug von Provision und fakultativ auch Steuern in bar zurück oder stehen für «besondere Einsätze» auf Auslandskonten jederzeit bereit. Die Geschäftsleitung entscheidet alsdann über Verwendung und Weitergabe dieser «Verfügungsgelder». Unter anderem werden aus diesen Quellen an Steuer und Staatsanwalt vorbei Tantiemen für die Geschäftsleitung, Überstunden für Mitarbeiter und eben auch Schmiergelder finanziert. Schwarze Kassen sind so verbreitet wie Portokassen, nur der Barbestand liegt einiges darüber: «Zur Finanzierung der Zuwendungen unterhielt die Firma eine schwarze Kasse mit einem regelmäßigen Bestand von 30 000 DM.» In einem Fall richtete die Geschäftsführung seit den 1980er Jahren solch eine Kasse für «Nützliche Aufwendungen» ein, die aus fingierten Rechnungen eines wirtschaftlich abhängigen Subunternehmers gespeist wurde, der 80 % seiner Aufträge von diesem Unternehmen bezog. Im Zeitraum von vier Jahren kamen so über 200 000 Euro zusammen. Der Subunternehmer erhielt für seine Mithilfe in Abstimmung mit der jeweils amtierenden Geschäftsführung zwischen 12 und 15 % Provision.

In einem anderen Fall zahlte ein Unternehmer für Aufträge immer in bar. Die Beträge hob er von seinem Geschäftskonto ab. Jeder Zahlung lag die Eingangsrechnung einer in England registrierten Firma zugrunde, deren Alleininhaber der Unternehmer war. Die Scheinrechnungen aus England dienten zum einen der Finanzierung von

Schmiergeldzahlungen, zum anderen aber auch der verdeckten Gewinnausschüttung.

Rechtsanwälte

Es gibt bislang keine verlässlichen Daten über die Beteiligung von Anwaltskanzleien bei der Schmiergeldwäsche. Das Australian Institute of Criminology geht davon aus, dass die weltweiten Geldwäsche-Aktivitäten im Jahr 2002 einen Umfang von 2767 Milliarden US-Dollar angenommen haben. Nach Schätzungen des IWF werden dabei rund ein Viertel aller Schwarzgeldgeschäfte über Treuhandkonten von Anwälten abgewickelt.[6] Erste Strafurteile liegen in Deutschland vor,[7] wonach Anwälte im Wissen um die kriminelle Herkunft und im Auftrag ihrer Mandanten persönlich Gelder von ausländischen Bankkonten abgehoben und nach Deutschland transferiert haben. Es gibt Hinweise, wonach Anwälten Schmiergelder zur unmittelbaren Aushändigung an die Empfänger und zur Überweisung auf ausländische Konten übergeben wurden. Insbesondere Firmenanwälte und Syndizi sollen aufgrund des engen Beratungsverhältnisses bei der Generierung und Weiterleitung von Bestechungsgeldern eingebunden sein.

VII Wie entstehen Korruptionsbeziehungen?

Geschäftsanbahnung

Mit der Dauer einer Geschäftsbeziehung wächst das gegenseitige Vertrauen sowie das Verständnis für die beiderseitigen Probleme. Damit nimmt auch die Bereitschaft zur Korruption zu: «Ich war zu keinem Zeitpunkt bereit, Barzuwendungen und andere Präsente abzulehnen, solange zwischen den Firmen und mir ein gutes Vertrauensverhältnis bestand. Denn dies war Voraussetzung für die Vorteilsannahme.» Den Erhebungen des BKA zufolge steigt das Korruptionsrisiko sprunghaft nach etwa dreijähriger Geschäftsbeziehung.[1]

Der Geschäftspartner auf der Auftraggeberseite zeigt sich «aufgeschlossen» für das Anliegen des Unternehmers (z. B. für eine Beteiligung an Ausschreibungen, zügige Auftragsabwicklung ohne Beanstandungen, Abschlagszahlung ohne Nachweis der ausgeführten Leistung, die Erteilung von Anschlussaufträgen außerhalb des Wettbewerbs) und erwartet für seinen besonderen Einsatz eine kleine «Anerkennung»: Beim gemeinsamen Mittagessen nach der Baustellenbesichtigung kommt man sich näher. Man spricht über die Auftragslage des Unternehmens und die Finanzierung des Autos für die Tochter, die dem Amtsträger nicht eben leicht fällt, soll es doch «was Anständiges» sein, immerhin hat die Tochter ein gutes Abitur hingelegt. Der Unternehmer bietet sich an, «mit einem Darlehen» auszuhelfen. In einem anderen Fall berichtet der Amtsträger von den Schwierigkeiten beim Hausbau, er kommt nicht so recht voran. Der Bauunternehmer versteht sofort: «Brauchst Du was?» Ein gewachsenes Vertrauensverhältnis ist aber nicht zwingend Voraussetzung für eine Anbahnung kollusiver Beziehungen. In manchen korruptionsanfälligen Branchen, wie etwa dem Baugewerbe, ist «klar, dass ich keine Aufträge erhalte, wenn ich nicht zahle». Nicht selten gibt es ein unverblümtes Angebot des Unternehmers «Es soll Ihr Schade nicht sein». Forderungen werden auch direkt gestellt, sozusagen ohne jede klimatische Einstimmung, wie das folgende Beispiel eines «hoffnungs-frohen Jungunternehmers» zeigt: Ein junges Unternehmen stellt sich erstmals bei der zuständigen Vergabestelle der deutschen Bundespost vor und bittet um künftige Berücksichtigung bei der Ausschreibung von Tiefbaumaßnahmen. Die Firma werde alles daransetzen, die Post zufrieden zu stellen und einen günstigen Preis machen, um schnell Fuß zu fassen. Der Postbedienstete ziert sich nicht lange, sondern packt die Gelegenheit beim Schopfe: «Wenn ich mich für Sie einsetzen soll, dann kostet das 10 %.» Der Jungunternehmer geht aber entgegen den Gepflogenheiten der Branche nicht auf das Ansinnen ein, sondern zur Polizei. Bei der mit der Ermittlungsbehörde abgestimmten Geldübergabe kommt es zu der Verhaftung des einen Postbediensteten. Dem zweiten gelingt die Flucht nach Spanien, wo er der Auslieferung so lange entgehen kann, bis die Straftat verjährt. Es kann nur vermutet werden, dass er seine Flucht mit Mitteln aus kriminellem Tun gut vorbereitet hatte.

Häufig genügt schon eine Anspielung, um die Korruptionsgeneigt-heit des Geschäftspartners auszutesten. Mit Andeutungen soll der Gesprächspartner aus der schüchtern-vorsichtigen Reserve gelockt werden: Die Maßnahme ist kostengünstiger als erwartet abgewickelt worden und soll nun schlussgerechnet werden. Der zuständige Mann vom Bauamt meint: «Im Budget ist noch Luft, was machen wir denn damit?» Für jeden Eingeweihten ist klar: Der Unternehmer soll den Bestellschein «ausschöpfen», d. h. fingierte Mehrleistungen bis zur vollen Höhe der Auftragssumme (betrügerisch) abrechnen. Die Diffe-renz zwischen dem Wert der tatsächlich ausgeführten und den abge-rechneten Leistungen wird geteilt; meist verbleiben zwei Drittel beim Unternehmer (der die Rechnung versteuert), den Rest zahlt er in bar an den Amtsträger aus. Nicht jede Andeutung wird aber sogleich ver-standen: Der Juniorpartner eines Bauunternehmens spricht mehrfach bei der Bauaufsicht wegen seines Bauantrags vor, ohne Erfolg. Jedes Mal hieß es: «Da fehlt noch was.» Der Senior weiß Bescheid, er kennt die Sprachregelung aus langer Erfahrung. Hier fehlte keine Unterlage, sondern die «Beschleunigungszahlung». Oder: Der neue Bereichs-leiter eines Reinigungsunternehmens beteiligt sich vergeblich an den Ausschreibungen der Kommune. Auch nachdem er zu Dumpingprei-sen anbietet, um herauszufinden, wo die Preise bei den Mitbewerbern liegen, erhält er nicht den Zuschlag. Endlich bekommt der Bereichsleiter den lang erbetenen Gesprächstermin bei dem zuständigen Mann im Amt. Der sieht sich die Angebotsunterlagen an, sie sind vollständig und korrekt ausgefüllt. «Das ist in Ordnung, das kann man lesen», sagt der Beamte und gibt zu verstehen, dass sich die Firma «nicht genug um mich kümmert. Das war mal anders, da gab es z.B. Ihren Vorgänger.» Der Bereichsleiter kommt zurück ins Büro und erkundigt sich bei den Kollegen, was der Beamte denn gemeint haben könnte. Die klären den Neuen auf und übersetzen den kryptischen Hinweis des Beamten: «Sie betreuen mich nicht richtig, heißt, der will halt Geld.»

Örtlichkeiten außerhalb der Diensträume eignen sich eher, einen Korruptionsdialog aufzunehmen. Nicht nur die Einladung zum Mittagessen bietet hierfür einen geeigneten Rahmen. Manches Mal hindert auch das Ende der Dienstzeit daran, eine Besprechung fortzuführen: Es gibt zwischen dem Unternehmer und dem Beamten unterschiedliche Ansichten darüber, wie viele Quadratmeter tatsächlich von dem Bauunternehmen ausgeführt worden sind. Der Amtsträger fordert daher den Unternehmer auf: «Kommen Sie doch mal zu mir nach Hause, da schauen wir das Aufmaß durch.»

«Anfüttern»[2]

Engere persönliche oder auch freundschaftliche Beziehungen zwischen Geschäftspartnern lassen sich nicht vermeiden. Kritisch wird es aber, wenn die gebotene Distanz in geschäftlichen Angelegenheiten vermisst wird und mit der Intensität privater Kontakte die Gefahr mangelnder Objektivität in geschäftlichen Angelegenheiten zuzunehmen droht. Die Geschäftspartner im Amt und Unternehmen werden «angefüttert», ohne die auf sie lauernden Gefahren zu erkennen. Nähebeziehungen werden gezielt aufgebaut. Durch ein behutsames Erkundigen werden Vorlieben, Wünsche und auch Schwächen (z.B. teure Hobbys, Spielleidenschaft) oder finanzielle Nöte (Finanzierungsprobleme beim Hausbau) ausgeforscht, um eine korruptive Beziehung herzustellen. Mit sympathischen Aufmerksamkeiten und kleinen Geschenken, die ja bekanntlich Freundschaften nicht nur erhalten, sondern auch begründen können, wird Vertrauen zum potenziellen Kunden hergestellt, ein möglicher erster Akt des «Anfütterns».

Bei dem Nehmer soll der Eindruck entstehen, das Geschenk werde ganz uneigennützig aus einem freundschaftlichen Anliegen heraus gewährt. Dem Begünstigten wird so die Annahme der «Aufmerksamkeit» leicht gemacht. Schließlich aber wird sich der Beschenkte der «Bitte um Hilfestellung» etwa bei der Beteiligung an einer Ausschreibung nicht entziehen können. Damit ist der Grundstein für eine auf Dauer angelegte «vertrauensvolle Beziehung» gelegt.

Nachfolger im Amt

Um eine wohl eher ungewöhnliche erste Kontaktaufnahme handelt es sich in einem Fall, in dem der in den Ruhestand wechselnde Beamte seinen Nachfolger im Amt mit den Worten «Ich möchte Dir unsere Kunden vorstellen» in seine Korruptionsabreden mit den verschiedenen Unternehmern einweist, indem er die beiden künftigen Partner gegenseitig vorstellt und es dann ihnen überlässt, unter vier Augen die «Prozentzahlung» neu auszuhandeln.

Korruptionsmakler

In den Fällen der Schmiergeldvermittlung, der Vermakelung von Korruptionsbeziehungen gegen Provision, wie in Italien verbreitet, geht es darum, dass der Makler seine hervorragenden Insiderkenntnisse aus der Verwaltung, nicht selten aufgrund ehemaliger Zugehörigkeit, in den Dienst von Unternehmen stellt, die bereit sind, ihre Interessen mit Schmiergeld zu befördern, selbst aber nicht über die erforderlichen Kontakte verfügen oder nicht in Erscheinung treten wollen.[3] Der Makler kennt die für das Anliegen seines Mandanten zuständigen Entscheidungsträger in der Verwaltung und solche Personen, die sich für seinen Auftraggeber bei Dritten verwenden würden. Er verfügt über ein dichtes Beziehungsgeflecht in der Verwaltung und zu den vorgesetzten Dienststellen, das ihm den beständigen Zufluss der für die Ausübung seiner Geschäfte erforderlichen Informationen in sächlicher und personeller Hinsicht garantiert. Wichtig ist insbesondere, dass er als «ehemaliger Kollege» Vertrauen genießt und – ebenso bedeutsam – die Schmiergeldpreise kennt.

Firmenübernahme

Korruptive Beziehungen sind Teil des Know-hows des Unternehmens und werden bei Übernahme oder Wechsel der Geschäftsführung offen gelegt, damit sie weiter im Interesse der Firma gepflegt werden können: «Nach Übernahme der Firma wurden die bisherigen Gepflogenheiten, Zuwendungen im angemessenen Verhältnis zum Umsatz zu erbringen, beibehalten.»

Lagerwechsel

Nicht selten wechseln Mitarbeiter des öffentlichen Dienstes in die Privatwirtschaft. Dieser Lagerwechsel kann die Grundlage für einen neuen Korruptionsdialog bilden oder auch jegliche abschreckende Wirkung einer Bestrafung unterbinden, wenn z.B. der verurteilte Amtsträger nach Strafverbüßung eine Anstellung in dem Unternehmen erhält, das ihn bestochen hatte. Diese Absicherung der Korruptionsstrategien nach außen stellt nur einen Weg dar, das Schweigen des entdeckten Mittäters zu sichern und das Korruptionsgeflecht weiterhin ungerührt fortzuführen. Ein Fall ist belegt, wonach umgekehrt der Bauingenieur aus einem Unternehmen im Einvernehmen mit der Geschäftsführung in die Bauverwaltung wechselte. Ab dem Eintrittsdatum verschaffte er seinem ehemaligen Arbeitgeber im Gegenzug für «Provisionen» fortlaufend Aufträge und ermöglichte diesem, die Barzahlungen an ihn dreifach über fingierte Tagelohnarbeiten zu refinanzieren. Verschiedentlich übernahmen ehemalige Mitarbeiter des Frankfurter Hochbauamtes kleine Baufirmen und erhielten aufgrund der Zuwendungen an ihre früheren Kollegen ab dem ersten Tag ihrer Selbstständigkeit Aufträge. Die neuen Firmeninhaber waren bestens über die Möglichkeiten manipulativer Einflussnahme auf die Auftragsvergabe informiert und wussten, wer zu welchem Preis zu haben war. In ähnlichen Fällen rieten umtriebige Amtsleiter nach ihrer Beförderung Freunden eindringlich zur Selbstständigkeit, und beide Seiten profitierten in der Folgezeit: der Beamte durch Provisionen, da er «seinen» Unternehmen ja Aufträge gab, und die Unternehmer durch Aufträge und Umsatzsteigerungen unter Ausschaltung der Konkurrenz.

Auf vielfältige Weise werden Korruptionsbeziehungen freiwillig und auch unfreiwillig aufgenommen. Zwischen den Firmen wird, zumindest soweit man sich gut kennt und nicht in (verschärfter) Konkurrenz zueinander steht, darüber gesprochen, bei welchem Mitarbeiter eines potenziellen Kunden und bei welchem Planungsbüro «etwas zu machen ist». Es ist nichts Außergewöhnliches, wenn von Mitarbeitern in der Verwaltung gesagt wird: «Der nimmt bekanntermaßen.» Oder wie einem Geschäftsführer von einem mit den Usancen vertrauten Konkurrenten auf die Frage nach einem Mitarbeiter im Hochbauamt der Stadt Frankfurt erläutert wird: «Bei dem musst Du was mitbringen.» Auf diese Weise kann die als «empfänglich» geltende Person ohne Risiko gezielt angesprochen und der Preis ausgehandelt werden. Umgekehrt kommt es auch vor, dass die Namen von solchen Firmen, bei denen «etwas zu holen» ist, unter den Amtsträgern gehandelt werden.

Vorteile werden aber auch direkt und ohne Vorwarnung verlangt und damit das Unternehmen zur Beantwortung der Gretchenfrage gedrängt: «Wie hältst du es mit der Korruption?» Das Zahlungsverlangen wird mit mehr oder weniger Nachdruck formuliert. Von der subtilen Drohung, die Baustelle in die roten Zahlen rutschen zu lassen, falls man sich nicht erkenntlich zeigt («Der Bezirksleiter machte immer wieder Schwierigkeiten, indem er die Arbeiten sehr pingelig beurteilte. Aus diesem Verhalten schloss ich, dass ich ihm Zuwendungen machen muss»), über die Erwartung kostenloser Instandsetzungsarbeiten am Privathaus über Warenlieferungen («Diejenigen Firmen, die sich mir gegenüber durch Zuwendungen um ein gutes Betriebsklima bemüht haben, wurden von mir regelmäßig mit Aufträgen bedacht») bis hin zu der eindeutigen Ankündigung, es werde künftig keine Aufträge mehr geben, wenn nicht gezahlt wird, reicht die Skala der Nötigung: «Wenn ich mich nicht ab und zu mit Geld hätte sehen lassen, dann wäre einfach keine Arbeit mehr da gewesen.» Wer da nicht einen guten Kunden verlieren will, der fügt sich und zahlt, wie das folgende Beispiel zeigt: Etwa drei Jahre nachdem das Bauunternehmen in dem Bezirk zu arbeiten angefangen hatte, begann der Bezirksleiter «an den Bauausführungen herumzumäkeln». Er bestellte den Firmeninhaber in sein Büro und teilte ihm mit, dass künftig nicht mehr so viel Geld für Baumaßnahmen zur Verfügung stünde, «außerdem muss auch mal für mich eine Anerkennung da sein». Tage später übergab der Unternehmer einen Umschlag mit Geld, den der Bezirksleiter wortlos annahm. Als ein paar Wochen später «das Spiel wieder losging, erhöhte ich die Zahlungen auf dreimal monatlich. Daraufhin hörte die Mäkelei auf.»

In der Affäre Frankfurt III haben einige Geschäftsführer und Firmeninhaber, die es ablehnten, die Schmiergeldzahlungen ihrer Vorgänger zu übernehmen, Lehrgeld bezahlen müssen und mit dem Tag ihrer Verweigerung keinen einzigen Auftrag mehr erhalten.

VIII Korruptionsfälle

Fallschilderungen aus der Strafrechtspraxis – wie alles begann

«Machen Sie die Sache tot, da kommt sowieso nichts bei raus.» Mehr zufällig stieß die Staatsanwaltschaft 1987 durch den Hinweis eines Unternehmers auf einen ausgedehnten Korruptionssumpf in der Stadtverwaltung Frankfurt a. M., der noch über 15 Jahre danach trübe Blasen schlagen sollte. Nicht nur der damaligen Oberstaatsanwältin fehlte die Vorstellung, in deutschen Amtsstuben könnte das manus manum lavat wie im Römischen Reich zum Katechismus einer eigennützigen Amtsführung geronnen sein. Eine Hand wäscht die andere, sagt man noch heute. Doch es geht nicht um Körperhygiene, sondern um die Pflege von Beziehungen, also in erster Linie um Geld. Korruption war Ende der 1980er Jahre so virulent wie heute, mit dem Unterschied, dass der Unglaube groß war und die Tabuisierung entsprechend hartnäckig. So weigerten sich denn auch die Stadtoberen, die Fakten anzuerkennen, die ihnen ein Staatsanwalt präsentierte, und boten nichtsahnend an, ihre Hände ins Feuer zu legen für Stadt und treue Mitarbeiter. Die Theorie von den schwarzen Schafen, wonach es sich bei Bestechung und Bestechlichkeit allenfalls um Einzelfälle, nicht aber um ein strukturelles Phänomen handelt, war damals noch herrschende Meinung. Jeder Zweifel an dem fest gefügten Weltbild von loyalen, ausschließlich dem Gesetz und nicht dem eigenen Vorteil verpflichteten Beamten[4] kam einem Irrglauben gleich. Im Zuge der viele Monate dauernden, bis dahin umfangreichsten Ermittlungen wegen Korruption wurde eine Lawine an Folgeverfahren weit über die Frankfurter Stadtverwaltung losgetreten, die hunderte von Angehörigen der Kommunal- und der Landesverwaltung, Inhaber und Mitarbeiter von Unternehmen in den Strudel einer Affäre riss. Nicht wenige Ämter in der Kommune am Main stellten sich als vom Bazillus corruptus infiziert heraus und prägten das Bild von der Finanzmetropole als Hochburg korrupter Beziehungsgeflechte. Auf dem nachfolgenden Organo-

Dezernatsverteilung

Dezernat I: Hauptverwaltung

Oberbürgermeister Brück
Vertreter: Bürgermeister Dr. Moog
Vorsitz im Magistrat
Zusammenfassung der Gesamt-
verwaltung
Vertretung der Stadt und des
Magistrats nach außen

 02 Büro des Oberbürgermeisters
  mit Verwaltungsstelle Höchst
 10 Hauptamt
 13 Presse- und Informationsamt
 14 Revisionsamt
X 32 Ordnungsamt
 36 Verkehrsüberwachung und -re-
  gelung

Dezernat III: Finanzen

Stadtkämmerer Gerhardt
Vertreter: Stadtrat Müller
Universitätsangelegenheiten,
Kirchliche Angelegenheiten,
Stadtsparkasse Frankfurt am Main

 12 Amt für Statistik, Wahlen und
  Einwohnerwesen
X 15 Amt für Beschaffungs- und
  Vergabewesen
 20 Stadtkämmerei
 21 Stadtkasse
 22 Stadtsteueramt
X 23 Liegenschaftsamt
 29 Referat Beteiligungen

Dezernat IV: Planung

Stadtrat Dr. Küppers
Vertreter: Stadtrat Müller

 30/1 Erschließungsamt
 60/D Referat für Denkmalpflege
 60/N Referat Naturschutz
 61 Amt für kommunale Gesamt-
  entwicklung und Stadtplanung
 62 Stadtvermessungsamt
X 63 Bauaufsichtsbehörde

Dezernat V: Bau

Stadtrat Dr. Haverkamp
Vertreter: Stadtrat Dr. Küppers

 60/2 Bauverwaltungsamt
X 65 Hochbauamt
X 66 Straßenbauamt
X 69 Stadtbahnbauamt

Dezernat VI: Schule und Bildung

Stadtrat Mihm
Vertreter: Stadtrat Trageser

X 40 Stadtschulamt
  Schulen
  Kindertagesstätten
 43 Amt für Volksbildung / Volks-
  hochschule

**Dezernat VIII: Umwelt,
Brandschutz und Stadtgrün**

Stadtrat Daum
Vertreter: Stadtrat Prof. Dr. Rhein

 37 Branddirektion
X 67 Garten- und Friedhofsamt
 68 Stadtentwässerungsamt
X 70 Stadtreinigungsamt – Städt.
  Fuhrpark
 78 Palmengarten
 79 Referat Umweltschutz
 82 Forstamt

**Dezernat IX: Soziales, Jugend und
Wohnungswesen**

Stadtrat
Vertreter: Stadtrat Mihm

 56 Dezernatsverwaltungsamt
  Soziales, Jugend und
  Wohnungswesen
 50 Sozialamt
 51 Jugendamt
 55 Ausgleichsamt
X 64 Amt für Wohnungswesen

Dezernat X: Gesundheit und Sport

Stadtrat Prof. Dr. Rhein
Vertreter: Stadtrat Prof. Dr. Hoffmann

Koordinierung der vorbereitenden
Maßnahmen für die Bewerbung der
Stadt Frankfurt am Main um die
Ausrichtung der olympischen
Sommerspiele 2004

X 52 Sport- und Badeamt
 53 Stadtgesundheitsamt
 54 Städt. Krankenhaus Frankfurt
  a.M.-Höchst

**Dezernat XII: Stadtwerke,
Eigenbetriebe und öffentliche
Einrichtungen**

Bürgermeister Dr. Moog
Vertreter: Stadtkämmerer Gerhardt

 34 Standesamt
 35 Versicherungsamt
 71 Schlacht- und Viehhof
X 76 Städtische Küchenbetriebe
X 81 Stadtwerke
 83 Hafenbetriebe
X 84 Marktbetriebe
 85 Städtisches Weingut

Dezernatsverteilung der Stadt Frankfurt am Main 1988

gramm sind die mit X gekennzeichneten Ämter Gegenstand einschlägiger Ermittlungen gewesen.

 Wo Menschen handeln, ist die Verfehlung nicht weit, und auch bei
Beamten ist der Mensch in Kauf zu nehmen. Nach Abschluss der
ersten Frankfurter Korruptionsaffäre lautete das erschreckende Resü-
mee über den Morast am Main: Bereicherungsstrategien mittels Kor-

ruption waren in der öffentlichen Verwaltung seit Jahrzehnten gang und gäbe, ohne dass dies irgendjemandem aufgefallen wäre. Die Alarmzeichen einer planmäßigen und bestens organisierten Profitmaximierung auf Kosten des Fiskus wurden hartnäckig übersehen, die Augen fest verschlossen vor einer erschreckenden Gesinnung, die nicht zum überkommenen Ordnungsmuster vom preußischen Amtsethos zu passen schien. Der Name der Stadt stand am Ende synonym für flächendeckende Korruption in der kommunalen Verwaltung. Ganz zu Unrecht, denn Frankfurt ist überall. Überall, wo die Korruptionsfahnder bundesweit hingreifen, werden sie fündig: «Ohne Schmiergeld scheint in manchen Bereichen fast nichts mehr zu gehen», stellte der Vorsitzende der sechsten Strafkammer am Landgericht München seinerzeit konsterniert fest.[5] Es war schon immer so: «Wer das Geld liebt, wird nie genug davon haben» (Prediger 5,9). Dies gilt in besonderem Maße in einer auf materielle Werte götzengleich fixierten Gesellschaft zu Beginn des 21. Jahrhunderts.

Von 1987 bis 2003 wurden allein bei der Staatsanwaltschaft Frankfurt Ermittlungen gegen nahezu 3500 Personen eingeleitet. Darunter waren 24 Großverfahren mit bis zu 280 Beschuldigten. Die erste Frankfurter Korruptionsaffäre liegt nun 15 Jahre zurück. Der selbstsicheren Erwartung der Stadtregierung wie auch des damaligen hessischen Generalstaatsanwalts, der Sturm werde sich bald legen und «die Korruption mit Stumpf und Stiel ausgerottet», hat Ernüchterung ob der erschreckenden Verhältnisse im Dickicht des in Wirtschaft und Verwaltung verbreiteten Bestechungsunwesens Platz gemacht. Auch heute kann der Vorhang nicht gesenkt werden. Immer neue Szenen dreister Raffgier und verantwortungslosen Umgangs mit anvertrautem Vermögen werden aufgeführt. Die Korruption geriert sich zur unendlichen Geschichte. Die Gefahr wächst, dass das Publikum, ermüdet von immer neuen Varianten rücksichtsloser Bereicherung, sich resigniert abwendet und leises Gähnen die einzige Reaktion auf jede neue Bestechungsaffäre bleibt. Spätestens dann aber, wenn Gleichgültigkeit Korruption und Machtmissbrauch begleitet, ist die Korruption auch in Deutschland hoffähig geworden.

In der Braubachstraße in Sichtweite des Frankfurter Römer, dem Sitz des Stadtoberhaupts, war das zwischen Galerien und Gastronomie eingezwängte Café Tischler über viele Jahre allmorgendlicher Treffpunkt von Mitarbeitern des Straßenbauamts und Bauunternehmern. Das Café existiert schon lange nicht mehr. Es hat wie andere gemütliche Szenerien seiner Art dem Diktat hoher Mieten in Frankfurts Innenstadt weichen und gesichtslosen Drogerie- und Fast-Food-Ketten Platz machen müssen. Damals aber wurde es zum Ausgangspunkt der so genannten Frankfurter Korruptionsaffäre. Des Cafés Schicksal hatte auch einen der Bauunternehmer ereilt, und er machte Konkurs. Der Verdacht, er könne an der Steuer vorbei Firmengelder für sich abgezweigt haben, rief den Staatsanwalt auf den Plan. Der Unternehmer verteidigte sich. Er habe nichts für sich genommen. Bei den als «Betriebskosten» verbuchten Barentnahmen handele es sich vielmehr um Zuwendungen an Mitarbeiter der Stadtverwaltung. Was der Unternehmer über die Bestechung von Bediensteten zu Protokoll gab, verblieb zunächst im Allgemeinen und beschränkte sich auf wenig erhellende Mutmaßungen über persönliche Beziehungen zwischen Firmen und Angehörigen des Straßenbauamtes. Unvermittelt aber berichtete der Unternehmer von einem Vorkommnis, das so unwahrscheinlich anmutete, dass ihm der Staatsanwalt nur schwerlich glauben konnte. Dabei handelte es sich in der Rückschau um einen geradezu harmlosen Fall alltäglicher Korruption. Der Unternehmer begann zu erzählen, wie er sich im Café Tischler mit einem Bautechniker über Jahre hinweg regelmäßig zum Frühstück traf. Es ging um die zügige Abwicklung von Baustellen im Stadtgebiet und die Aussicht auf neue Aufträge. Es waren keine weltbewegenden Summen, um die es da ging. Die «Großen» der Branche mit den bekannten Namen verkehrten nicht im Café Tischler. Die Millionen, die das Straßenbauamt damals noch für Unterhaltungs- und Reparaturmaßnahmen auf Frankfurts Straßen, Wegen und Plätzen ausgeben konnte, weckten die Begehrlichkeiten so mancher Tiefbauunternehmen, auch von solchen, in denen der Chef noch selbst die Schaufel in die Hand nahm. Man zahlte gern Obolus und Chablis für lukrative Umsätze und schwarze Zahlen. Umsonst gibt es nichts. Schon gar nicht in der Baubranche. Wöchentlich 100 DM waren in den 1980er Jahren die übliche Einheit für die «Klimapflege» in den Amtsstuben. Hier und da war es auch mehr, bis zu 800 DM für einen guten Auftrag. Das war schon immer so, auch bei dem Unternehmer, der jetzt vor dem Staatsanwalt saß und die Hände rang, um die Lebenswirklichkeit einem jungen Juristen beizubringen, der sich bis dahin Baustellen nicht weiter als bis zum Bauzaun genähert hatte. Nicht das Geld, das er zahlen musste, habe ihn gestört, dazu war er zu lange schon im Geschäft, sondern die endlos langen Cafésitzungen, die ihm seine kostbare Arbeitszeit raubten. Und der Mann vom Amt erwartete auch noch wie selbstverständlich, dass er ihm das Frühstück zahlte.

Als die Staatsanwaltschaft 1987 die Ermittlungen einleitete, tat sie das in der Erwartung, dass es sich um einen dreisten Einzelfall handelt. Nur wenige Monate später aber sollte sich die scheinbare Petitesse zu einem der umfangreichsten Korruptionsverfahren der Nachkriegsgeschichte entwickeln. Die Ermittlungen wegen Bestechung und Bestechlichkeit, Untreue, Betrug und Steuerhinterziehung richteten sich gegen nicht weniger als 196 Beschuldigte, davon über 100 Mitarbeiter des Straßenbauamtes. Vom einfachen Bautechniker bis hin zum Amtsleiter – ausnahmslos alle hatten die Hand aufgehalten. Ganze Bauabteilungen wurden leer gefegt, Bedienstete gleich im Dutzend verhaftet und in Bussen abtransportiert. Baustellen standen still, Beamte und Angestellte wurden reihenweise entlassen, Firmen ausgesperrt. Wie sich herausstellte, hätte dem Treiben schon Jahre zuvor ein Ende bereitet werden können. Denn bereits 1983 hatte ein an den «Herrn Amtsleiter» adressiertes anonymes Schreiben die Praxis der betrügerischen Abrechnung ohne Leistung im Bauamt geschildert (s. Kasten S. 105):

Der Anonymus war sogar in der Lage, seine Vorwürfe zu dokumentieren, und legte die getürkte Rechnung («sachlich und rechnerisch richtig») bei: Die Kosten für die «Herstellung eines Makrobelages», also die Asphaltierung eines Straßenzuges, in Höhe von 30 351,25 DM waren angewiesen worden, obwohl die Firma «die Arbeiten nie ausgeführt» hat (s. Rechnung S. 106).

Der hierauf vom Amtsvorsteher angesprochene Baubezirksleiter flüchtete sich in die Darstellung, im Interesse der amtsüblichen «Etatwahrung», bekannt auch als «Dezemberfieber», sei vorab bezahlt worden. Die Straße würde auf jeden Fall asphaltiert, sobald der Frost vorbei sei. Der Vorgesetzte ließ es bei einer mündlichen Ermahnung

Original einer anonymen Anzeige; Namen und Straßenbezeichnungen geändert

bewenden, disziplinarrechtliche Schritte wurden nicht eingeleitet. So weit, so gut. Nur unterließ es die Amtsleitung, sich im Frühjahr davon zu überzeugen, ob die Straße wie angekündigt asphaltiert war. Nicht nur die Kontrolle unterblieb, auch die bereits bezahlte Baumaßnahme wurde nie ausgeführt. Der Bezirksleiter stellte in der ihm eigenen Chuzpe in den folgenden vier Jahren bis zu seiner Verhaftung Bestellscheine über viele einhunderttausend Mark aus, die nach demselben Prinzip nie abgearbeitet, wohl aber bezahlt wurden. Die Erlöse teilten sich Bezirksleiter und Bauunternehmer einvernehmlich. Das kriminelle Treiben wäre wohl nie aufgeflogen, wenn nicht 1987, ausgelöst durch einen Konkurs, das in Jahrzehnten gewachsene korruptive Geflecht zwischen praktisch allen Mitarbeitern der vier Baubezirke und einem ausgewählten Kreis zahlungswilliger «Haus- und Hoffirmen» zerrissen worden wäre. Im Interesse der gegenseitigen Bereicherung hatten die Bezirksleiter die Millionenetats wie eigene Erbhöfe verwaltet. Durch ausufernde Direktvergabe zu lukrativen Preisen unter Umgehung des Wettbewerbs wurden diejenigen Baufirmen bei den

Straßenbau GmbH, 6000 Frankfurt a. M.

7. Teil-Rechnung
21. 11. 1983 Nr. 1000 -100

Mag. der Stadt Frankfurt/M.
Straßen- und Brückenbauamt
Gr. Friedbergerstr. 7–11
6000 Frankfurt/Main

Betr.:   Herstellung eines Makrobelages
Im BBZ – 20.30
Hier: Kantstraße zwischen
Höhenblick und Mühlstraße
Gem. Angebot vom 25. 5. 1983
Gem. Angebot vom 30. 6. 1983
Auftrags-Nr. 100.500

Leistung		Menge	Einheits-preis DM	Gesamt preis DM
01	Stück Straßenabläufe auf Höhe gesetzt	5	164,00	820,00
02	Stück Ausgleichsringe für SK eingebaut	10	52,00	520,00
03	qm Fahrbahndecke gründlich gereinigt und mit 0,3 kg/qm Haftkleber angespritzt	950	1,60	1520,00
04	to Asphaltbinder als Ausgleich eingebaut	53,00	122,30	6481,90
05	qm stand- und verschleißfesten Splitt-Mastix-Belag geliefert und eingebaut	950,00	10,30	9785,00
06	to Splitt-Mastix-Belag als Ausgleich eingebaut	42,00	178,50	7497,00
				26 623,90
		14 % MWST.		3727,35
				30 351,25

sachlich und rechnerisch richtig
(mit ... 30 351 ... DM ... 25)

Original der Rechnung, die der anonymen Anzeige beigefügt war; Namen und Straßenbezeichnungen geändert

Auftragsvergaben bevorzugt, die das System des Schmierens virtuos mitspielten. Wer nicht mitmachte, bekam keine oder wirtschaftlich uninteressante Aufträge: «Aufgrund meiner 20-jährigen Erfahrung mit dem Straßenbauamt kann ich sagen, dass die Unternehmen nur deswegen in den Bezirken arbeiten können, weil sie Zahlungen an die Bediensteten leisten. Ich kenne keinen einzigen Fall, dass ein Unternehmen längere Zeit Aufträge erhielt, ohne hierfür Gegenleistungen zu erbringen. Jeder Bezirksleiter hat bestimmte Firmen in seinem Bezirk regelmäßig mit Aufträgen versorgt.»

Als Gegenleistung für eine ununterbrochen gute Auftragslage zahlten die Baufirmen Bares («Alle Bezirksleiter haben von sich aus gesagt, was ich zahlen muss») und versorgten die Mitarbeiter im Straßenbauamt mit Sachleistungen jeder erdenklichen Art: «Im Bereich der Straßenbauunterhaltung war bei der Stadt Frankfurt kein Auftrag ohne Gegenleistung zu bekommen. Eine Minderung oder gar Einstellung der Zahlungen hätte mit Sicherheit zu einer Reduzierung des Auftragsvolumens geführt.» Den Umfang ihrer Zuwendungen richteten die Unternehmer zum einen nach der Auftragslage ihrer Firma. Zum anderen waren die Geldsummen nach der Hierarchie im Amt gestaffelt. Das meiste ging an die vier Bezirksleiter: «Solange ich Herrn (Name des Bezirksleiters) kenne, vielleicht seit 25 Jahren, übergab ich ihm das Geld in seinem Dienstzimmer, in einem verschlossenen, neutralen Kuvert, den er dankend, aber im Übrigen kommentarlos einsteckte.» Wiederkehrende Anlässe für Geldzahlungen boten Gelegenheit zur Klimapflege: «Zahlungen zwischen 200 und 500 DM zu Geburtstag und Weihnachten wurden allgemein erwartet. Darüber hinaus gab es Sonderzahlungen bei guten Baustellen in Höhe von 5 %, gemessen an der Netto-Schlussrechnungssumme. Bei der Geldübergabe verständigte man sich mündlich, welche Rechnungen damit abgegolten sind.» In der Vorweihnachtszeit liefen die Firmenvertreter mit Präsenten («Einkaufskörbe voller Weinflaschen») und in Weihnachtskarten («mit Aufdruck der Firma») eingelegten Geldscheinen durch die Bezirke: «Die Bediensteten standen schon in den Türen und haben geguckt, wann ich und die anderen Firmen wie jedes Jahr komme und die Geschenke verteile.» In allen vier Baubezirken wurden Kaffeekassen aufgestellt, in die die Besucher einzuzahlen gehalten waren. Die Erträge dieser Sammelbüchsen wurden aus Anlass von Betriebsausflügen und Weihnachtsfeiern an die Bediensteten ausgeschüttet. Nicht nur Geldzahlungen wurden erwartet, sondern auch Bewirtungen, die zum Standardrepertoire der Gefälligkeiten gehören: «Wir können ja mal eine Abnahme machen, gehen wir zum Essen.»

Im Straßenbauamt war wie andernorts die Übung verbreitet, sich privat angefallene Rechnungsbelege erstatten zu lassen, ein Unternehmer sagt aus: «Das mit den Quittungen läuft bereits, solange ich den Bezirksleiter kenne. Seit 1978 überreichte er dreimal im Jahr ein Bündel von Belegen mit Tankquittungen und Bewirtungsbelegen. Dem Bündel war eine handschriftliche Aufstellung der Rechnungsbeträge und der Gesamtsumme beigefügt. Das Geld wurde jedes Mal ein paar Tage später im Dienstzimmer oder bei einem Baustellenbesuch übergeben.» Baukolonnen der Firmen, bestehend aus drei bis vier Arbeitern, wurden von den Mitarbeitern des Amtes für private Baumaßnahmen eingesetzt und von den Firmen in städtische Baumaßnahmen eingerechnet. Auf diese Weise bauten sich die Amtsträger ihre Häuser, auch von Familienangehörigen, sanierten Wohnungen und legten Gärten an: «Ich habe für einen Baubezirksleiter in einem Jahr absprachegemäß Bestellscheine von insgesamt 160 000 DM über Ausbesserungsarbeiten an Straßen und Gehwegen abgerechnet, davon aber nur 30 % erbracht. Der Rest betraf Arbeiten auf seinem Grundstück und am Haus seines Sohnes.» Bedienstete verkauften zum Schein ihre Autos an ihre Geschäftspartner und kassierten den «Kaufpreis» in bar: «Sie erhielten heute einen gebrauchten VW, wie gesehen und Probe gefahren.» Alle Zuwendungen wurden in städtische Baumaßnahmen mit einem Aufschlag von mindestens 100 % bis 150 % eingerechnet: «Ja, sicher haben wir uns darüber verständigt, dass diese Geldzahlungen mit einem Aufschlag von 150 % in die Maßnahmen eingerechnet werden. Die Einrechnung erfolgt sowohl durch Abrechnung überhöhter Lohnstunden wie auch über Nachträge. Das wissen alle. Ohne dem würde das Ganze nicht funktionieren.» Die Aufträge verteuerten sich nochmals, weil auch die Firmen verdienen wollten und bereits ihre Angebote preislich überhöht waren.

Die langjährigen Geschäftsbeziehungen führten zu sehr persönlichen Kontakten zwischen Firmen und städtischen Mitarbeitern, die auch durch einen Wechsel der Geschäftsführung nicht unterbrochen wurden. Gemeinsame Mitgliedschaften in Kultur- und Sportvereinen, die Anstellung von Familienangehörigen in den Unternehmen der Geschäftspartner und Urlaubsreisen mit Familien sicherten den Schulterschluss des Schweigens. Sogar über den Tod hinaus zeigte sich einer der Unternehmer dankbar und machte den Beamten zum Vermächtnisnehmer. Die im Straßenbauamt vorgefundenen Zustände erstaun-

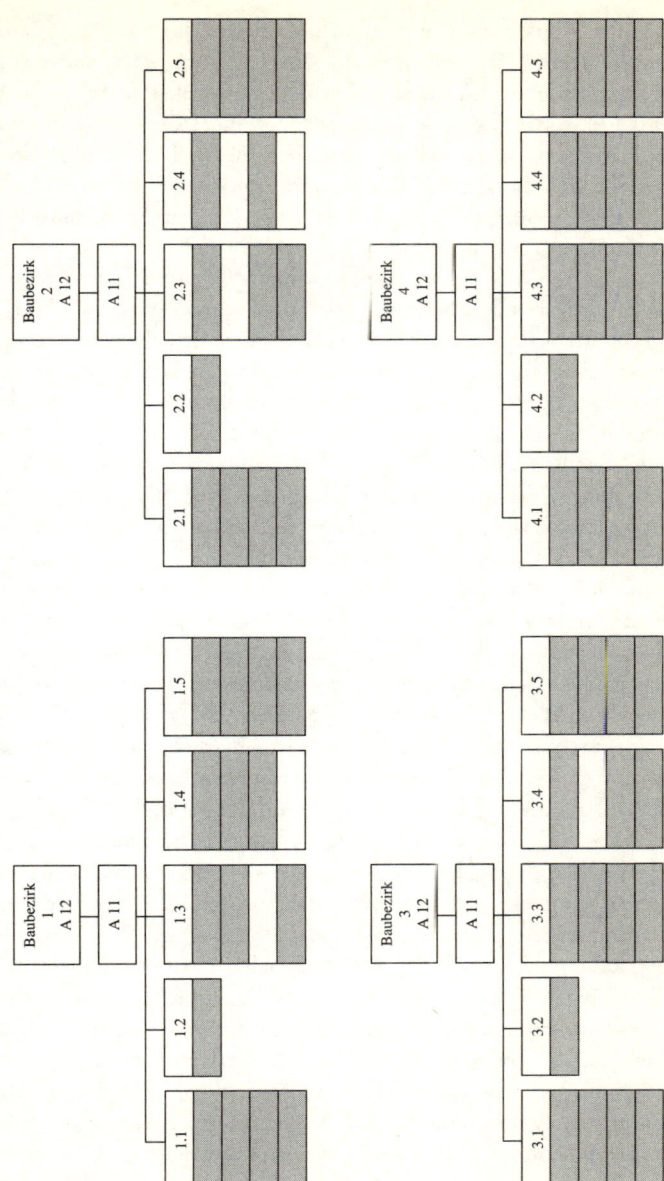

ten selbst Staatsanwälte mit Erfahrung im Umgang mit der organisierten Kriminalität. Der Kreis der Tatverdächtigen erweiterte sich von Tag zu Tag. Um sich einen Überblick zu verschaffen, lag es daher nahe, die Namen der Tatverdächtigen auf einem Organogramm mit den vier Baubezirken neben der jeweiligen, grafisch dargestellten Planstelle zu notieren. Nach einigen Monaten intensiver Ermittlungsarbeit blieben nur noch wenige Rechtecke auf dem Schaubild ohne Namen (S. 109).

Es ging nun darum festzustellen, wie der Planstelleninhaber hieß und ob hier ein möglicher Täter übersehen worden war. Eine Nachfrage bei dem Personalamt, welche Personen sich denn hinter den «weißen Flecken» auf dem Organogramm verbargen, ergab, dass es sich um unbesetzte Planstellen handelte. Zum ersten Mal kam das Wort von der flächendeckenden Korruption auf.

Die Beteiligten bewiesen bei der Schmiergeldschöpfung, bei Vergabe- und Abrechnungsbetrug erhebliche kriminelle Energie. Es wurden Baumaßnahmen abgerechnet, die es überhaupt nicht gab (so genannte Null-Nummern). So wurden z. B. in nur sechs Monaten von einem Baubezirksleiter Phantomaufträge über 1 097 000 DM vergeben (bei einem Jahresbudget von zehn Millionen DM) wie etwa die Wiederherstellung von Feldwegen am Rande Frankfurts für knapp 100 000 DM («Reparaturarbeiten an Feldwegen in der Gemarkung Nieder-Eschbach nach Angaben des Baubezirks»), Feldwege, die man später vergeblich suchte. Baumaßnahmen mit scheinbar vollständiger Dokumentation über die ausgeführten Arbeiten und dem Nachweis der verbauten Materialien (Vorlage eines Wiege- und Lieferscheins des Basaltwerks) sowie einer detaillierten Schlussrechnung waren nach Aktenlage völlig korrekt. Sie hatten nur einen Schönheitsfehler: Sie existieren nicht, es waren Phantombaustellen: «Die Lieferscheine des Baustofflieferanten hatte der dort beschäftigte Wiegemeister gegen Zahlung von 20 bis 100 DM, was sich nach der telefonisch ‹bestellten Menge› richtete, ausgestellt. Dass diesen Lieferscheinen keine Lieferungen zugrunde liegen, ist in der Baubranche üblich.» Überall in den Baubezirken wurden angeblich Bürgersteige saniert («Verbesserung von Gehwegbelägen in der Füllerstraße»), ohne dass je eine Baukolonne erschien. Vorsorglich hatte man gut erhaltene Straßenzüge ausgewählt, so dass mit Klagen von Anwohnern und Passanten nicht zu rechnen war. Eine Vielzahl von Bestellscheinen für «kleinere

Straßenbauarbeiten» wurde nur zu einem kleinen Teil abgearbeitet, aber zu 100 % abgerechnet, die Differenz geteilt («Ausschöpfen von Bestellscheinen»). Dazu ein Unternehmer: «Der (Mitarbeiter im Amt) überreichte mir einen Bestellschein über 18 000 DM mit den Worten: ‹Davon bekomme ich 9000 DM.› Damit war klar, dass ich nur die Hälfte des Bestellscheins tatsächlich abarbeiten sollte. Die Rechnung sollte ich aber in Höhe der gesamten Bestellscheinsumme stellen. Von dem Rechnungserlös waren dann 9000 DM für ihn.» Der Bedienstete zeichnete später die überhöhte Rechnung als «sachlich richtig» ab und gab dem Unternehmer gleich einen neuen Bestellschein mit den Worten: «Noch einmal dasselbe.»

Baumaßnahmen wurden in mehrere kleine Aufträge aufgeteilt, um sie nicht zum Wettbewerb ausschreiben zu müssen, sondern an die bevorzugten Unternehmen direkt («freihändig») zu lukrativen Konditionen vergeben zu können («Auftragssplitting»), was wiederum die illegalen Nebeneinnahmen der Bediensteten sichern half. Aufträge, die mit der beschriebenen Leistung überhaupt nichts gemein hatten, wurden mit der wahrheitswidrigen Behauptung vergeben, sie seien mit einer von der begünstigten Baufirma soeben abgeschlossenen Baumaßnahme vergleichbar und deshalb eine zeit- und arbeitsaufwändige Ausschreibung überflüssig. Auf diese Weise wurde der fortwährende Einsatz von Baukolonnen der Haus- und Hoffirmen sichergestellt («Ketten- und Anschlussaufträge»): «Im Bezirk Nord waren wir weit besser als andere Firmen beschäftigt, wobei eine ausschlaggebende Rolle spielte, dass wir kulanterweise unter Umgehung der Ausschreibung und damit des Wettbewerbs Anschlussaufträge erhielten. Die Direktvergabe sicherte der Firma ein hohes Auftragsvolumen.»

Baumaschinen wurden als angeblich ununterbrochen im Einsatz befindlich abgerechnet und Bauhelfer zu qualifizierten Baufacharbeitern aufgewertet. Ein Baubezirksleiter forderte den Unternehmer auf, eine Baumaschine zu kaufen und dem Bezirk unabhängig vom tatsächlichen Einsatz mit monatlich 160 bis 176 Stunden in Rechnung zu stellen: «Als Gegenleistung verlangte und erhielt er eine Beteiligung von 40 % am Nettoerlös in bar auf die Hand. Im Jahr darauf forderte er mich auf, eine zweite Maschine zu kaufen, und wollte 50 %.» Den Schmiergeldforderungen soll auch zu verdanken sein, dass im Frankfurter Stadtgebiet metallene Straßenpoller wie Pilze aus dem

Asphalt schossen: «Der Bezirksleiter sprach mich an und schlug vor, in seinem Bezirk Poller zu montieren. Pro Poller wollte er von mir 20 DM haben.» Im Straßenbauamt stieß man auf eine besondere Form von Dreiecksbeziehung: Ein Bauunternehmen, das zu den VIPs des Amtes zählte, rechnete Bauleistungen auf dem Betriebsgelände eines Privatkunden über Bestellscheine in Absprache mit einem der Baubezirksleiter auf Kosten der Stadt ab (307 000 DM), wofür sich dieser («das kriegen wir schon hin») fürstlich entlohnen ließ (45 000 DM).

Die so und auf andere Weise systematisch zum Nachteil des Fiskus ergaunerten Summen verschafften Unternehmern hohe Gewinne, den Bautechnikern mehr oder weniger umfangreiche, auf jeden Fall unversteuerte «Nebeneinkünfte» und den Bezirksleitern einen luxuriösen Lebensstandard, der offen und gerne gezeigt wurde. Automobile der Luxusklasse und jährliche Fernreisen erregten ebenso wenig den Argwohn der Vorgesetzten wie Motoryachten und Auslandsdomizile. Einer der beteiligten Unternehmer mietete auf Wunsch eines Amtsträgers ein Ferienhaus in Ligurien zur kostenlosen Nutzung. Das dort liegende Motorboot stellt sich als «zu klein» für die Familie des Amtsträgers heraus. Mit dem Unternehmer vereinbarte der Beamte daher die Anschaffung einer hochseetüchtigen Motoryacht, für deren Finanzierung er sorgen wollte: «Da finden wir einen Weg, ich mache einen Bestellschein.» Der Kaufpreis von rund 500 000 DM wurde mit Hilfe fingierter Bauleistungen zu Lasten der Stadt aufgebracht. Auf die gleiche Weise finanzierte die Kommune auch die laufenden Unterhaltskosten von über 10 000 DM jährlich. Das hässliche Bild vom geschmierten Beamten wird abgerundet durch den Besitz eines teuren Automobils, für das sich der Bezirksleiter eigens eine Garage auf dem Betriebsgelände errichten ließ.

Die korruptive Nähe zwischen Amt und Unternehmerschaft fand ihren unverhüllten Ausdruck in den beliebten Betriebs- und Kegelausflügen unter lebhafter Beteiligung der Baufirmen als Sponsoren. Bei den auf Kosten der Firmen ausgerichteten Geburtstags- und Weihnachtsfeiern stellte man im Eingangsbereich der Dienststelle «Geschenktische» auf: «Man brauchte die Präsente nur zu den anderen auf den Tisch zu stellen.» Überhaupt waren die Festivitäten besser organisiert als die Baustellen. Die Firmen steuerten ihre Anteile nach festen Vorgaben und Tradition bei. Die einen waren für das Fassbier zuständig («Reh Pils»), die anderen für die Wurst («Wurst-Schmidt») und

den Schinken («Schinken-Meyer») oder für Alkoholika («Asbach-Kunze»). Bei runden Geburtstagen und Dienstjubiläen durfte es etwas mehr sein, wie z.B. ein Spanferkelbuffet. Mitarbeiter, die dem Treiben nicht mehr zuschauen konnten, wurden ausgegrenzt. Da das Nehmen zur selbstverständlichen Übung geworden war, wurde das Verhalten derjenigen, die nicht die Hand aufhielten, als abweichend und damit bedrohlich für den Bestand des Systems empfunden. So klagte ein Bautechniker, dass er trotz festen Vorsatzes sich dem Unwesen «nicht entziehen konnte, weil ich sonst als Einziger aufgefallen wäre». Als positive Bilanz des Schmierens und Betrügens konnten die Baufirmen mit gut gefüllten Auftragsbüchern und besten Konditionen rechnen und waren auch vor haushaltskritischen Situationen gefeit: «Es war so, dass bei regelmäßiger Zahlung die Bestellscheine auch regelmäßig erteilt wurden.» Umsatzentwicklungen, die sich in wenigen Jahren mehr als vervierfachten, blieben keine Ausnahme: «Der Umfang der Aufträge ist in dem Maße gestiegen, wie ich meine Zuwendungen erhöht habe. Hand in Hand mit den Zuwendungen wuchs auch meine Firma.» Es gab Unternehmen, die nahezu ihren Umsatz mit Aufträgen des Amtes innerhalb nur eines Jahres von 1,33 auf 2,50 Millionen DM verdoppelten, was automatisch höhere Forderungen der Bediensteten nach sich zog: «Zu höheren Forderungen kam es nach dieser

Umsatzverdoppelung.» Ein Bediensteter verlangte zwei Heizungsreparaturen im Wert von über 21 000 DM: «Insofern sehe ich da schon einen kaum zu leugnenden Zusammenhang.»

In diesem eingespielten System des Gebens und Nehmens tendierte das Unrechtsbewusstsein gegen null. Die Zuwendungen wurden als «Dankeschön für gute Zusammenarbeit» angesehen. Mit der Zeit und der Gewöhnung an die guten Gaben glaubten die Mitarbeiter im Amt, «als Anerkennung» für die Beschäftigung der Firmen geradezu einen Anspruch auf die Zuwendungen zu haben: «Es war selbstverständlich, dass die Firmen ins Amt kamen und ihre Geschenke überreichten, so wie es halt am Bau üblich ist. Ich kenne keinen einzigen Kollegen, der die ihm zugedachten Geschenke abgelehnt hatte.» Die kostenlosen Heizöllieferungen für die Häuser eines Baubezirksleiters und seiner Familie (vom Vorteilsgeber verbucht unter der Kontostelle «Schmierstoffe Frankfurt»), die Verandaüberdachung für 11 000 DM vor dem hauseigenen Hallenschwimmbad, die Komplettrenovierung der Heizungsanlage und die Sammlung von Genrebildern in Öl mit Echtheitszertifikat («Ausritt» mit Rahmen für 2974 DM) galten als «Freundschaftsbeweise», durch die «meine dienstlichen Entscheidungen nicht beeinflusst worden sind».

Mit der leicht gemachten Selbstbedienung wuchs die Erwartung fortlaufend fließender Nebeneinnahmen. Das Rundschreiben des Baudezernenten aus Anlass der Verhaftung in einem anderen Amt, das über das absolute Verbot von Geldgeschenken und die Unzulässigkeit der Annahme von Sachzuwendungen über der Bagatellgrenze von zehn DM belehrte und der sich diese Ermahnung von jedem der Bediensteten obendrein schriftlich bestätigen ließ, vermochte da zu keiner Verhaltensänderung beizutragen. Wen wundert es angesichts solcher Zustände noch, dass einer der Bautechniker als Reaktion auf die erste Verhaftungswelle nicht etwa die Hand geschlossen hielt, sondern den Unternehmer im Gegenteil aufforderte, ihm das Geld nicht ins Amt, sondern lieber nach Hause zu bringen.

Dem mangelnden Unrechtsbewusstsein entspricht die Zielstrebigkeit, alles daranzusetzen, Spuren zu verwischen. Unmittelbar nach den Durchsuchungsaktionen stellten Bauunternehmen die kostenlos erbrachten Bauleistungen nachträglich in Rechnung: «Mahnung. Sicherlich ist es Ihrer Aufmerksamkeit entgangen, dass die oben genannte Rechnung bereits zur Zahlung fällig war.» Eine Bezahlung wurde nicht erwartet. Auch nicht für die nachträgliche Zwischenrechnung über den Asphalt-Estrich im Neubau des Sohnes eines Baubezirksleiters: «1. Zwischenrechnung. Für bisherige Lieferungen und Leistungen erbitten wir eine Abschlagszahlung von DM 10 000.» Oder für die erfolgte Lieferung und den Einbau eines Öltanks: «Bestellung und Rechnung» über 11 736,30 DM. «Abbruch- und Maurerarbeiten» wurden in einem anderen Fall nachträglich mit 13 848,57 DM abgerechnet. Es bedarf an dieser Stelle keiner besonderen Erwähnung, dass keine dieser Verdeckungsrechnungen bezahlt wurde. Zur Begründung der Herkunft der im Schlafzimmerschrank sichergestellten 14 000 DM konstruierte der Schmiergeldzahler nachträglich ein «Arbeitnehmerdarlehen», ausgezahlt an den Sohn des Beamten, den er im Interesse guter Beziehungen in seinem Unternehmen beschäftigte. Die Firmen wurden aufgefordert, «belastende Unterlagen über geleistete Zahlungen verschwinden zu lassen und nichts zu sagen». Nach der Verhaftung eines Baubezirksleiters erfolgten Drohanrufe: «Wenn wir den rauskriegen, der den ins Gefängnis gebracht hat, den erschlagen wir.» Bauakten wurden dem Zugriff der Fahnder entzogen und vertrauenswürdigen Mitarbeitern und Verwandten zur Aufbewahrung übergeben, belastende Dokumente vernichtet.

Kontrollen, Dienst- und Fachaufsicht hatten jahrzehntelang versagt. Die fehlende Fachkompetenz von Vorgesetzten, die dem «bewährten und leistungsfähigen» Fachmann blind vertrauten oder selbst in die Machenschaften eingebunden waren, ermöglichten oder begünstigten zumindest Korruption und Betrug im Straßenbauamt: «Es ist seit Jahren üblich gewesen, dass die Baustellenbetreuer kleinere Geldbeträge zugesteckt bekamen. Dies war allseits bekannt und wurde von der Amtsleitung geduldet. Trotz positiver Kenntnis ist auch eine arbeitsrechtliche Ahndung nicht vorgenommen worden.»

Die Gesinnung war erschreckend. Der Vorwurf, korrupt zu sein, wurde mit aufgeregter Entschiedenheit zurückgewiesen. Man habe «immer korrekt gearbeitet» und niemals seine «Pflichten verletzt». Vermied aber der vernehmende Staatsanwalt das Reizwort «Bestechung» und zeigte ein gewisses «Verständnis» für das Eingebundensein in ein real existierendes System, das die Annahme von Vorteilen als nichts Ehrenrühriges ansieht, dann fiel es den Amtsträgern leichter, Barzuwendungen als «Dankeschön» oder als «Anerkennung» einzuräumen. Bei den Verantwortlichen in der Stadtregierung glaubte man lange nicht an ein strukturelles Kriminalitätsphänomen, das längst von Ämtern und Behörden Besitz ergriffen hatte. Der zuständige Baudezernent redete öffentlich von «Kaffeekassenkriminalität» und zeigte sich überzeugt, dass es sich nur um Einzelfälle handele. Es sollte sich schnell zeigen: Das Prinzip der offenen Hand herrschte nicht nur im Straßenbauamt.

Gartenamt – von Paten und Gänsezüchtern

«Don Alfonso», der Pate im Gartenamt

Über mehr als 20 Jahre hatte der als tüchtig geschätzte Abteilungsleiter im Gartenamt der Stadt Frankfurt am Main mehrere Fachfirmen für Sportstätten- und Landschaftsbau bei der Auftragsvergabe bevorzugt und sich von Zulieferern «Provisionen» vergüten lassen. Der Beamte geriet in das Netz der Fahnder, weil er seinen immer höheren Geldforderungen dadurch Nachdruck zu verleihen suchte, dass er offene Rechnungen einer Spezialfirma für Sportanlagenbau nicht zur Zahlung anwies. Daraufhin ging der Unternehmer erst in Konkurs und dann zum Staatsanwalt. Mit der Verhaftung des Landschaftsarchitekten und Mitglieds des internationalen Arbeitskreises für Sportstättenbau erreichte die Korruptionsaffäre in Frankfurt ihren zweiten Höhepunkt. Der wegen seines herrisch-bestimmenden Auftretens hinter vorgehaltener Hand «Don Alfonso» genannte Architekt hatte im Verlauf von 22 Jahren systematisch seine Amtsstellung zur persönlichen Bereicherung missbraucht. Weitläufige Grünanlagen und Stadien («Sportstadt Frankfurt») brauchen viel Pflege, und so hatte der Beamte viele Aufträge zu vergeben. Die Vorgesetzten vertrauten seinem Fachwissen und ließen ihm daher freie Hand. Die Branchenvertreter aus Landschafts-, Sportstätten- und Gartenbau, die sein Wohlwollen nicht besaßen, konnten die Stadt als Kunden abschreiben. Ins Geschäft kam nur, wer schmierte: «Ich habe so viel zu tun, mein Viehzaun fällt zusammen, habt ihr nicht ein paar Hölzer?, fragte der Don, und die Firmen schalteten».[6] Kamen die Firmen den Forderungen nach, zeigte sich der Beamte durch besonders zügiges und beanstandungsfreies Bearbeiten der Vorgänge sowie durch gezielte Begünstigung bei Auftragsverschaffung erkenntlich: «Es lief in der Regel alles sehr gut, wenn alles andere auch gut lief.» Wer seine Forderungen nicht prompt erfüllte oder Zahlungen auch nur vorübergehend einstellte, bekam seinen Einfluss auf Vergabeentscheidung und Auftragsabwicklung schonungslos zu spüren: «Ich habe die Macht.» Der von den Firmen auch als «Herrscher aller Reußen» titulierte Beamte schikanierte die Firmen, Leistungen wurden bemängelt, Baustellen nicht abgenommen und Rechnungen zusammengestrichen. Unterlagen waren plötzlich «im Geschäftsgang verschwunden» und nicht mehr auffindbar: «Er drohte, zum Vergabeamt zu gehen und unsere Firma von der Verdingungsliste streichen zu lassen, falls wir nicht wöchentlich an ihn einen Betrag von 500 DM zahlten.» Eines der Spezialunternehmen für Landschaftsbau zahlte wöchentlich bis zu 850 DM, insgesamt 218 000 DM, und erbrachte zusätzlich kostenlose Sachleistungen im Wert von 85 000 DM. Die Geldforderungen des Bediensteten wurden immer dreister. In einem Fall weigerte er sich, offene Rechnungen über mehrere hunderttausend DM zu begleichen, weil das Unternehmen seinem Verlangen nach höheren monatlichen Zahlungen nicht nachkam. Vom wirtschaftlichen Aus bedroht, ging der Unternehmer in die Offensive und zum Oberbürgermeister. Der glaubte nicht, dass ein allseits als zuverlässig geschätzter Fachmann bestechlich sein konnte, obwohl der Beamte gegenüber dem Oberbürgermeister einräumte, unzulässige Vorteile («Kleider und die Reparaturkosten für eine Uhr») angenommen zu haben. Der Beamte wurde nicht suspendiert, es wurde auch keine Strafanzeige erstattet. Im Gegenteil, der Oberbürgermeister forderte ihn auf, sich gegen die Angriffe zur Wehr zu setzen, und empfahl ihm einen Rechtsanwalt. Statt das Revisionsamt zu alarmieren, wurde ein «hinsichtlich gartenbautechnischer Dinge völlig inkompetenter Jurist eingeschaltet, der folglich auch prompt dort nichts fand, wo Jahre später das Revisionsamt überall fündig wurde», formulierte der Vorsitzende der Strafkammer ungewöhnlich offen seine große Verwunderung über das Verhalten eines Stadtoberhauptes, das mitsamt seiner Partei bald darauf in den Kommunalwahlen abgestraft wurde. Die Bürger ahnten das Versagen der politisch Verantwortlichen und trauten den amtierenden Stadtoberen nicht zu, den Korruptionssumpf trockenzulegen.

Erst die Selbstanzeige des Unternehmerehepaares brachte das Verfahren ins Rollen und eine Reihe von Firmeninhabern in die im Stadtteil Preungesheim damals gelegene Betonburg für Untersuchungsgefangene, die die Jecken flugs in «Villa Corrupti» umbenannten. Die

Ermittlungen der Staatsanwaltschaft förderten ein merkwürdiges Amtsverständnis zu Tage, das aus einem anderen Jahrhundert zu stammen schien. Wenn der Abteilungsleiter einen Wunsch äußerte («Ein Blumenarrangement anlässlich der Beerdigung seiner Mutter für 2796 DM» und «weitere 1000 DM in bar zur Bestreitung sonstiger, anlässlich der Beerdigung angefallener Kosten, weil sich der Beamte aus Trauer über den Tod seiner Mutter nicht in der Lage sah, selbst zur Bank zu gehen»), dann schalteten die Firmen. Sie errichteten auf den verschiedenen Liegenschaften und weitläufigen Wiesen am Rande einer hessischen Kurstadt für den Hobbylandwirt und Viehzüchter Zäune und Unterstände, gruben als Erntehelfer Kartoffeln aus und besorgten die Heuernte. Reinrassige schottische Hochlandrinder («4 Stück für 12 000 DM») wurden eigens importiert und die Eigenheiten von Galloways neben anderem Betrachtenswerten aus Flora und Fauna auf Schautafeln («Zwei Schaukästen für 4000 DM») den Spaziergängern in dem idyllischen Landschaftsschutzgebiet lehrreich präsentiert. Die Kurgäste hatten keine Ahnung, auf welch sumpfigem Boden sie da lustwandelten und dass sie sich auf Holzbänken niederließen, die von mehreren Unternehmen «gesponsert» waren. Wöchentlich entrichteten die Firmen ihren Tribut an den «Herrscher aller Reußen»: «Er erschien jeden Freitagnachmittag nach telefonischer Ankündigung im Büro, wo er einen Briefumschlag, in welchem sich das Geld befand, in Empfang nahm.» Die unterschiedlichsten Wünsche des praktizierenden Katholiken mussten prompt erfüllt werden: mehrmals jährlich der Einkauf beim Herrenausstatter («Ich habe einen Termin beim Stadtrat. Da muss ich mich vorher noch einkleiden»); Lederwaren («Wildledermantel mit gewachsenem Fell», «fünf Wildlederjacken in verschiedenen Farben», aus denen der Beamte die Etiketten entfernt hatte), Aktenmappen, Handtaschen und Pelze in Frankfurter Traditionsgeschäften (vor Weihnachten musste die Ehefrau des Beamten vom Bahnhof abgeholt werden und wurde nach Einladung in einem Cafe in der Frankfurter City zu einem Pelzgeschäft begleitet: «Dort kaufte sie sich für 4500 DM eine Nerzjacke auf meine Kosten»), Uhren, Schmuck («Anstecknadel mit lila Stein», «Goldbarren mit eingravierten Initialen der Ehefrau nebst Halskette»), Schuhe, Vasen («eine Bodenvase aus Keramik für 1528 DM»), Orientteppiche und die kostenlose Tankfüllung für das Auto. Wenn Schwester oder Mutter des Beamten Geburtstag hatten, musste eine der geplagten Firmen «immer ein Präsent im Wert von jeweils etwa 100 DM kaufen». Für sein Hobby gab es Geld zum Kauf von Ackerland, Fachbücher und Düngemittel, für das Anwesen Teichanlage und Terrassenbelag, Gewächshaus und eine Hofpflasterung für 6000 DM. Über zehn Jahre verbrachte der Familienvater den Jahresurlaub mit Ehefrau und Kindern in der Ferienwohnung eines Unternehmers im Allgäu, kostenfrei, versteht sich. Er kassierte für Beratertätigkeit ohne Beratung und liquidierte für angebliche Gutachten. Für jeden Quadratmeter Fertigrasen, den die Stadt für Sportplätze benötigte, verlangte er als Provision getarnte Schmiergelder, insgesamt 55 000 DM.[7] Die kriminellen Gewinne versteckte der Beamte auf über 30 Konten, die er unter Aliasnamen bei verschiedenen Banken eröffnet hatte. 840 000 DM stellten die Steuerfahnder sicher. Die hatte der Beamte bis zum letzten Tag in seinem ansonsten umfänglichen Geständnis verheimlicht. Die Firmen, die mitspielten, bekamen regelmäßig Aufträge zugeschanzt, auch durch gezielte Manipulation. So fügte der Abteilungsleiter Scheinpositionen in die Leistungsverzeichnisse ein («Auslieferung von Mutterboden»), die nicht zur Ausführung kommen sollten. Das eingeweihte Unternehmen konnte so sein Angebot günstiger kalkulieren als die Konkurrenz. Oder er sagte einem Unternehmen zu, dass die Auftragssumme nachträglich wegen «unvorhersehbarer Baumaßnahmen» aufgestockt wird. Im öffentlichen Submissionstermin verlas er das Angebot des bevorzugten Wettbewerbers bewusst als Letztes und nannte einen Preis, der knapp unter dem des billigsten Mitbewerbers lag. Briefumschläge von Mitbewerbern öffnete der Beamte auch schon mal unter Wasserdampf und verriet dem favorisierten Unternehmer die Konkurrenzangebote. Am Ende erstreckten sich die Ermittlungen auf 27 Personen, wobei sich der Abteilungsleiter schnell als Dreh- und Angelpunkt von Korruption und Manipulation im Gartenamt erwies. Hatte der sich anfangs noch mit Kaffee und Kuchen begnügt: «Bei der Begehung der Baustellen klagte er ständig, dass er Bauchschmerzen und Hunger hätte», gab er alsbald durch allerlei Andeutungen zu verstehen, dass er die verschiedensten Dinge brauchen könnte: «Dem Lagerschuppen würde eine neue Fachwerkwand gut stehen» (10 000 DM einschließlich Erneuerung des gesamten Schuppens). Gelegentlich seiner Vorsprachen im Büro eines Unternehmens klagte er, dass «das Leben immer teurer wird» und er bei der Stadtverwaltung so schlecht verdiene. Es dauerte nicht lange, und er beließ es nicht mehr bei Andeutungen, sondern forderte Geld: «Dabei wies er darauf hin, dass das doch nicht viel sei, so viel würde gerade ein Tagelöhner verdienen.» Die Nutzung sämtlicher Ressourcen der Unternehmen wurde für den Beamten schnell zu einem selbstverständlichen Anspruch: Maschinen, Fahrzeuge, Personal und Waren, alles setzte er für seine Zwecke ein, so als handele es sich bei den Firmen um sein Privateigentum. Dies ging so weit, dass Firmen auch seine Schreib- und Büroarbeiten erledigten. Die Sekretärinnen mussten seine Post in eine eigens für den Beamten bereitgehaltene Unterschriftenmappe legen, die auch als Briefkasten für die Geldübergabe diente: «Seiner Unterschriftenmappe entnahm der Beamte dann auch den Briefumschlag mit dem Geld.» Den Beamten wehte kein schlechtes Gewissen an. Er war tatsächlich der Überzeugung, einen Ausgleich für seinen hohen Einsatz verlangen zu können. Schon Mitte der 1960er Jahre (!) hatte er einem Unternehmer seine Einstellung freimütig erläutert: «Die Firmen verdienen mit städtischen Aufträgen viel Geld, während mein Gehalt niedrig ist und ich sogar samstags umsonst arbeiten muss.» Ordentlich wie ein Buchhalter notierte er sich in einem mit «Einnahmen» gekennzeichneten roten Notizbuch die Anzahl seiner angeblichen Überstunden, die er den Firmen mit 1000 DM bis 10 000 DM in Rechnung stellte. Unter dem Stichwort «Quittungen» zeichnete er auf, wie viel ihm die Firmen für privat angefallene Belege erstattet hatten, desgleichen auch den Gegenwert für eine Reihe von kostenlosen Sachleistungen («Heizöl»).

Vier Jahre Freiheitsstrafe und die Rückzahlung der Schmiergelder waren das Ergebnis eines Jahrzehnte während Amtsmissbrauchs. Bei der Strafzumessung hatte das Gericht mildernd berücksichtigt, dass es dem Beamten «von der Stadtverwaltung sehr leicht gemacht wurde, seine Amtsstellung zu missbrauchen», weil er «praktisch nicht kontrolliert wurde. Kontrollen blieben selbst dann aus, wenn es konkreten Anlass gab.» Tatsächlich gab es schon vier Jahre vor der Verhaftung des Beamten gute Gründe, seine Amtsführung unter die Lupe zu nehmen: «Die Folge all dieser Unterlassungen war, dass die Hemmschwelle des Beamten immer weiter herabgesetzt wurde», stellte das Gericht fest.

Das Gartenamt eignet sich wie viele andere Ämter auch in anderen Städten zur unglaublichen Selbstbereicherung, wie ein weiteres – wenngleich skurriles – Beispiel aus Rheinland-Pfalz zeigt:

Der Gänsezüchter

Der Leiter eines Gartenamtes wurde wegen Untreue in 194 Fällen und Bestechlichkeit in zwölf Fällen zu einer Freiheitsstrafe von fünf Jahren verurteilt und verlor seine Anstellung. Zur Schadenswiedergutmachung bestellte er der Stadt eine Grundschuld von 200000 DM. In den sechs Jahren, während er die Stellung des Amtsleiters innehatte, herrschte er völlig unkontrolliert und bereicherte sich persönlich in immer stärkerem Maße. Im Urteil heißt es hierzu: «Als langjähriger und einsatzfreudiger Mitarbeiter hatte der Angeklagte ein gutes Verhältnis zu seinen Vorgesetzten und genoss deren Vertrauen und Wohlwollen. Das gute Verhältnis zu seinen Vorgesetzten hatte zur Folge, dass der Angeklagte in seiner Amtsführung kaum kontrolliert wurde und dort weit gehend selbstherrlich walten konnte. Gegenüber seinen Untergebenen trat er als strenger Vorgesetzter auf. Er erwartete, dass sich die Mitarbeiter des Amtes seinen Anordnungen widerspruchslos fügten.» Was diese auch taten: «Sie sahen es als aussichtslos an, sich bei den Vorgesetzten des Angeklagten zu beschweren, weil sie aufgrund des bekannt guten Verhältnisses davon ausgingen, die Vorgesetzten würden sich auf die Seite des Angeklagten stellen.» Die folgende Ausführung im Urteil steht für eine Vielzahl vergleichbarer Korruptionsfälle: «Die unzulängliche Kontrolle der Amtsführung des Angeklagten verstärkte auch seine ohnehin gegebenen Möglichkeiten, auf die Vergabe von öffentlichen Aufträgen an private Unternehmen Einfluss zu nehmen.» Der Leiter des Gartenamtes nutzte seine Stellung, um sich in jeder Hinsicht persönlich zu bereichern. Er kaufte ein stark renovierungsbedürftiges Haus für 80000 DM und ließ es von annähernd 40 Firmen nach und nach renovieren und modernisieren, so dass es schließlich einen Wert von 400000 bis 450000 DM hatte. Waren es anfangs städtische Bedienstete, die auf Anweisung ihres Vorgesetzten während der Dienstzeit Arbeiten an seinem Haus ausführten, erwartete der Amtsleiter bald von den Firmen kostenlose Leistungen rund ums Haus. Dazu zählte die komplette Ausstattung mit Unterhaltungselektronik, sogar Autos mussten zu privaten Anlässen mit der ungeschminkten Androhung bereitgestellt werden, die Unternehmen erhielten sonst keine Aufträge mehr. Wenn die Firmen die Kosten nicht selbst aufbringen konnten oder wollten, rechneten sie diese auf Empfehlung des Amtsleiters mit falschen Angaben in Rechnungen an die Stadt ein. Der Gesamtschaden zum Nachteil des Fiskus betrug mindestens 200 000 DM. Allein von einem der zahlungsbereiten Unternehmen bezog der Amtsleiter Haushaltsgegenstände, Werkzeuge, Transportbehälter zum Warmhalten von Speisen, einen Mikrowellenherd, Gläser und Kochgeschirr und schließlich eine Geflügelrupfmaschine im Wert von über 70 000 DM, die der Stadt mit mehr als 165 Scheinrechnungen in Rechnung gestellt wurden. Die Rupfmaschine benutzte der Amtsleiter, weil er auf Kosten der Stadt und auf städtischem Grundstück Puten und Gänse hielt, die von städtischen Mitarbeitern gefüttert, zu Weihnachten geschlachtet, gerupft und privat verkauft wurden. Die Futtermittel im Wert von über 8000 DM rechnete das Unternehmen als Düngemittel für städtische Anlagen ab. Das Ermittlungsverfahren kam in Gang, als ein anonymer Brief mit Detailschilderungen an die örtliche Presse gelangte und diese mit ihren Zeitungsartikeln («Kein Stück aus dem Tollhaus, sondern aus dem Rathaus») den Bürgermeister zum Handeln veranlasste. Innerhalb einer Woche befand sich der Amtsleiter in Untersuchungshaft.

Stadtwerke – das Patent zum Gelddrucken

Der «Drehtüreffekt» führte die Ermittler auf die Spur zu einem weiteren Korruptionsbrennpunkt in Frankfurt am Main. Tatverdächtige werden häufig in Untersuchungshaft genommen, weil die Gefahr besteht, dass sie sich in Kenntnis der gegen sie anhängigen Ermittlungen absprechen und solche Unterlagen verschwinden lassen oder nachträglich verändern, die Auskunft über Schmiergeldzahlungen, Finanzierungswege und betrügerische Manipulationen geben. Die Verdunkelungsgefahr, wie die Juristen diesen Haftgrund nennen, ist der Korruption geradezu immanent. Sie ist als Heimlichkeitsdelikt typischerweise von Anfang an auf die Verschleierung von Tat und Tätern angelegt. Das Frankfurter Oberlandesgericht hatte mehrfach über die Inhaftierung von Korrupten zu entscheiden und hierbei auf die «Ähnlichkeiten mit der Vorgehensweise von Wirtschaftskriminellen (hingewiesen), deren Taten nach Planung und Ausführung die Verdunkelung vor und nach ihrer Begehung begriffsnotwendig voraussetzen». Will der Gefangene aber nicht im Gefängnis sitzen, dann bleibt ihm kaum erspart, sich zu «bewegen», d. h., der Beschuldigte ist gut beraten, wenn er die Karten auf den Tisch legt und dazu beiträgt, die Korruptionsverflechtungen zu entwirren. Dann gibt es auch nichts mehr zu verdunkeln und infolgedessen auch keinen Grund, einen Beschuldigten in Haft zu halten. «Bewegt» sich der Untersuchungsgefangene also durch sein Geständnis von der Stelle, dann bewegt sich – bildhaft gesprochen – auch die Drehtür, in der er steckt. Und während so der Gefangene auf der hinteren Seite der Drehtür zurück in die Freiheit gelangt, kommt von vorne der enttarnte Mittäter durch die Drehtür in die Untersuchungshaft, und das Ganze geht von neuem los. So wurden aufgrund des Geständnisses eines Unternehmers im Komplex «Straßenbauamt» die Ermittlungen gegen Bedienstete der Bahnbauabteilung 400 bei den Stadtwerken Frankfurt am Main ausgelöst. Am Ende stellte sich heraus, dass nicht weniger als 71 Personen, davon 53 Mitarbeiter der Stadtwerke, einem Eigenbetrieb der Stadt Frankfurt, in ein System von Vorteilsgewährungen eingebettet waren, das bis in die 1950er Jahre zurückreichte. Wieder ging es um Schmiergeldzahlungen und andere Zuwendungen. Für ununterbrochene Beschäftigung ihrer Baukolonnen bei der Erneuerung und Unterhaltung von Gleisanlagen waren die Firmen bereit, sich erkenntlich zu zeigen: «Sämtliche der Firma erteilten Bauaufträge standen in direktem Zusammenhang mit den jeweils erfolgten Schmiergeldzahlungen.» Die Bereitschaft zur Zahlung war groß, wenn der Umsatz hoch war, wie z. B. bei der Frankfurter Niederlassung eines Tiefbauunternehmens, das 30 % seines Gesamtumsatzes mit den Stadtwerken erzielte. Die Verhältnisse waren insgesamt allerdings weniger gravierend, der Korruptionssumpf nicht dermaßen tief wie im Straßenbauamt. Aber hier wie dort war Bestechung seit Jahrzehnten gang und gäbe und wurde das Korruptions-Know-how vom Vater an den Sohn weitergegeben: «In Fortführung dieser seit den 1950er Jahren bestehenden Praxis seines Vaters übergab der Zeuge jeweils unter vier Augen Bargeldzuwendungen an verschiedene Bedienstete der Stadtwerke. Die Höhe der Zahlungen war dabei jeweils nach Funktion und Bedeutung des Begünstigten von 50 DM bis 3000 DM gestaffelt.» Die Übergabe der Gelder erfolgte «in neutralen, verschlossenen Umschlägen und die Zustellung von Sachleistungen regelmäßig unter ihrer Privatanschrift». Zur «Allgemeinen Klimaverbesserung» oder auch zur «Imagepflege» wurden die Bediensteten auf Kosten der Firmen in kleinerem und auch größerem Kreis bewirtet, Kegelveranstaltungen ausgerichtet und Weihnachtsfeiern bezuschusst. Die «alljährliche Einladung eines Großteils der Bediensteten der Bahnbauabteilung einschließlich Ehefrauen zu den Sitzungen eines Frankfurter Karnevalvereins» war ebenso selbstverständliche Übung wie die kostenlose Bereitstellung von «Weihnachtsbäumen an ausgewählte Funktionsträger». Wie bei dem Straßenbauamt duldeten die Vorgesetzten nicht nur, dass ihre Mitarbeiter sich korrumpieren ließen, sondern hielten selbst die Hand auf: «Seitdem der Bauunternehmer die Geschäfte übernommen hatte, zahlte er regelmäßig an den Leiter der Bahnbauabteilung.» Die Weihnachtszahlungen steigerten sich in zehn Jahren von 1500 auf 3000 DM. Eine weitere Parallele zum Straßenbauamt bestand in dem Fehlen eines jeglichen Kontrollkonzepts, das geeignet gewesen wäre, den Machenschaften auf die Spur zu kommen. Die Bestechung, allen voran die des zuständigen Abteilungsleiters (ein international anerkannter Fachmann für Gleisbautechnik), blieb unentdeckt, weil die verantwortlichen Direktoren der Stadtwerke sich wegen einer vermeintlich idealen «Korruptionssperre» gegen jegliche Manipulation sicher wähnten. Bei den Stadtwerken (und nicht nur dort) bestand nämlich eine formale Trennung zwischen technischem und kaufmännischem Bereich. So glaubte man, die Einflussnahme der mit Planung und Ausführung der Baumaßnahmen befassten Bediensteten auf die eigentliche Auftragsvergabe sei ausgeschlossen. Ob diese Aufgabentrennung in der Praxis auch funktionierte, wurde allerdings nie geprüft, sonst hätte man festgestellt, dass die formale Trennung systematisch unterlaufen wurde. Erschwerend kam hinzu, dass die Betriebsleitung einer 25- bzw. 50%igen Beteiligung des Abteilungsleiters an zwei Patenten des Schienenlieferanten blind zustimmte. Seinen Erfindungsanteil begründete der Abteilungsleiter mit einem einzigen, lapidaren Satz: «Im Verlaufe verschiedener technischer Gespräche habe ich meine Gedanken vorgetragen.» Darunter habe sich «ein Gedanke für die Praxis brauchbar erwiesen». Die Plausibilität dieser «Begründung» wurde nie überprüft, desgleichen nicht die Schieneneinkäufe bei dem Patentinhaber. Der Abteilungsleiter entschied fortan mit jeder Bestellung zugleich über die Höhe seiner Lizenzeinnahmen und kassierte so verdeckt Bestechungsgelder über 373 000 DM. Wen wundert es noch, dass Schienen in Frankfurt teurer waren als in anderen Großstädten. Darüber hinaus erhielt der Abteilungsleiter diverse Sachzuwendungen («Von einer Firma für Straßen- und Gleisbau jeweils 30 Flaschen Wein zu Weihnachten», von einer anderen «regelmäßig einen Gutschein im Wert von 600 bis 800 DM für Delfter Porzellan») sowie Weihnachtszahlungen und vierteljährliche Zuwendungen im Gesamtwert von über 100 000 DM. Die Korruptionshistorie bei den Stadtwerken wird durch die Aussage eines Firmeninhabers deutlich: «Die Praxis der Bargeldzuwendungen hatte ich von meinem Vorgänger übernommen. Der erklärte mir seinerzeit, dass er als Geschäftsführer der Firma vierteljährlich 3000 DM an den Abteilungsleiter zahlt. Der benötigt das Geld für die Abtragung seiner Hypothek.» Zum Rund-um-sorglos-Paket gehörten Sportbekleidung für eine Kegelmannschaft, («auf Wunsch des Abteilungsleiters zwölf Wetterschutzanzüge»), Freizeittextilien und Bewirtungen in Nobelrestaurants im Rhein-Main-Gebiet (z. B. in der «Ente vom Lehel», Wiesbaden, oder bei «Hessler» in Dörnigheim, wobei «jeweils 300 bis 500 DM anfielen»), Hydropflanzen («Die Pflanzen wurden einschließlich der notwendigen Behälter mit einem Firmenfahrzeug zu seinem Büro transportiert»), Kühlschrank und Kupferkessel, Autofußmatten und Lammfellbezüge sowie Bauleistungen für das Einfamilienhaus («z.B. 8 qm Platten für den Eingangsbereich»), eine Dudenbibliothek und Eintrittskarten für Spiele der Frankfurter Eintracht und auch hier wieder die jahrelange kostenlose Nutzung einer Ferienwohnung (in Tiroler Sommerfrische), die Finanzierung von Winterurlauben und Hotelaufenthalten («Die Kosten für einen Hotelaufenthalt vom 01.02. bis 19.02. übernahm – abzüglich eines von der Krankenkasse erstatteten Anteils für Kurkosten von 762 DM – ein Bauunternehmer»), Möbeltransporte («Transport der Möbel von der Wohnung seiner Mutter in das Altenheim. Nach dem Tod der Mutter stellte die Firma wiederum ein Firmenfahrzeug und Mitarbeiter für den Abtransport der Möbel aus dem Altenheim zur Verfügung») und Gartenarbeiten auf dem Grundstück des Beamten. Die Neigung, alles mitzunehmen, was geht, und spießbürgerlicher Geiz mögen mentaler Hintergrund gewesen sein, Kosten für Unterkunft und Verpflegung für Dienstreisen, die ein Unternehmer bereits «übernommen» hatte, ein zweites Mal nach dem Reisekostengesetz abzurechnen. Der Fall macht deutlich, mit welcher Unbekümmertheit (bei der Annahme des Geldes seien ihm «nur in steuerrechtlicher Hinsicht Zweifel gekommen») Staatsdiener bereit sind, ihre Loyalität auch für geringe materielle Vorteile zu opfern, die Bindung an das Gesetz aufzugeben und neben dem Verlust eines sicheren Arbeitsplatzes den bürgerlichen Tod zu

riskieren. Auch das Unrechtsbewusstsein der Bestecher, die Schmiergelder als «Ausgaben im Geschäftsinteresse (A. i. G.)» zu bezeichnen
pflegen, war und ist retardiert: «Die Gestaltung der persönlichen
Kontaktpflege orientiert sich an der Bedeutung des jeweiligen Funkti-
onsträgers für die Firma.» Da wird die Sache auch nicht dadurch besser, dass es bei einer der Firmen ausdrücklich zum «Bestandteil der
Geschäftspolitik» gemacht wurde, selbst «grundsätzlich nicht initia-
tiv» zu werden, sondern erst «auf Forderungen oder Erwartungs-
haltungen entgegenkommend zu reagieren». Geschäftsgrundlage der
Korruptionsabreden war wie üblich, dass die «A. i. G.» mit einem «Ge-
schäftskostenzuschlag» von 100 % durch betrügerisch überhöhte
Abrechnungen wieder hereingeholt wurden, z. B. durch «geringere
Einbaustärken von Schotter für das Gleisbett». «Kompensationsvor-
gang» nennen die Firmen diese Art des Betruges, zu dessen «praktisch-
technischer Abwicklung» eigens Mitarbeiter abgestellt werden. Keiner
der Beteiligten schreckt vor solchen kriminellen Praktiken zurück:
«Der Niederlassungsleiter übernahm diese Praxis, wobei er den Zuschlag allgemein auf 100 % erhöhte.»

Hochbauamt – «Häusle bauen auf Staatskosten»

Die Bombennacht vom 22. März 1944 sollte die letzte sein, die die bil-
derbuchgleichen Bürgerhäuser der historischen Altstadt Frankfurts
erleben durften – Straßenzüge, in vielen Jahrhunderten gewachsen,
mit generationenalten Handwerksbetrieben, Fachwerk in schmalen
Gassen, dicht aneinander gedrängt zwischen der himmelhoch stre-
benden Gotik des Frankfurter Doms und den gestuften Simsen des
Römer. Nichts davon blieb nach dem Abwurf abertausender von
Spreng- und Brandbomben. Ein Feuersturm fegte alles hinweg,
Leben, Besitz und Stadtgeschichte. Das Trümmerfeld wurde in den
Nachkriegsjahren flächig geräumt. Steinerne Reste ließ man un-
berührt, wohl weniger aus Pietät oder gar planerischer Weitsicht.
Schwarz gebrannte Grundmauern geronnen allmählich zum Teil des
Stadtbildes. Darunter das Leinwandhaus, nur wenige Schritte vom
Domportal entfernt, nahe gelegen zum Main, dem Strom für Schiff-
fahrt und Handel mit bunten Stoffen und feinem Tuch. Nach vielen
Jahren des starren Blicks nach vorn besannen sich die Bürger der Stadt

zögernd auf die Identifikationspunkte städtischer Architektur, die Frankfurt in jener Nacht verloren hatte. Geld hatte man damals noch genug, um der nostalgischen Erinnerung an vergangene städtebauliche und auch politische Größe ein Denkmal zu setzen. Also sollte das Handelshaus auf den alten Grundmauern historisch getreu wieder errichtet werden. Das Hochbauamt wurde, wie man so sagt, federführend beauftragt, den Wiederaufbau durchzuführen. Zweistellige Millionensummen hielt man bereit. Ein verführerischer Anlass für leichte Beute. Denn in der Kommune zählt auch die Korruption zur Tradition. Das Fehlen einer energischen Dienstaufsicht und der Verzicht auf baubegleitende Überwachung lässt Schwankende leicht zu entschlossenen Tätern werden. Gelegenheit macht Diebe, fehlende Kontrolle aber macht korrupt. Zwei Mitarbeiter des Hochbauamtes nutzten die günstige Gelegenheit millionenschwerer Investitionen, um sich großzügige Ein- und Mehrfamilienhäuser errichten zu lassen und von Architekten Bauzeichnungen und Statik einzufordern. Die Kosten versteckte man gemeinschaftlich in dem aufwändig restaurierten gotischen Haus, das heute, in Kenntnis seines wahren Kerns, mit ganz anderen Augen betrachtet werden kann. Auf wundersame Weise treffen mal wieder Bau- und Korruptionshistorie ganz aktuell zusammen.

Erst geraume Zeit nach der glanzvollen Neuvorstellung dieses kleinen, aber bedeutenden Teils der durch Krieg und Unverstand zerstörten Frankfurter Architekturgeschichte hatte die Beschlagnahme von Geschäftsunterlagen des mit dem Wiederaufbau des Leinwandhauses beauftragten Baukonzerns die betrügerische Durchstecherei zufällig an den Tag gebracht. Geradezu generalstabsmäßig hatten die Beteiligten dafür gesorgt, dass das Unternehmen den Zuschlag für die lukrative Baustelle erhielt. So gewährten die korrupten Mitarbeiter im Amt nicht nur Einsicht in die amtsinternen Kalkulationsunterlagen, die bedeutend höher lagen als die Kostenschätzung des Unternehmens. Sondern der Konzern stellte auch das Leistungsverzeichnis auf, eine aufwändige, aber fruchttragende Arbeit. Durch absichtsvoll überhöhte Mengen in nahezu sämtlichen Positionen wurde die nichtsahnende Konkurrenz über den Umfang der auszuführenden Bauarbeiten getäuscht und war damit zwangsläufig teurer. Die Vorteilsnehmer im Amt bestätigten falsche Aufmaße (insbesondere dann, wenn diese im Zuge des Baufortschritts nicht mehr überprüfbar waren, wie etwa bei dem Abbruch oder der Instandsetzung von altem Mauerwerk), akzeptierten überhöhte Tagelohnstunden («122,5 Facharbeiterstunden für die Vorbereitung des Richtfestes»; für den Abbau des Richtfestes fielen gerade mal 8,5 Stunden an) und die nochmalige Abrechnung von Bauleistungen, die sie schon zur Zahlung angewiesen hatten. Bei einem geradezu aberwitzigen Mehrbedarf an Beton, der um das Elffache (!) über den ursprünglichen Berechnungen lag, hat man sich die Sohle der ausgehobenen Baugrube als Kraterlandschaft mit Löchern von bis zu 2,30 Meter Tiefe vorzustellen. Absurditäten, die von den bestochenen Beamten per Unterschrift bestätigt wurden. Dieselben Bauleiter kontrollierten auch die Abrechnungen. Selbstbedienung leicht gemacht.

Die Sumpfblüten der Korruption wucherten noch auf anderen Baustellen von einigem städtebaulichen Renommee, etwa auf dem Gelände des Palmengartens. Und auch dort wurde durch die Manipulation des Ausschreibungsverfahrens das Angebot desselben Baukonzerns an die erste Stelle lanciert. Unter anderem tauschte man im Anschluss an den Submissionstermin, in welchem der Preis jedes Wettbewerbers verlesen und das Ergebnis protokolliert wird, einige Seiten der Angebotsunterlagen des bevorzugten Unternehmens aus. Das Nachrechnen der Angebote ergab dann, dass der Vorteilsgeber mit seinem Preis an erster Stelle lag und folglich als der «Günstigste» den Zuschlag erhielt.

Nicht rückzahlbare «Darlehen», die kostenlose «Unterstützung» privater Bauvorhaben und Sachlieferungen aller Art für die Wohnhäuser der Beamten gehörten zum bekannten Sortiment der Korruption am Bau: Die Verlegung von Estrich oder die Pflasterung eines Hauszugangs (die sich in der Abrechnung einer städtischen Sporthalle wiederfand). Bei der Schornsteinerneuerung an einer Schule handelte es sich tatsächlich um die Lieferung eines Kamins für das Wohnhaus eines Bediensteten. Sämtliche Elektroinstallationen, Fliesenund Spenglerarbeiten («Lieferung und Montage von Dachrinnen»), Teppichböden für das gesamte Haus, Ofenbänke, schwarzer Porphyr (mit eingerechnet in die Sandsteinverkleidung des Leinwandhauses), Gartenhütten, Brunnen mit Überdachung und vieles mehr wurden der Stadtkasse heimlich in Rechnung gestellt. Die verhängten Freiheitsstrafen aber haben weder Hochbauamt noch Firmen davon abgehalten, sich in den darauf folgenden Jahren am Fiskus kriminell zu bereichern. Korruption und kein Ende.

Im Zuge der ersten Frankfurter Korruptionsaffäre war ein örtliches Kartell enttarnt worden, das sich Informationen über Straßenbaumaßnahmen bei Mitarbeitern der Stadtverwaltung kaufte. Einer dieser Mitarbeiter saß in der Magistratsvergabekommission des Amtes für Vergabe- und Beschaffungswesen und damit an der Quelle für Insiderwissen und schnelles Geld.

Baumaßnahmen und andere Vergaben öffentlicher Aufträge von einigem Umfang sind grundsätzlich von den staatlichen Verwaltungen öffentlich auszuschreiben, was bedeutet, dass jeder interessierte Unternehmer sich um den Auftrag bewerben und sein Preisangebot abgeben kann. Die Bauverwaltung bevorzugte aber die bequemere, weil angeblich weniger aufwändige beschränkte Ausschreibung. Hier wird nur eine begrenzte Anzahl von Firmen am Wettbewerb beteiligt. Welche Firma in die Bieterliste aufgenommen wird, ist streng geheim und darf den Wettbewerbsteilnehmern nicht zur Kenntnis gebracht werden. Das garantiert, dass die Preise ausschließlich das Ergebnis eines ungestörten Wettbewerbs sind und nicht auf Absprachen beruhen. Den Zuschlag erhält grundsätzlich der Bieter mit dem günstigsten Preis. Bis zum Beginn der 1990er Jahre wurden die Aufträge überwiegend beschränkt ausgeschrieben, d. h. nur eine begrenzte Zahl von etwa fünf bis acht Firmen zur Angebotsabgabe aufgefordert. Beschränkte Ausschreibungen sind bekanntermaßen die Einbruchstelle für Absprachen und Bestechung. Denn die geheimen Bieterlisten müssen nicht geheim bleiben, das lassen sich die Firmen etwas kosten. Sind aber die an der Auftragsausschreibung beteiligten Firmen bekannt, können sie sich über die abzugebenden Preise verständigen. Solche Absprachen zu «auskömmlichen» (in der Regel überhöhten) Preisen herbeizuführen, ist das Ziel eines jeden Kartells. Das gilt im besonderen Maße in der Bauwirtschaft, wo Absprachen an der Tagesordnung sind.

Wen das Straßenbaukartell in der Stadtverwaltung gekauft hatte, damit er die beteiligten Firmen über Jahre hinweg offen legte, ist nie herausgekommen. Fest steht aber, dass das Kartell nicht nur die Mitbewerber in Erfahrung brachte und so Absprachen durchsetzte, sondern zugleich sicherstellen wollte, dass keines seiner Mitglieder die internen Abreden «abschießt», wie das in diesen Kreisen heißt. Zu diesem Zweck kaufte man sich einen Mann vom Vergabeamt. Dieser nannte gegen Bares und anderes mehr («Einbau einer Hausbar mit Holzverkleidung und WC») alle Namen der an einer Ausschreibung beteiligten Firmen. Obendrein legte er auch die Angebotspreise offen. Auf diese Weise kontrollierte das Kartell, dass keiner ausscherte. Wer sich nicht an die Abreden hielt, wurde aus dem Kartellverband ausgeschlossen. Ein Punktesystem sorgte dafür, dass jedes Mitglied entsprechend seiner Größe, gemessen am Umsatz und der Anzahl der Beschäftigten, bei den Aufträgen zum Zuge kam. Kartelle sind bestens organisiert. Nicht selten bilden die berufsständischen Verbände ihre Plattform. Lassen wir hierzu die Anzeige eines Insiders für sich selbst sprechen. Leider gab sich der Anonymus nie zu erkennen (s. Kasten S. 131).

Der Anzeige war eine Liste («Die Könige der Schmiergelder und Preisabsprachen») mit den Namen der Kartellmitglieder und ihren jeweiligen Ansprechpartnern sowie den geschmierten Mitarbeitern bei den Auftraggebern beigelegt. Damit nicht genug, dokumentierte der Hinweisgeber seine exzellenten Kenntnisse von der Innenwelt der Baukartelle und legte gleich zwei «Einnahmebelege» über die Zahlung von jeweils 8000 DM Bestechungsgeld bei.

Quer durch die Republik lösen anonyme Insider strafrechtliche Ermittlungen aus, indem sie ihr Wissen über Strukturen und beteiligte Personen offenbaren. Dabei ist es nicht ungewöhnlich, dass sie zunächst versuchen, die Behörden selbst zum Handeln zu veranlassen, aber die Erfahrung machen müssen, dass nichts passiert. Auch die Strafverfolgungsbehörden reagieren nicht immer auf kenntnisreiche, unbenamte Anzeigen. Die Neigung, detaillierte Anzeigen ohne Absender zu verfassen, ist sehr verständlich: Denn Anzeigeerstatter, die ihren Namen preisgeben, im internationalen Sprachgebrauch «whistleblower» genannt, riskieren viel.

«Trauriger Höhepunkt»[8] der Frankfurter Bestechungsaffäre war die Verhaftung des Leiters des Amtes für Beschaffungs- und Vergabewesen. Damit hatte die Verhaftungswelle die Spitze gerade desjenigen Amtes erfasst, zu dessen Aufgaben die Überwachung der Vergabe städtischer Aufträge und aller Anschaffungen gehört. Ohne die geschätzten Kosten von über 32 000 DM zu begleichen, hatte er von einer in die Korruptionsvorgänge um das Hochbauamt verwickelten Firma Garten- und Umbauarbeiten an dem von ihm bewohnten Haus

«Einschreiben
Herrn Oberstaatsanwalt

Sehr geehrter Herr Oberstaatsanwalt,
in der Schmiergeldaffäre sollten Sie endlich von den so genannten kleinen
Fischen ablassen und die Jagd nach den großen Bossen beginnen ... Die Frankfurter Bürger und Bürgerinnen werden Ihnen auf Dauer dankbar sein.
Seit mehr als dreißig Jahren werden in und um Frankfurt mehr als 90 % der
ausgeschriebenen Bauleistungen, sei es öffentlicher, kommunaler oder privater
Bauträger, durch illegale Preisabsprachen um ein Vielfaches verteuert. Die Me-
thode nach der die Firmenchefs vorgehen, ist immer die gleiche:
a. Beschaffung von Schwarzgeld.
Bei Firmen mit Niederlassungen ist das kein Problem. Man schreibt sich gegenseitig fingierte Rechnungen, ohne dass Leistungen stattgefunden haben.
Und schon hat man das benötigte Schwarzgeld. Dieses Verfahren wird auch
zur Steuerminderung angewendet.
Bei Einzelfirmen ist die Geldbeschaffung etwas komplizierter. Meistens stellen besonders ausgewählte Mitarbeiter Rechnungen über fingierte Auslagen,
die mittels Verrechnungsscheck auf deren Privatkonten überwiesen werden.
Mit diesen Schwarzgeldern werden die ausschreibenden Stellen und deren
Mitarbeiter in allen möglichen Variationen umworben und zur Preisgabe von
Informationen mit Geld geschmiert. Wichtig ist für die Firmen, den Bieterkreis zu erfahren.
b. Illegale Preisabsprachen.
Wenn man alle Mitbieter kennt, ergreift meistens der Firmenvertreter mit den
besten Kontakten zum Auftraggeber die Initiative und lädt per Telefon seine
Mitkonkurrenten zu einer Zusammenkunft ein. Diese wird abwechselnd in
den Firmengebäuden abgehalten, oder man weicht in Hotels mit Konferenz-
zimmern aus, wenn die Firmenräume zu klein sind. Es kommt auch vor, dass
die Preisabsprachen über Telefon getätigt werden.
Diese Spielchen wiederholen sich in abwechselnder Reihenfolge. Für die Zustimmung eines aus dem Bieterkreis herausgestellten Bewerbers erhalten alle
anderen Bieter Pluspunkte in Höhe des Auftragswertes gutgeschrieben. Der
Auftragswert wird durch die Streichung des jeweils teuersten und billigsten
Angebotspreises durch den mittleren Preis der restlichen Gebote festgestellt
und als Niedrigstpreis dem Bewerber vorgegeben. Bei genügender Punktzahl
kann abwechselnd jeder Firmenvertreter einen Auftrag von dem jeweiligen
Bieterkreis zugesprochen bekommen.
Wenn ein Unternehmen auf die Bewerbung verzichtet, erhält der Firmenchef
in der Regel 5 bis 10 % vom Auftragswert an Schwarzgeld. Schwarzgeld-
beschaffung wie unter Punkt a. Aber es werden auch Pseudorechnungen
durch diesen Personenkreis erstellt, die dann in den Auftragswert mit eingerechnet werden.»

Original der anonymen Anzeige

ausführen lassen. Dem Prokuristen des Unternehmens ging es darum, sich des Wohlwollens des Amtsleiters im Hinblick auf künftige Auftragsvergaben zu versichern. Der Freiheitsstrafe und Zahlung von 32 000 DM folgte die Suspendierung des Beamten vom Dienst.

Führerschein leicht gemacht

Ordnungsamt – Factorysale auf der Führerscheinstelle
Aus dem Ordnungsamt mit einer ganzen Reihe kritischer Beziehungsebenen zu Außenstehenden soll an dieser Stelle nur der «Führerscheinfall» zitiert werden.

Ein für die Ausstellung von Neu- und Ersatzführerscheinen zuständiger Angestellter hatte sich eine Art mehrstufiges Vertriebssystem aufgebaut, um Originalführerscheine an Interessenten zu verkaufen, die bereit waren, für die Erweiterung ihrer Fahrerlaubnis der Klasse III auf die Klasse I (Motorrad) bzw. Klasse II (Lastwagen) zu bezahlen und auf diesem Wege die teure Fahrschule zu sparen. Der Mitarbeiter auf der Führerscheinstelle vermied als «Hersteller» bewusst jeden Kontakt zu seinen «Kunden» und bediente sich stattdessen verschiedener Mittelsmänner. Die Führerscheinkäufer zahlten an ihre Vermittler zwischen 2100 und 2500 DM, in einigen Fällen bis zu 3500 DM. Der «Hersteller» kassierte 500 DM bzw. 1000 DM zuzüglich der fälligen Gebühr für den Verwaltungsvorgang. Bei mehreren Aufträgen gab es Rabatt, wie auch sonst im Geschäftsleben.

Bei der Erweiterung der vorhandenen Führerscheine der Klasse III auf die Klassen I bzw. II machte sich der Sachbearbeiter im Amt die EDV-gestützte Erfassung der Führerscheindaten zunutze. Er rief den im kommunalen Gebietsrechenzentrum auf die Personalien des jeweiligen «Kunden» eingespeisten Datensatz auf und überschrieb bzw. ergänzte diesen einfach um die gewünschte Führerscheinklasse. Die so veränderten Datensätze erlaubten den Ausdruck neuer Führerscheine mit der erweiterten Fahrerlaubnis, vom «Hersteller» als dem zuständigen Vertreter der ausstellenden Behörde unterzeichnet und gesiegelt. Strafrechtlich gesehen, handelte es sich nicht einmal um eine Urkundenfälschung, denn der Führerschein war nicht gefälscht, sondern echt!

Ein verwaltungsinternes Kontrollsystem, das solche nachträglichen Eingaben registriert und zumindest im Rahmen von Stichproben einem Abgleich mit den archivierten Beständen zugeführt hätte, war nicht vorgesehen. Auch bei einer Verkehrskontrolle wäre keiner der Führerscheine aufgefallen. Sie enthielten keine Fälschungsmerkmale und waren ausnahmslos im Zentralcomputer gespeichert. Kein Polizeibeamter wäre ohne einen konkreten Manipulationshinweis auf die Idee gekommen, in den Aktenbeständen nachzuschauen, ob der Führerscheininhaber eine Fahrprüfung bestanden hatte. So konnte es geschehen, dass einer dieser Kunden sich in aller Dreistigkeit einen Ersatz für seinen manipulierten, in der Textilreinigung arg beschädigten Führerschein von einer nichts ahnenden Angestellten des nämlichen Ordnungsamtes ausstellen ließ. Er hatte nicht zu befürchten, die Sache könnte an das Tageslicht kommen, denn «der Computer irrt nicht». Bedenkenlos hatten Bestecher und Bestochener aus eigennützigem Interesse eine erhebliche Gefährdung der Verkehrssicherheit in Kauf genommen. Denn die Führerscheinerwerber fuhren mit ihren schweren Motorrädern und eben auch mit Lastkraftwagen im öffentlichen Straßenverkehr, ohne jemals eine Fahrschule besucht zu haben. In einer groß angelegten Polizeiaktion gelang es allerdings, die meisten der illegal erworbenen Zertifikate aus dem Verkehr zu ziehen. Der «Hersteller» wurde zu einer Haftstrafe von drei Jahren verurteilt, seine Vermittler und Kunden kamen mit bis zu zwei Jahren Freiheitsstrafe vergleichsweise glimpflich davon.

Neben dem «Factorysale» ist eine andere Variante des Führerscheinerwerbs aufgefallen, von der anzunehmen ist, dass sie wegen des enormen Interesses zahlungsbereiter Kunden weite Verbreitung findet.

«Prüfungen ohne Angst»

Bestochen werden Fahrlehrer, Fahrprüfer und als Vermittler fungierende Dolmetscher und Mittelsmänner, um Prüfungen gegen Geld abzunehmen, die den Namen nicht verdienen. In einem umfangreichen Verfahren in Rheinland-Pfalz ging es um drei große Fahrschulen, die Prüfer bestochen hatten, um etwa 5000 ausländische und deutsche, sonst chancenlose Fahrschüler aus dem gesamten Bundesgebiet durch die Prüfungen zu lotsen. Angeklagt waren drei Prüfer und drei Fahrlehrer sowie ein Marokkaner, der als Vermittler zwischen den Prüflingen und den Prüfern als «rechte Hand» eines Fahrlehrers agierte, ferner drei Dolmetscher. Ein Fahrlehrer war flüchtig. Die Urteile lauteten auf relativ hohe Freiheitsstrafen: Gegen einen zum Zeitpunkt der Verurteilung 75-jährigen Fahrlehrer wurden vier Jahre und neun Monate Freiheitsstrafe wegen Bestechung in 93 Fällen (Freispruch im Übrigen: Angeklagt waren 191 Fälle) verhängt, gegen einen Prüfer wurde wegen Bestechlichkeit in 184 Fällen auf fünf Jahre und sechs Monate Freiheitsstrafe erkannt sowie der Verfall in Höhe von 232 000 DM angeordnet, der Vermittler wurde wegen Bestechung in 92 Fällen zu drei Jahren verurteilt.

Die Führerscheine konnten deshalb so bequem erlangt werden, weil die Prüfer entgegen den Vorschriften ihre Einteilung für festgesetzte Prüfungstage nicht geheim hielten, sondern gegen Geld sofort den Fahrschulinhabern mitteilten. Diese koordinierten dann die «Prüfungen ohne Angst». Für etwa 4000 DM je Prüfling gerieten theoretische und praktische Prüfungen zur Farce: Man fand einen Dolmetscher, der die Fragebögen «stark vereinfachend» übersetzte, später aber auch gegen Zahlung von 250 DM bis 400 DM je Prüfling die zutreffenden Antworten an die Prüflinge verriet. Die Prüfer stellten in den mündlichen «Prüfungen» ihre Fragen so suggestiv, dass eigentlich keine falschen Antworten mehr möglich waren. Wenn auch dies in Einzelfällen nichts mehr nützte, setzten sie die Kreuze gleich selbst an die richtige Stelle. Bei der praktischen Prüfung duldeten Prüfer, dass der Signaltongeber ausgeschaltet war und der Fahrlehrer die Pedale zur Korrektur benutzen konnte. Die Prüfungsfahrten fanden auf einfachen, festgelegten Strecken statt, die nicht den Anforderungen an eine ordnungsgemäße Prüfung entsprachen und vorher bereits «eingefahren» wurden. Die Strecke war kürzer als üblich, der Prüfer gab während der Fahrt obendrein unzulässige Ratschläge und bewertete Fehler nicht. Einer der Prüfer galt übrigens bis zu seiner Festnahme als Musterbeispiel für Zuverlässigkeit und Fachkenntnis. 1986 war er im Zusammenhang mit seinem Hausbau in finanzielle Schwierigkeiten geraten und erzählte von diesen bei einem der üblichen Prüferessen dem Fahrschulinhaber. Der Fahrlehrer reagierte geschickt zunächst mit kleinen Gefälligkeiten. Er wusste von der Vorliebe des Prüfers für Oldtimer und bot ihm an, über seine Fahrschule Ersatzteile «mit Fahrschulrabatt» zu besorgen. Der Prüfer nahm die Vergünstigungen an und akzeptierte später auch Ersatzteile ganz ohne

Bezahlung. Konnte er an einem gemeinsamen Prüferessen nicht teilnehmen, ließ sich der Prüfer von dem Fahrlehrer wiederholt mit 100 DM «auszahlen». Der Prüfer reagierte in der Folge zunehmend «wohlwollender» bei praktischen Prüfungen und duldete es auch, wenn der Dolmetscher den hilfesuchend blickenden Prüflingen Handzeichen gab oder während der theoretischen Prüfungen in dem Raum umherging und mit Prüflingen sprach. Weihnachten 1988 gab der Vermittler dem Prüfer nach Absprache mit dem Fahrlehrer 1000 DM, die dieser nicht zurückwies. Ab diesem Tag gab es regelmäßige Zahlungen und an den Prüfungstagen Obst, Gemüse und Getränke im Wert von 100 bis 150 DM, die der Vermittler nach der Prüfung in den PKW des Prüfers umlud. Später spielte es sich ein, für jeden Prüfling 300 DM und mehr an den Prüfer zu zahlen.

Die Schadensdimensionen deuten sich an, wenn man berücksichtigt, dass einer der Fahrlehrer 1,7 Millionen DM Steuern wegen Schwarzgeldeinnahmen aus manipulierten Fahrerlaubnisprüfungen nachentrichtet hatte. Kein einziger der gekauften Führerscheine wurde wieder eingezogen. Ein Verkehrsunfall mit Toten und Schwerverletzten ist belegt.

Wohnungsamt – die lukrative Warteschlange

Ende Mai 1988 führte die kritische Aufmerksamkeit einer leitenden Mitarbeiterin zur Aufdeckung eines Korruptionsfalles in der kommunalen Wohnungsvermittlung der Stadt Frankfurt. Das Wohnungsamt ist zentraler amtlicher Vermittler von Sozialwohnungen und besitzt damit eine Monopolstellung. Wie man weiß, tendiert Macht zum Machtmissbrauch, weshalb Monopolstellungen die Gefahr der Korruption immanent ist. Das Amt domizilierte damals an einer viel befahrenen Verkehrskreuzung des Alleen-Rings, vis-a-vis des neuen Polizeipräsidiums und unweit eines Eiscafés, an den warmen Jahrestagen eine beliebte Alternative zum Gang in die Kantine. Die Unvorsichtigkeit einer Sachbearbeiterin brachte den Fall ins Rollen. Diese musste es längst als so selbstverständlich empfunden haben, sich von Wohnungssuchenden bezahlen zu lassen, dass sie nichts mehr daran finden konnte, sich in der Öffentlichkeit eines viel besuchten Cafés von einer Antragstellerin das Geld für die Vermittlung einer Sozialwohnung über den Tisch reichen zu lassen. Just in diesem Moment hatte auch ihre Abteilungsleiterin wenige Tische weiter Platz genommen und beobachtete zufällig die Szene. Bei bis zu 10000 Wohnungssuchenden, die kaum eine reelle Chance auf die Zuteilung einer Sozialwohnung haben, ist die «Hilfestellung» einer Mitarbeiterin im Amt einiges wert. Nicht wenige dieser Bewerber machen sich vor dem Hintergrund ihrer kulturellen Herkunft kaum eine Vorstellung über die Strafbarkeit einer Geldzahlung als «Dankeschön für Hilfe». So kam es immer wieder vor, dass Wohnungssuchende ihren Bewerbungsunterlagen Geldscheine in der Hoffnung beilegten, sich an der Warteschlange vorbei einen Platz in der ersten Reihe zu sichern. Die anschließende Verhaftung der Sachbearbeiterin und Durchsuchung ihres Arbeitsplatzes ergab, dass sie Antragsteller bevorzugt hatte, indem sie die Zuteilungsvoraussetzungen manipulierte, etwa Verdienstbescheinigungen abänderte, das Einkommen von Familienmitgliedern unter den Tisch fallen ließ oder auch mal eine Schwangerschaft testierte.

Stadtreinigungsamt – die unbestechliche Computerwaage

Vor den Toren der Gemeinde Buchschlag wuchs seinerzeit die größte Hausmülldeponie Europas in den Himmel. Über eine in den Boden eingebrachte Computerwaage fuhren dort tagaus, tagein bis zu 1000 städtische und gewerbliche Schwerlastwagen und kippten oben am Deponierand ihre Abfälle in die Tiefe. Die Waage erfasste automatisch das Brutto- und Nettogewicht der Fahrzeuge beim Hineinfahren auf das Gelände bzw. beim Verlassen der Deponie. Abfallsorten nennt man in der Fachsprache ordinären Hausmüll, Bauschutt und andere Reste der Konsumgesellschaft, die da weggeschafft und zu unterschiedlich hohen Gebühren berechnet wurden. Daher wurde die Ladung genauestens optisch kontrolliert und zusammen mit den Kennzeichen der Fahrzeuge und den Kundennummern der Firmen von dem im Schichtdienst arbeitenden Personal in den Computer eingegeben. Die auf Disketten gespeicherten Wiegedaten waren Grundlage für die von der Stadtkasse erstellten Gebührenrechnungen. Zu aller Überraschung und entgegen den Berechnungen musste aber die Deponie wegen Überfüllung vorzeitig geschlossen werden. Hastig und von einigem politischen Wirbel begleitet («Müllnotstand im Ballungszentrum Frankfurt»), wurde neuer Deponieraum gesucht. Eine an die Stadtverwaltung adressierte anonyme Anzeige konnte eine späte Erklärung für die unerwartete Entwicklung geben: Tausende Kubikmeter Müll waren heimlich deponiert und nicht erfasst worden.

> «Sehr geehrter Herr Stadtrat,
> hiermit möchte ich Ihnen eine Mitteilung machen, was auf der Müll-deponie ‹Buchschlag› vorgeht. Mir wurde von einem Bauunternehmer anvertraut, dass ein Bediensteter ihm den Vorschlag gemacht hatte, halbe-halbe zu machen. Der Unternehmer brauche keine Angst zu haben, denn das könnte keiner kontrollieren, denn er würde die Daten aus dem Computer rausnehmen und löschen.»

Original der anonymen Anzeige

Die Staatsanwaltschaft wurde eingeschaltet und mit Hilfe des Softwareherstellers in der Computerwaage eine Falle installiert, die jede nachträgliche Änderung von Wiegedaten registrierte. Auf diese Weise stellte man innerhalb nur weniger Tage fest, dass die Wiegevorgänge zugunsten einiger gewerblicher Transportunternehmen nachträglich geschönt worden waren: Aus teuren Abfallsorten wurden kostengünstige, zehn Tonnen Müll wurden auf eine Tonne reduziert, ein gewerbliches Fahrzeug verwandelte sich durch Eingabe eines Codes in ein kommunales Fahrzeug, für das überhaupt keine Deponiegebühren anfielen. An dieser Waage arbeiteten die beiden Haupttäter, die nach Auswertung der Ergebnisse der Computerfalle zusammen mit mehreren ihrer «Geschäftspartner» auf einen Schlag festgenommen wurden. Die Gesamtzahl der Beschuldigten stieg im Laufe des Verfahrens auf 83 (davon 64 Bedienstete). Erste Geständnisse hellten das Tatgeschehen auf: Die beiden Datenerfasser auf der Deponie waren mit einigen gewerblichen Fuhrunternehmern übereingekommen, die Abladevorgänge nachträglich zu löschen oder eine billigere Abfallsorte (Bauschutt) als den tatsächlich abgekippten Müll (Baustellenabfälle) mit einer geringeren Menge als angeliefert zu registrieren. Außerhalb ihres Schichtdienstes änderten die beiden im Nachhinein die Wiegedaten zugunsten ihrer Vorteilsgeber. Auf die

Möglichkeit, den Computer zu überlisten, stießen die Täter aufgrund eines unbedachten Hinweises des Computeraufstellers darauf, wie man versehentliche Falscheingaben nachträglich korrigieren kann. Dieses Wissen nutzten die beiden zu gezielten Manipulationen, die das System allerdings nicht dokumentierte. Die hierauf verwandte Zeit berechneten sie ihrem Dienstherrn auch noch als Überstunden. Diese Unverfrorenheit ermöglichte es allerdings den Staatsanwälten, die Tatzeiten nachträglich auf die Stunde genau festzustellen. Die veränderten Computerbänder leiteten die Täter an die Stadtkasse weiter. Dort wurden die Gebührenbescheide elektronisch erstellt und an die Transportfirmen verschickt. Bei den Durchsuchungen des Deponiegeländes stießen die Strafverfolger in einem der Bürocontainer auf einen Safe, der im Übrigen – zum nicht geringen Erstaunen der Ermittler – dem Vorgesetzten ebenso unbekannt war wie die personelle Zusammensetzung des Schichtdienstes und die Einzelheiten der Datenerfassung. In diesem Safe fand man ordnungsgemäß gesammelt die Sicherungsdisketten, auf denen alle Wiegedaten parallel zu der Hauptdiskette aufgezeichnet worden waren. Während die Hauptdiskette jeweils zur Erstellung der Gebührenbescheide an die Stadtkasse weitergeleitet wurde, wanderten die Sicherungskopien in den Safe. Die nachträglichen Datenänderungen nahmen die Beschuldigten nur auf den Hauptdisketten vor. Die Mühe, auch die Sicherungsdisketten zu verändern, machten sich die Täter nicht, so sicher wähnten sie sich vor jeglicher Kontrolle. Nicht ganz zu Unrecht – denn wie die Ermittlungen und die späteren Geständnisse ergaben, funktionierte das System der geschmierten Gebührenhinterziehung seit vielen Jahren ungestört. Ungeklärt blieb der üble Verdacht, dass die Kontrolllücken ausgenutzt wurden, um Sondermüll auf der ungesicherten Deponie zu entsorgen. Es gab heimlich geschossene und den Behörden zugespielte Bilder, die Personen in gelben ABC-Schutzanzügen zeigten, sowie Aussagen über Bulldozer, die an den Wochenenden Tonnen von Material vergruben, während die Auffahrt zur Deponie gesperrt war.

Allein die Inhaber von vier Transportfirmen, denen letztlich Bestechung und Betrug nachgewiesen werden konnte, hatten in kaum fünf Jahren nicht weniger als 3,68 Millionen DM Deponiegebühren vorenthalten und entsprechend gut verdient. Die beiden Haupttäter kassierten 650000 DM. Das Geld gaben sie für «Reisen und Herrenabende» aus und finanzierten sich einen luxuriösen Lebensstandard mit Appartements auf Ibiza, Häusern («Winkelbungalow mit Garagentrakt und großem Freisitz»), Autos, Fernreisen und Motorrädern. Auf dem Nachttisch eines der Beschuldigten wurden bei seiner Festnahme über 47 000 DM sichergestellt. Bei einem anderen fanden sich gebündelte Geldnoten in einer Büchse auf dem Kellerregal zwischen Zwiebeln und Eingemachtem. Die beiden Amtsträger mussten den Dienst quittieren und wurden zu Freiheitsstrafen von dreieinhalb und sechs Jahren verurteilt, ihr Vermögen eingezogen. Die Unternehmer wurden zur Nachzahlung der Gebühren herangezogen und hatten sich ebenfalls vor den Strafgerichten zu verantworten.

Bleibt nachzutragen, dass einer der Nachfolger im Dienst an der Computerwaage nichts Eiligeres zu tun hatte – die Haupttäter befanden sich noch in Untersuchungshaft –, als einem Entsorgungsunternehmer anzubieten, die Wiegedaten zu seinen Gunsten zu frisieren. Es war Sommerzeit, er brauchte Geld für ein Motorrad. Sein Pech nur, dass er an einen frisch aus der Untersuchungshaft entlassenen Unternehmer geriet, der sich durch seinen umgehenden Hinweis an die Staatsanwaltschaft Vorteile in der eigenen Strafsache versprechen durfte.

Städtischer Fuhrpark – «Geierfutter für die Vorgesetzten»

Was «die da oben vormachen», ahmt der «kleine Mann» mit seinen Möglichkeiten nach. Die Mentalität korruptiver Bereicherung im Amt ist auch «ganz unten» anzutreffen.

Als ein weiteres Beispiel dafür, dass die unteren Chargen in der öffentlichen Verwaltung ihre Dienststellung planmäßig und bestens organisiert zu einer illegalen Einnahmequelle ausbauen können, präsentierte sich die Sperrmüllabfuhr im Frankfurter Stadtreinigungsamt. An einem in vielen Jahren geradezu geschäftsmäßig betriebenen System der Gebührenhinterziehung waren rund 55 Mülllader beteiligt, die im regelmäßigen Turnus Gewerbetreibende, Bäckereien, Elektrogeschäfte, Kaufhäuser und Lebensmittelmärkte mit Spezialfahrzeugen anfuhren, um sperrige Kartonagen, Verpackungsmaterial und dergleichen abzuholen. Die Kolonnenführer setzten vor Ort abhängig vom Kubikmeterumfang des Mülls die Gebühren fest. Da

kann man leicht ein oder auch zwei Augen zu- und die Hand auf-
machen und den an sich fälligen Gebührensatz auf einen Bruchteil
kürzen. Auf Wunsch wird die niedrige Menge nur auf dem Durch-
schlag notiert, der an die Stadtkasse geht, das Original bleibt bei dem
Unternehmen. Als Gegenleistung für die Hilfeleistung beim betrügerischen Firmengewinn partizipierten die Kolonnen von zwei bis drei
Mann mit einem «Handgeld» von 50 bis 100 DM pro Einzelfall, ein
Mehrfaches sparten die rund 80 involvierten Firmen. Der Lohn des
kriminellen Fleißes summierte sich zu einem beachtlichen Nebenverdienst. Der war im Amt kein Geheimnis. Mit der Zeit gingen die
Vorgesetzten dazu über, die Routen ihrer Mitarbeiter gezielt unter
dem Gesichtspunkt der «unentgeltlichen» Entsorgung einzuteilen.
Dabei wurden auch solche Betriebe angefahren, die an die städtische
Müllentsorgung gar nicht angeschlossen waren. Ehemals angeschlos-
sene Firmen blieben gleichwohl in der Kartei, um die Schwarzentsor-
gung nicht erfasster Firmen erweitern zu können.

Die Vorgesetzten erwarteten nach jedem Arbeitstag ihren Anteil
vom Bakschisch, «Geierfutter» nannte man das. Teilweise wurden
auch Naturalien bei den Lebensmittelmärkten aufgeladen. «Mein
Kofferraum ist immer offen», hieß es dann bei den Vorgesetzten, was
heißen sollte, dass auch Sachleistungen gern akzeptiert wurden. Die
Beteiligung ihrer Vorgesetzten an den «Nebeneinnahmen» diente den
Mülladern als Vorkehrung gegen dienstliche Überwachung und dem
Stillhalten bei Krankfeiern, der Genehmigung von Urlaub in den bevorzugten Schulferienzeiten und natürlich der Zuteilung zu den
«günstigen Touren». Um sicherzustellen, dass ihre Untergebenen
nicht eigenmächtig Firmen ansteuerten, fuhren die Vorgesetzten den
Müllfahrzeugen hinterher, um die «Einnahmequellen», also die Anzahl der angefahrenen Betriebe, und damit ihren Anteil zu kontrollieren. Wer nicht spurte, der wurde als unzuverlässig abgelöst. Auf
Nichtzahlung folgten Repressalien: Es wurde «die rote Acht» gegeben, das heißt, es wurden acht Stunden vom Lohn abgezogen.

Die Verluste für die Stadtkasse konnten auch nicht annähernd hoch-
gerechnet werden. Auffällig war aber der explosionsartige Anstieg der
Gebühreneinnahmen um mehrere 100 %, nachdem die eingeleiteten
Ermittlungen dem Geschehen ein Ende bereitet hatten.

Ausgelöst wurde die Bestechungsaffäre um die hessische Staatsbauverwaltung durch eine anonyme Anzeige. Das Schreiben stammte offensichtlich von einem Insider, der auch durch intensivste Nachforschungen des hessischen Landeskriminalamt nicht enttarnt wurde. In seiner Anzeige bezichtigte der Anonymus der namentlich genannten Geschäftsführer eines großen mittelständischen Unternehmens, von den Mitgliedern eines Baukartells Schmiergelder eingesammelt und an ein Ingenieurbüro sowie an den für den Neubau eines Behördenzentrums zuständigen Projektleiter der Staatsbauverwaltung weitergeleitet zu haben. Es war von einer Million DM Schmiergeld allein für die Klimaanlagen die Rede.

Der Polizeipräsident   (Datum)
in Offenbach am Main

Anzeige wegen Bestechung und Bestechlichkeit

Das Staatsbauamt wickelt auf dem Gelände in X-Stadt ein Bauvorhaben des Bundes ab. Um insbesondere für die Klimaanlagen Aufträge zu erhalten, mussten die Installationsfirmen Schmiergelder zahlen. Diese Gelder sind von dem Geschäftsführer der Fa. Klimatechnik GmbH eingesammelt und über den Inhaber des Ing.-büros Meier und Partner GmbH an den beim Staatsbauamt beschäftigten Technischen Angestellten Krüger weitergegeben worden. Die Klimaanlagen kosten etwa 40 Millionen DM, die Summe der Schmiergelder an Hrn. Krüger liegt in der Größenordnung von einer Million DM. Ich bitte um Ihr Verständnis, dass diese Anzeige anonym erfolgt.

Original der anonymen Anzeige; Namen geändert

Das Verfahren dehnte sich alsbald mit einer Geschwindigkeit aus, die den Ermittlern den Atem nahm und erneut deutlich werden ließ, dass ohne genügend personelle Kapazitäten dieser Kriminalitätsform nicht beizukommen ist. Nebenbei kam heraus, dass Korruption und Preisabsprachen auch im Zusammenhang mit Baumaßnahmen der US-Streitkräfte in Hessen an der Tagesordnung waren. Aus einem weiteren anonymen Schreiben ging hervor, dass ganz allgemein

Investitionsvorhaben des Bundes und des Landes Hessen seit Jahren Gegenstand von Preisabsprachen und Bestechungen waren, darunter Polizeidienststellen, Hochschulen, Kliniken, Behördenzentren, Finanzämter, Justizvollzugsanstalten, historische Bauwerke, und dass wieder mal Planungsbüros in die Machenschaften involviert sein sollen.

Im Zentrum der Ermittlungen stand aber zunächst ein Forschungs- und Schulungszentrum im Süden von Hessen. Für das Paul-Ehrlich-Institut, den Deutschen Wetterdienst, die Bundesflugsicherungsschule und weitere Gebäude waren zusammen mit einem Blockheizkraftwerk über 500 Millionen DM auf einem weiträumigen Gelände in Waldnähe verplant. Allein für die betriebstechnischen Gewerke waren 240 Millionen DM vorgesehen. Die Ermittlungen wurden verdeckt geführt, denn es ging darum, die Finanzströme aufzuklären: Folge dem Geld und finde die Korruption. Erstaunliche Dinge traten zu Tage. Ein Hauptsachbearbeiter mit auffälligen Lebensgewohnheiten, der seinen knallgelben Porsche 911 unweit seines Amtes abstellte und in einen klapprigen Peugeot umstieg. Der über Bankkonten verfügte, die zwar bedeutende Bareinzahlungen aufwiesen, aber keine Abhebungen, so dass sich die Frage stellte, wovon der Mann eigentlich lebte. Es gab auffällige Daueraufträge für Nebenkosten von Wohnungen ohne Meldebescheinigung, Zahlungen an Schiffsausrüster, Unterhaltsleistungen von mehreren zehntausend DM. Er war Eigner schneller Hochseeyachten, Eigentümer eines alten Bauernhauses in Frankreich, das restauriert und unterhalten werden musste, und er besaß eine Ferienwohnung auf Mallorca. Wie sich nach und nach herausstellte, hatten sich etwa 20 Firmen aus der HKLS-Branche zu einem Kartell zusammengeschlossen, darunter namhafte Unternehmen von bis zu 3000 Mitarbeitern. Ziel des Kartells: die Aufträge für die Gebäudetechnik des Großbauvorhabens im Volumen von mindestens 126 Millionen DM für sich hereinzuholen. Man traf sich zu mehreren Sitzungen, so auch im Sheraton Hotel am Frankfurter Flughafen, der guten Verbindungen wegen, und einigte sich nach teilweise hartem Ringen um die Auftragsanteile. Man war bereit zu zahlen: «Es war erklärte Geschäftspolitik, Aufträge auch mit Hilfe von Schmiergeldern hereinzuholen.» Der Kartellführer verfügte aus früheren Bauprojekten über einschlägig «gute Beziehungen» zu dem Planungsbüro und zu einem Hauptsachbearbeiter der Staatsbauverwaltung, der, anerkannt als hervorragender Fachingenieur, bereits seit Jahren auf der «Payrole» des Kartells stand. Diesem traute man zu, das Projekt im Sinne des Kartells «ordnungsgemäß abzuwickeln». Er saß allerdings nicht in dem für diese Großbaumaßnahme zuständigen Bauamt. Es ging also darum, den Mann des Kartells an die richtige Stelle zu lancieren. Hier zahlten sich die erprobten Beziehungen des Kartellführers zu den Spitzen der hessischen Staatsbauverwaltung aus. Es bedurfte also keiner besonderen Bemühungen, und der als Fachmann anerkannte Bedienstete wurde in das für die Maßnahme zuständige Amt versetzt. Dort wurde er federführend mit der Planung und Ausführung der haustechnischen Gewerke dieser Großbaumaßnahme betraut. Als Gegenleistung dafür, nur die Kartellmitglieder an den Ausschreibungen zu beteiligen und lukrative Nachtragsaufträge außerhalb des Wettbewerbs zu vergeben, verlangte er 2,5 % der Auftragssumme in bar. Jetzt ging es noch darum, das von der Staatsbauverwaltung beauftragte Planungsbüro mit ins Abspracheboot zu nehmen. Dieses verlangte 3 % für sich. Man einigte sich auf 1,5–2,5 %. Allein der Hauptsachbearbeiter kassierte mindestens 700 000 DM. Die Kartellfirmen durften davon ausgehen, «diese Schmiergelder durch die aufgrund der Absprachen ermöglichten Preisüberhöhungen erwirtschaften zu können». Sie zahlten entsprechend ihren Auftragsanteilen die Bestechungsgelder in einen von dem Kartellführer verwalteten Schmiergeldpool ein. Für die Verwaltung des Pools stand dem Kartellführer eine Aufwandsentschädigung von 50 000 DM zu. Der Wettbewerb geriet zur Scheinveranstaltung, denn schon vor dem offiziellen Ausschreibungsverfahren war klar, welches Unternehmen zu welchem «günstigsten» Preis das jeweilige Baulos erhielt.

Es bedurfte des Einsatzes von Sachverständigen, um nur die auffälligsten Manipulationen zu prüfen, und es zeigte sich schnell, dass jede Mark, die für Prüfungskosten aufgewendet wurde, sich mit Regressforderungen von acht Mark amortisierte. Das hessische Finanzministerium machte insgesamt Schadensersatz in Höhe von 12,3 Millionen DM geltend. Kontrolle zahlte sich aus.

In einem ganz anderen Verfahren wurde z.B. die Abrechnung eines Abwasserkanals überprüft, der unter einer Wohnstraße verlegt war. Das Tiefbauunternehmen hatte – so die Revisoren – 80–90 cm Aushubbreite mehr als tatsächlich ausgeführt abgerechnet. Der Schaden betrug 120 000 DM, das Schadensgutachten nur 4000 DM. Angesichts solcher Zahlenwerke ist schon die Frage erlaubt, welche Gründe die öffentliche Verwaltung daran hindern, zumindest große Investitionsmaßnahmen durch Externe prüfen zu lassen, wenn schon Bordmittel nicht bereitstehen. Was aber nicht heißen soll, dass nicht auch (und gerade) die Massengeschäfte, etwa im Bereich der Bauunterhaltung, besonderen Anlass bieten, den Beteiligten genau auf die Finger zu sehen. Die Faustformel, wonach korruptiv betroffene Baumaßnahmen der öffentlichen Hand in der Regel 30 % überteuert sind, bestätigte sich übrigens bei dem Blockheizkraftwerk des Behördenzentrums. Auf rund 35 Millionen DM belief sich der Auftragswert. Erste Prüfungen hatten Preisüberhöhungen von annähernd zehn Millionen DM ausgemacht. Für die Lieferung der Motoren und der zugehörigen Komponenten von acht bis neun Millionen DM hatte der Lieferant die Zahlung von 140 000 DM an den Hauptsachbearbeiter zugesagt: «Die zweite Rate von 30 000 DM erhielt er in dem Restaurant ‹Zur Krone› in Assmannshausen», übergeben von einem leitenden Mitarbeiter des weltweit agierenden Motorenherstellers. Das Geschäft war durch einen ehemaligen Beamten der Staatsbauverwaltung eingefädelt worden, der sich seine alten Kontakte zunutze machte. Der Anteil des zwischenzeitlich Verstorbenen an dem Geschäft ist unbekannt geblieben.

Zur Anbahnung solcherart Beziehungen hatte der Mitarbeiter vom Staatsbauamt auf den von ihm arrangierten Segeltörns bewusst die Nähe zu künftigen Geschäftspartnern gesucht. Hier ließ sich ungeniert über anstehende Auftragsvergaben reden und aushandeln, was der Zuschlag dem Unternehmer wert ist: «Der Unternehmer stellte daraufhin eine Zuwendung von 1 % der Auftragssumme in Aussicht.» In diesem Fall waren 60 000 DM das Ergebnis einer Schifffahrt auf dem Mittelmeer.

Auf solche geradezu mafiösen Strukturen,[9] die bei diesem Korruptionskartell zu Tage getreten sind, trifft man überall. Staatsdiener lassen sich «praktisch von ihren ersten Arbeitstagen an über einen Zeitraum von etwa 20 Jahren regelmäßig mit Geld- und Sachzuwendungen bestechen, wobei sich frühere Backschischzuwendungen in enorme Geldflüsse ausweiten», wie ein Richter ausführte. Das Risiko der Enttarnung wird bewusst minimiert, indem man die persönlichen Kontakte auf wenige ausgesuchte Gesprächspartner reduziert, denen man vertrauen kann. Es handelt sich nicht um vereinzelte Verfehlungen, sondern «um Mosaiksteine in einem auf Dauer angelegten Korruptionsgeflecht» (so der Vorsitzende einer Frankfurter Wirtschaftsstrafkammer). Mit hoher krimineller Energie wird alles darangesetzt, ausgewählten Firmen bevorzugt Aufträge zu erteilen, damit die vereinbarten Bestechungsgelder in der gewünschten Weise fließen. Diese Strukturen lassen sich auch daran erkennen, dass Verbindungspersonen in Ämtern und Behörden eingeschleust werden, um Informationen an die Kartellmitglieder weiterzugeben. Die Fälschung von Submissionsergebnissen, Kartellabsprachen, die Schmiergeldbeschaffung mit Hilfe von Scheinfirmen und die betrügerische Abrechnung nicht erbrachter Leistungen sind die Markenzeichen organisierter Wirtschaftskriminalität.

Wie weit diese Korruptionsstrukturen sich bereits verfestigt haben, wird daraus deutlich, dass die Schmiergeldbeziehungen an den Nachfolger im Amt weitergegeben werden, um das System aufrechtzuerhalten: «Er gab dem Nachfolger zu verstehen, dass er selbst von den Firmen Geld- bzw. Sachzuwendungen als Gegenleistung für die Vergabe von Aufträgen erhalte und auch er entsprechende Zuwendungen erwarten könne.» Der Nachfolger nutzte dieses Wissen dann «zunehmend dazu, nicht nur diesen Unternehmen, sondern auch anderen pflichtwidrig Aufträge als Gegenleistung für Zuwendungen zu verschaffen».

Ein Mitarbeiter in der Bauverwaltung, der später als «Mister 3%» bekannt werden sollte, hatte sich durch seinen Vorgänger im Amt in das bestehende Korruptionsgeflecht mit den Firmen regelrecht einweisen und erläutern lassen, wie viele «Punkte» (also Schmiergeldzahlung in Prozent der Auftragssumme) er von den jeweiligen Firmen verlangen könne. Der in den Ruhestand wechselnde Beamte brachte seinen Nachfolger mit den Ansprechpartnern «seiner Firmen» zusammen und überließ es den beiden, sich unter vier Augen über die künftigen Zahlungsmodalitäten zu verständigen. Fortan berechnete der Nachfolger die 3 % nicht nur für die Nettoauftragssumme, sondern auch «zuzüglich der Nachträge». Das machte z. B. bei einer Montagebaufirma («3 % der Nettoauftragssumme einschließlich aller Nachträge») insgesamt 191 820 DM. Als Gegenleistung akzeptierte «Mr. 3%» den von der Firma festgelegten Bieterkreis für beschränkte Ausschreibungen und sagte zu, alle Bewerber bei öffentlichen Ausschreibungen zu verraten. Der Beamte erwartete die Abrechnung seiner «Punkte» im Turnus von drei Monaten. Die Berechtigung der «Punkte»-Forderungen ließ ein Unternehmer extra durch den Leiter seiner kaufmännischen Abteilung prüfen, bevor er seinen Finanzbuchhalter anwies, das Schmiergeld auszuzahlen. Aber es blieb nicht bei den 3 %-Zahlungen: Wenn feststand, dass «ein erheblicher Minderbetrag zu der Auftragssumme entstehen wird», weil die tatsächlich erbrachten Bauleistungen (850 000 DM) unter dem Gesamtauftrag (945 000 DM) blieben, dann wurden «geeignete Maßnahmen ergriffen, um die Schlussrechnungssumme zu erhöhen». So setzte man sich zusammen und erhöhte «die Rohrmassen auf den bereits unterzeichneten Originalaufmaßblättern um mindestens 10 bis 20 %».

Die Beschäftigungsbehörde hatte im Übrigen keine Bedenken, diesem Beamten vier (!) Nebentätigkeiten für «Bauberatung für den privaten Eigenheimbau» zu genehmigen. Was sich tatsächlich hinter diesen «Nebentätigkeiten» verbarg, enthüllt eine Rechnung über fingierte Ingenieurleistungen, hinter der nichts anderes als eine Schmiergeldforderung stand (s. Kasten S. 147).

Die aus angeblichen Nebentätigkeiten erklärten Einnahmen von «maximal 1600 DM» konnten Bargeldguthaben von 100 000 DM, ein Sparbuch für die Tochter, auf das eben mal 40 000 DM eingezahlt wurden («eigenen Angaben zufolge aus Bestechungsgeldern»), und Autos für Ehefrau und Tochter des nach BAT IIa besoldeten Hauptsachbearbeiters nicht erklären. Zwei Mietshäuser nebst Eigenheim erregten ebenso wenig den Argwohn seines Dienstherrn wie ein damals knapp 100 000 DM teurer Daimler-Benz 500 SE. Da erstaunt es schon nicht mehr, dass die anonyme Anzeige wegen eines vergleichsweise günstigen 280 SE nach dienstrechtlicher Anhörung (!) folgenlos blieb. Bis zu seiner Verhaftung erhielt der gelernte Ingenieur, so der Anklagevorwurf, in sechs Jahren von zwölf Baufirmen Bargeld und Sachvorteile («Der Bedienstete legte eine von ihm handschriftlich gefertigte Einkaufsliste mit beigehefteten Kopien aus einem Prospekt vor, in denen er einen Videorecorder, ein tragbares Radio, einen Walkman, Kassetten und andere Musikgeräte für seine Kinder im Gesamtwert von 5000 DM angekreuzt hatte») im Gesamtwert von 500 000 DM und schädigte den Fiskus um mindestens 1,34 Millionen DM. «Mr. 3 %» wurde zu einer Freiheitsstrafe von drei Jahren und sechs Monaten zuzüglich einer Geldstrafe verurteilt. Vermögen im Wert von rund 280 000 DM wurde eingezogen.

Fritz Ehrenwert   Meierstraße 10
Dipl.-Ing.   B-Dorf, den 6. 7. (Jahr)
                                             Tel.: ...

Firma
Haustüren GmbH
Postfach 1234
5555 C-Stadt

RECHNUNG

Für auftragsgemäß erbrachte Ingenieurleistungen und baufachtech-
nische Beratungen berechne ich wie vereinbart, einschl. aller angefallenen Nebenkosten

                    pauschal   DM 4000,–

Ich bitte um Überweisung auf mein Konto: 123 456 BLZ:
111 111 111 bei der Sparkasse B.

Mit freundlichen Grüßen

Original der Rechnung; anonymisiert

Die Zahlung von 3 % der Auftragssumme ist eine bekannte Größe
in der Bauverwaltung, mit der die Firmen zu kalkulieren haben. Wie
viele «Mr. 3 %» in Ämtern und Behörden ihr kriminelles Spiel treiben,
kann niemand sagen. Immer wieder aber stellen die Strafgerichte fest,
dass Angehörige der Verwaltung «in ein System der Vorteilsgewährung durch an öffentlichen Bauaufträgen interessierte Unternehmen eingebettet sind».
    Ein Mitarbeiter der staatlichen Bauverwaltung wurde zu einer
zweijährigen Freiheitsstrafe auf Bewährung verurteilt, und der Verfall
eines Geldbetrages, wie das Gesetz die Gewinnabschöpfung nennt,
von 50000 DM wurde angeordnet: Er «traf auf ein Geflecht von Beziehungen zwischen Mitarbeitern der Behörde und den mit öffentlichen Bauvorhaben betreuten Firmen», dem er sich als «anfangs kor-
rekter Mitarbeiter» vergeblich zu entziehen suchte. Schließlich nahm
auch er Zuwendungen an, die er «als adäquate Lohnergänzung für

überdurchschnittliche Mehrleistung ansah». Auf 71 000 DM bezifferte die Strafkammer die Vorteile, denen Vermögensschäden des Landes Hessen von 1,23 Millionen DM gegenüberstanden.

Die von diesen kriminellen Machenschaften ausgehenden Gefahren potenzieren sich, weil sie in einem weit gehend kontrollfreien Raum geschehen. Die fehlende oder nur oberflächliche Prüfung von Planung und Abwicklung insbesondere öffentlicher Bauvorhaben liegt zum einen in den Bestechungsstrukturen selbst begründet. Denn die bestochenen Beamten und die beauftragten Planungsbüros fallen naturgemäß als Kontrollorgane völlig aus und setzen alles daran, Unregelmäßigkeiten zu verschleiern.

Die öffentliche Verwaltung ist weder personell noch dem Sachverstand nach in dem erforderlichen Umfang darauf eingerichtet, Baumaßnahmen und andere Ausgaben auf Wirtschaftlichkeit und technische Plausibilität hin zu prüfen. Die Wirtschaftsstrafkammer des Landgerichts Frankfurt am Main war also gehalten, bei «Mr. 3 %» strafmildernd zu berücksichtigen, «dass die Taten möglicherweise hätten verhindert werden können, wenn seitens der OFD eine weitergehende Kontrolle stattgefunden hätte». Eine Strafkammer stellte in der Bauverwaltung «ein weit verbreitetes Geflecht von gegenseitigen Abhängigkeiten» fest und dass es «offensichtlich an geeigneten Kontrollmechanismen fehlte, solche Entwicklungstendenzen zu unterbinden». Bei einem Neubau für 70 Millionen DM bestand der Verdacht der Vergabemanipulation bei Aufträgen im Wert von 33 Millionen DM. Es blieb bei der Rüge der Rechnungsprüfer, dass die Ausstattung der Innenräume zu hochwertig und die Statik der Dacheindeckung zu aufwändig gestaltet seien. Damit aber nicht genug. Die korruptiven Schwachstellen sind geradezu zwangsläufig, wenn vorgesetzte Dienststellen wegen angeblich «chronischer Überlastung» ihrer Mitarbeiter zulassen, dass die Wettbewerber selbst die Kosten schätzen und die Leistungsverzeichnisse erstellen, die dann Grundlage der Auftragsvergabe werden: «Es ist in der Staatsbauverwaltung Praxis, dass die Sachbearbeiter, gleichgültig für welches Gewerk, von bestimmten Firmen, die ihnen als zuverlässig bekannt sind, Leistungsverzeichnisse erstellen lassen, die dann Grundlage für Ausschreibungen sind. Diese Praxis ist allgemein bekannt, nicht nur bei der Oberfinanzdirektion und im Rechnungsprüfungsamt.» Dabei bedürfte es gar keiner allzu großen Kraftanstrengung den Manipulateuren auf die Schliche zu kommen. Schon eine oberflächliche Prüfung von Ausschreibungs- und Kalkulationsunterlagen würde genügen, Insiderinformationen, Verstöße gegen die Vergabevorschriften, Preisabsprachen und die Fälschung von Submissionsergebnissen zu belegen. In einem Fall ging es um den Auftrag für Deckenverkleidungen für den Neubau eines Finanzamtes. Die Vergabe war abgesprochen. Der Bieter mit dem angeblich günstigsten Angebot bekam den Zuschlag, obwohl er die Preise in den entscheidenden Leistungspositionen um 86 % überhöht kalkuliert hatte. Die Schlussrechnung betrug knapp 1,4 Millionen DM und lag damit um 531 000 DM über den marktüblichen Konditionen. In einem anderen Fall erweiterte sich der Hauptauftrag durch Nachtragsangebote von knapp vier Millionen DM auf rund 22 Millionen DM. Für 1,5 Millionen DM, so die Prüfer, fanden sich «keinerlei Hinweise oder Belege für Mengenmehrungen oder zusätzliche Arbeiten». Dafür brachten aber die Ermittlungen ans Tageslicht, dass dem Amtsträger Bauleistungen am Privathaus und die Zahlung von 50 000 DM in bar zugesagt waren.

Die öffentliche Hand scheint unbelehrbar. In Nordrhein-Westfalen setzen die Kommunen alles daran, das Verbot der Preisnachverhandlung auszuhebeln in der irrigen Annahme, Kosten zu sparen. Dabei stellt gerade die Nachverhandlung eine Einbruchstelle für Korruption und Manipulation dar. Und wieder meint man, durch Kontrollen dieser Gefahr begegnen zu können, wohl wissend, dass gerade mangelhafte Kontrollorganisation und fehlendes Personal Korruption in der Vergangenheit erleichtert haben. In hessischen Kommunen werden wieder nur die ortsansässigen Unternehmen am Wettbewerb beteiligt, als hätte es die Bürgermeister-Affäre nicht gegeben, die ihren Ausgang in dem den Wettbewerb verzerrenden Ausschluss überörtlicher Bieterfirmen nahm. Die wirtschaftliche Bedeutung örtlicher Baukartelle wird trotz aller einschlägigen Erkenntnisse immer noch unterschätzt. So waren z. B. in der südhessischen Region nicht weniger als 226 Baumaßnahmen Gegenstand von Absprachen eines aus 16 Firmen bestehenden Haustechnikkartells. Davon entfielen 192 Aufträge im Gesamtvolumen von 35,5 Millionen DM auf sechs Kartellmitglieder, von denen wiederum die zwei führenden 23 Millionen DM für sich verbuchten. Die Preisüberhöhungen schwankten zwischen 5 und 30 %, in Einzelfällen reichten sie bis zu 160 %. Eine einzige Firma erhielt von einem Staatsbauamt in wenigen Jahren infolge von

Kartellabsprachen die ungewöhnlich hohe Anzahl von 600 Aufträgen im Gesamtvolumen von weit über 64 Millionen DM. Richteten sich die Ermittlungen zunächst nur gegen den für das Projekt zuständigen Mitarbeiter im Staatsbauamt und das in dessen Auftrag tätige Ingenieurbüro, umfasste das Sammelverfahren schließlich mehr als 260 Beschuldigte.

Gegen den geständigen Niederlassungsleiter eines mittelständischen hessischen Bauunternehmens wurde eine zweijährige Freiheitsstrafe nebst einer Geldstrafe verhängt, weil er zusammen mit dem Firmeninhaber in neun Jahren an zwölf Amtsträger zusammen knapp 400 000 DM als Gegenleistung für bevorzugte Auftragsverschaffung bezahlte. Der Fiskus zeichnete in diesem Fall Verluste in Höhe von 800 000 DM. Das Unternehmen wurde landesweit von der öffentlichen Auftragsvergabe gesperrt, hatte Schadensersatz zu leisten und musste sich obendrein dem Bußgeldverfahren der Kartellbehörde stellen.

Der Kartellführer kam mit zwölf Monaten vergleichsweise glimpflich davon. Einen wesentlichen wirtschaftlichen Schaden trug er nicht davon, wohl aber sein Weinhändler, bei dem er die Präsente für seine Kunden bestellt hatte: Der enorme Umsatz brach nach den Ermittlungen im Jahr 2000 ein.

Jahr	gesamte Bestellung, Flaschen	Rechnungssumme
1994	17 276	105 445,98 DM
1995	17 221	108 636,15 DM
1996	16 942	108 962,73 DM
1997	16 732	108 494,57 DM
1998	16 792	112 382,75 DM
1999	15 127	110 189,99 DM
2000	**489**	**3 657,46 DM**
insgesamt	100 579	657 769,63 DM

Korruptionsumsatz gemessen im Verkauf von Weinflaschen

Dem Prokuristen, der im Auftrag des Kartellführers die wertvollen Kontakte zu den Auftraggebern hielt, wurde formal gekündigt, um ihn danach als Berater zu besten Konditionen weiter zu beschäftigen. Seine Geldauflagen und Rechtsanwälte zahlte die Firmenkasse.

Der Haupttäter und spätere Kronzeuge büßte Segelyacht, Porsche und Zweitwohnsitz in Frankreich ebenso ein wie seine Freiheit auf drei Jahre und drei Monate, Bargelder in Höhe von 330000 DM wurden arrestiert.

Bestechliche Bürgermeister

«An meine guten Taten denkt keiner mehr!»

«Nur die Wirklichkeit kann es wagen, so zu sein» (frei nach Heinrich von Kleist). Wenn man das Bestechungssyndikat im reichen Hochtaunus-Kreis am Rande der Mainmetropole erfunden hätte, würde es keiner glauben. Ausgangspunkt eines der ermittlungsintensivsten Verfahren an der Schnittstelle zwischen Kommunalvertretern und Schmiergeldpfründen war das Tiefbauamt der Kurstadt Bad Homburg v. d. H. Kaum hatten die Fahnder das Unterholz der korruptionsanfälligen Frankfurter Stadtverwaltung gelichtet, führten das Geständnis eines zu mehrjähriger Freiheitsstrafe verurteilten Bauunternehmers und die geradezu kriminalistische Arbeit eines gewissenhaften Rechnungsprüfers der weltoffenen Taunusgemeinde mit der Spielbank zu einem neuen Sammelverfahren gegen schlußendlich 170 Beschuldigte. Während in Frankfurt reihenweise städtische Mitarbeiter und Bauunternehmer verhaftet wurden, fiel dem Prüfer nach Antritt seines neuen Amtes ein Name aus dem Frankfurter Komplex auf. Seit Jahren gewann dieser Unternehmer mit Abstand die meisten Aufträge in der Kurstadt. Als er dann in einem der Angebote faustdicke Manipulationen entdeckte (aus einer Position über 1000 DM wurden nach der öffentlichen Verlesung des Angebotspreises plötzlich 81000 DM – und trotzdem blieb der Unternehmer noch unter dem Preis des zweitgünstigsten Bieters), schrillten bei dem Rechnungsprüfer die Alarmglocken, und er wählte die Telefonnummer des Sonderdezernates zur Korruptionsbekämpfung bei der Frankfurter Staatsanwaltschaft. Unter strengster Geheimhaltung sichteten Staatsanwalt und Prüfer gemeinsam eine Vielzahl abgeschlossener Bauakten. Beim Durchblättern der Akten über den Bau von Rad- und Fußwegen, der Gestaltung von Straßen und Plätzen, der Sanierung von Abwasserkanälen und Bachläufen erkannte der Prüfer in den Angebotsunterlagen auch anderer Tiefbauunternehmen wiederkehrende Manipulationsmuster.

Einer versah seine Manipulationen mit einer gewissen künstlerischen Note. Aus einem senkrechten Strich zauberte er nach Bedarf eine Eins, eine Neun oder eine Vier. Aus einer Drei wurde eine Acht oder eine Zwei. Andere ließen sich von einem Bediensteten im Bauamt nach der öffentlichen Verlesung ihrer Angebote die Unterlagen wieder aushändigen und korrigierten sie noch in der Tiefgarage der Stadtverwaltung. Die nachträglichen Veränderungen markierten sie mit dem handschriftlichen Vermerk «geändert», stempelten sie mit dem Datum vom Vortrag ab und zeichneten mit ihrem Namenskürzel. Die «hilfreichen Herren im Stadthaus» griffen der heimischen Wirtschaft auch sonst gerne unter die Arme: Im Leistungsverzeichnis wurde aus sandigem Boden Fels, den wegzusprengen die auswärtige Konkurrenz in Unkenntnis über die tatsächliche Beschaffenheit des Bad Homburger Untergrundes mit realistischen 100 DM/m³ kalkulierte. Die eingeweihten örtlichen Tiefbauunternehmen setzten für dieselbe Position gerade mal 10 Pfennig an. Der Kreis der begünstigten Baufirmen und ihrer Helfershelfer im Bauamt war schnell abgesteckt. Allzu dreist und offenkundig waren die Änderungen in den Bauakten ausgefallen. Häufig ähnelten sich die ausgeschriebenen Leistungen und die abgerechneten Aufträge wie Äpfel und Birnen – die Gemeinsamkeiten beschränkten sich darauf, dass es sich um Baumaßnahmen handelte.

Das Ende der Amtszeit von Bauamtsleiter und Mitarbeitern war absehbar. Als nach langen, verdeckten Vorermittlungen die Dienstwagen von Landeskriminalamt und Staatsanwaltschaft losrollten, war dies der Startschuss für einen der spektakulärsten Korruptionsskandale in der Bundesrepublik.[10] Auch wenn die Befürchtung des Bad Homburger Stadtoberhauptes, sein Bauamt würde halbiert werden, sich letzten Endes doch nicht bewahrheitete, lösten die dann folgenden Verhaftungen im Hochtaunus-Kreis helles Entsetzen über das Ausmaß des Korruptionssumpfes und der darin steckenden Personen aus. Der schon beschriebene «Drehtüreffekt» trug wesentlich zur Festnahme einer Reihe amtierender Bürgermeister bei, die skrupellose Nutznießer der Möglichkeiten waren, die ihnen ihre Ämter boten. Im Büro des Rechnungsprüfers hing eine Latte, in die er nach jeder Verhaftung eine Kerbe schnitzte. Am Ende zählte dieses «Kerbholz» 25 Einschnitte. Der Vorwurf war immer derselbe: Bestechung, Betrug, Untreue und Steuerhinterziehung. Korrupte Kommunalpolitiker und Mitarbeiter der Bauverwaltung hatten jahrelang Schmiergelder in Millionenhöhe kassiert. Die Übergabe der Bestechungsgelder erfolgte diskret in Briefumschlägen auf Baustellen und Parkplätzen, in Büros und auf der Herrentoilette. Die Zuwendungen wurden einverständlich in die Baumaßnahmen eingerechnet, die überhöhten Baukosten für Kläranlagen und Wasserbeschaffung auf die Gebühren umgelegt, bis sie bundesweit an der Spitze lagen – der Steuerzahler war mal wieder der Dumme. Um 10 bis 20 Millionen DM sollen allein die Städte Bad Homburg und Usingen geschädigt worden sein,[11] der Gesamtschaden konnte nie konkretisiert, geschweige denn realisiert werden. Einige der Firmen entzogen sich der Regressierung durch Konkurs (bei den Bestechlichen herrschte innerhalb kürzester Zeit die «galoppierende Verarmung»; ein Unternehmer besaß «bis auf eine Schaufel und eine Schubkarre» nichts, die Yacht im Mittelmeer war auf die Ehefrau übertragen).[12] Nur 3,5 Millionen DM von den kriminellen Gewinnen flossen zurück.[13] Immerhin konnten aufgrund von Schadensersatzleistungen die Abwassergebühren gesenkt werden.[14]

Medien und Bürger verfolgten den «Bürgermeisterskandal» im Hochtaunus und im benachbarten Main-Taunus-Kreis mit größter Aufmerksamkeit. Der Bestechungsskandal veränderte die politische Landschaft. Mit Schaudern wandten sich die Wähler von der Politik ab und straften die Parteien mit Stimmentzug.[15] Versammlungen wurden abgehalten, Umfragen durchgeführt, Bürgerinitiativen gegründet («Bürger für ein ehrliches Usingen»). Freie Wählergemeinschaften beteiligten sich erfolgreich an Kommunalwahlen (21 %), parteilose Kandidaten schafften mühelos den Durchbruch bei Bürgermeisterwahlen. Das allgemeine Misstrauen gegen die etablierten Parteien gedieh auf dem Nährboden immer neuer Nachrichten von korrupten Mandatsträgern. Es gab aber auch Solidaritätsbekundungen mit Fackelzug für einen sechs Monate lang wegen Korruptionsverdachts inhaftierten Lokalpolitiker. Die Gemeinde übernahm 100 000 DM Prozesskosten für den inhaftierten Bürgermeister.[16] Der Bürgermeister einer der reichsten Gemeinden der Bundesrepublik im Speckgürtel der Frankfurter Finanzmetropole war angeklagt. Einnahmen aus Nebentätigkeiten in Höhe von 114 000 DM nicht versteuert und Sachzuwendungen angenommen zu haben (u.a. kostenlose Handwerkerleistungen und Reisen im Wert von 20 000 DM). Firmen soll er immer dann zu

Aufträgen verholfen haben, wenn sie seiner Partei spendeten. Die Spenden wurden, so der von der Strafkammer zur Hauptverhandlung zugelassene Anklagevorwurf, in laufende Bauprojekte eines Abwasserverbandes eingerechnet. Überhaupt brachte den Bürgermeister die aggressive Einwerbung von Parteispenden in Konflikt mit dem Strafgesetz. So machte er laut Anklage die Aufhebung eines Baustopps für eine Industrieanlage von einer Parteispende in Höhe von 50 000 DM abhängig: «Dann ist das Ding für Sie gelaufen.» Ein bekannter Bauinvestor sanierte das Bad in der Bürgermeister-Villa für 32 000 DM, weil er mit dessen Wohlwollen bei dem Verkauf gemeindeeigener Grundstücke rechnen konnte. Für 850 000 DM erhielt er den Zuschlag für ein Filetgrundstück, obwohl die solvente Konkurrenz 960 000 DM geboten hatte. Auch sonst zeigte sich der Bürgermeister bei großzügigen Spenden gerne erkenntlich und gab amtliche Interna preis, etwa über die Kaufpreisangebote von Mitbewerbern. Der unerlaubte Besitz einer Pistole, Kaliber 7,65, mit unkenntlich gemachter Waffennummer, fällt da nicht mehr sonderlich ins Gewicht.

Das Schmieren im Hochtaunus-Kreis schien zum guten Ton der Homburger Schickeria zu gehören. Zum ersten Mal wurde die besorgte Frage gestellt: «Sind wir schon auf dem Weg zur Bananenrepublik?» Ein ehemaliger Vizeregierungssprecher kassierte 100 000 DM dafür, dass er einer Neu-Isenburger Künstleragentur lukrative Aufträge für Großveranstaltungen aus der Landeskasse zuschanzte. Da klang es in den Ohren irritierter Steuerzahler wie Hohn, als der amtierende Staatssekretär im Bundesfinanzministerium dozierte, dass Schmiergelder als «Nützliche Ausgaben» auch noch von der Steuer abgesetzt werden dürfen,[17] weil es «für die steuerliche Beurteilung keine Bedeutung habe, ob Zuwendungen verboten oder sittenwidrig sind».

Landes- und Bundespolitiker, auch diejenigen, die ihre Wahlkreise vor Ort hatten, verhielten sich derweil ungewöhnlich reserviert. Es fehlte wohl der Mut, mit Fingern auf den politischen Gegner zu zeigen, von dem man «schon immer geahnt hat, dass hinter dem Vorhang der Seriosität die Anarchie herrscht»; denn bei der Auswahl der Festzunehmenden konnten die Staatsanwälte – ohne Mühe – auf den Parteienproporz achten.

Nach Abschluss der Ermittlungen wurden Urteile mit Geld- und Freiheitsstrafen von bis zu viereinhalb Jahren gefällt. Mehr als

30 Amts- und Mandatsträger, zwölf Bürgermeister, Parteifunktionäre und Stadträte, Verbandsgeschäftsführer, Bauunternehmen und ein Ingenieurbüro («Die Spinne im Netz der Hochtaunus-Korruption») hatten auf Kosten der öffentlichen Kassen in die eigenen Taschen gewirtschaftet und Parteikassen illegal gefüllt. Die Kontrolle kommunaler Selbstverwaltung hatte über Jahrzehnte hinweg völlig versagt.

Mit gezielten Bestechungszahlungen war die Vergabe öffentlicher Aufträge von einem örtlichen Baukartell gesteuert worden. Von Bauaufträgen im Gesamtvolumen von 189 Millionen DM (erfasst wurden nur die Aufträge über 40 000 DM) erlangten fünf Firmen 113 Millionen DM (= 59,8 %). Die restlichen 76 Millionen DM teilten über 55 Firmen unter sich auf (= 40,2 %).

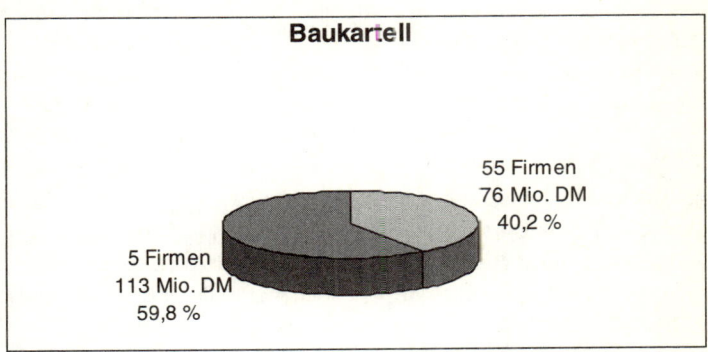

Baukartell

55 Firmen
76 Mio. DM
40,2 %

5 Firmen
113 Mio. DM
59,8 %

Das Verhalten der Beteiligten wies Ähnlichkeiten mit der «konspirativen Vorgehensweise» der organisierten Kriminalität auf, so der Vorsitzende der 12. Großen Strafkammer des Landgerichts Frankfurt am Main in seiner Urteilsbegründung, und wies damit den Whitecollar-Tätern aus der bürgerlichen Mitte ihren Platz unter den Kriminellen zu. Unterlagen wurden planmäßig beseitigt. So trafen sich der Bürgermeister einer Taunusgemeinde und der Inhaber eines Planungsbüros nachts heimlich auf einem Waldparkplatz, um zu beratschlagen, welche Bauakten nachträglich «bereinigt» werden sollten. Tags darauf kaufte der Ingenieur – vorsorglich über ein anderes Unternehmen – einen Reißwolf, der ganze Arbeit leistete.

Der 63-jährige Inhaber eines seinerzeit renommierten Bad Homburger Planungsbüros wurde zu einer Freiheitsstrafe von drei Jahren verurteilt, weil er in 61 Fällen Bürgermeister, Stadträte und Behördenmitarbeiter bestochen hatte. Er galt als Dreh- und Angelpunkt eines kleinen Kreises von Tiefbauunternehmen, die mit Hilfe von Manipulationen, Absprachen und Bestechung reich geworden waren. So schrieb die Strafkammer dem Ingenieur, der trotz des Zusammenbruchs seiner Firma 1,6 Millionen DM spenden konnte und über ein monatliches Nettoeinkommen von 15 000 DM verfügte, ein Immobilienvermögen von mindestens neun Millionen DM zu. Zwischen ihm und den Bürgermeistern bestand «die grundsätzliche Vereinbarung, die (Bestechungs-)Zahlungen im Rahmen der Honorarabrechnung wieder abzudecken», wie im Vernehmungsprotokoll festgehalten wurde. «Es entspricht den Tatsachen, dass die seitens des Ingenieurbüros an die verschiedenen Amtsträger geleisteten Bargeldzuwendungen mit entsprechendem Aufschlag von 110 und 120 % in die Rechnungen zu Lasten der Gemeinden und Körperschaften eingerechnet wurden. Es war Geschäftspolitik des Ingenieurbüros, dass gezahlte Bestechungsgelder über fingierte Leistungen kostenmäßig wieder hereingeholt werden. Die bedachten Amtsträger waren über das System der Einrechnung informiert. Wenn also 10 000 DM Bestechungsgelder gezahlt wurden, wurden zu Lasten der betreffenden Körperschaft oder der Gemeinde fingierte Positionen in Höhe von 21 000 bis 22 000 DM abgerechnet.» Der Wunsch der kommunalen Vertreter, «in der Mehrzahl der Fälle» bestimmte örtliche Unternehmen «als ausführende Firmen» zu beauftragen, war da selbstverständlicher Teil der Vereinbarung. Den Baufirmen ermöglichte der Ingenieur, ihre für die Aufträge erbrachten «Aufwendungen» in überhöhten Baurechnungen zu verstecken: «Es war gängige Praxis, dass auch die Baufirmen die von ihnen gezahlten Bargeldzuwendungen mit einem entsprechenden Aufschlag einrechneten. In der Praxis sah das so aus, dass sich ein Vertreter der Baufirma mit einem Bauleiter des Ingenieurbüros zusammensetzte und entsprechende Positionen fingierte.» Weiter verfeinert wurde diese Vernetzung durch die Infiltration der öffentlichen Verwaltung mit ehemaligen Angehörigen örtlicher Baufirmen. Der Bauingenieur eines Unternehmens wechselte einvernehmlich in die Bauverwaltung und verschaffte ab sofort seinem ehemaligen Arbeitgeber gegen Barzahlung Aufträge. Die Einrechnung der Zahlungen erfolgte mit einem dreifachen Aufschlag über fingierte Tagelohnarbeiten.

Der 1. Kreisbeigeordnete, Baudezernent und Vizelandrat, hatte sich für jeden Kubikmeter Erde, den Bauunternehmer auf der örtlichen

Kreismülldeponie über ein Jahrzehnt hinweg bewegten, zusammen mit dem Kreisgeschäftsführer und Mitglied des Finanzausschusses eine Mark, «insgesamt mindestens 367 807 DM», zahlen lassen. Als Baudezernent des Kreises spielte er eine zentrale Rolle bei der Vergabe und Durchführung von Bauaufträgen des Hochtaunus-Kreises. Für fortwährende Beauftragung erwartete er entsprechende Geldzahlungen. Von einem der Unternehmen erhielt er jährlich zwischen 20 000 und 30 000 DM: «Er sagte klipp und klar, dass er sich als Gegenleistung für diese Gelder dafür einsetzen werde, dass wir entsprechende Aufträge bekommen. Diesen Zusammenhang zwischen Geldzahlungen und Aufträgen stellte er in mehreren Gesprächen mit mir her.» In Geldumschlägen und luxuriösen Geschenken («Unter anderem eine Fotoausrüstung der Marke Leica im Wert von 5000 DM») sah der Beigeordnete keine schwer wiegende Bestechung: «Man hat mich ausgezahlt, nicht gekauft», erklärte der Christdemokrat.[18] Die «Sache mit der Mark» hatten die beiden Politiker mit dem Unternehmer «auf der Straße vor dem Kreisbauamt abgesegnet».[19] Die Politiker waren es leid zuzusehen, wie sich die Unternehmer «die Säcke voll machen», dicke Autos fahren und Häuser in der Schweiz haben, während sie «denen immer wieder nachlaufen» müssten. Man strebte daher «für die Zahlungen eine feste Regelung» an. Die Mülldeponie, als Dauerbaumaßnahme auf Jahrzehnte projiziert, eignete sich hervorragend für «fortlaufende Einnahmen». Daher lag es im Interesse der beiden Politiker, die Aufträge zu «stolzen Preisen» zu vergeben. Sie setzten im Kreistag durch, dass die Baumaßnahmen nicht wie vorgeschrieben öffentlich, sondern beschränkt ausgeschrieben wurden, und machten sich für die Auftragsvergabe an die Firmen stark, die ihnen bereits vorab Zahlungen von «ungefähr 300 000 DM» zugesagt hatten. Der Wirtschaftssachverständige des Regierungspräsidiums Darmstadt kam später zu dem Ergebnis, dass die Baupreise um 60 % über dem Marktpreis lagen, und errechnete einen Schaden von 2,15 Millionen DM. Der vor allem bei den Vereinen beliebte Vizelandrat konnte die Unrechtmäßigkeit seines Tuns nicht recht einsehen und beklagte lauthals das Urteil von drei Jahren und zehn Monaten Freiheitsstrafe: «An meine guten Taten denkt keiner mehr.» Ob das Verfahren bei ihm zu einer Läuterung geführt hat, mag man bezweifeln. Der ehemalige Spitzenpolitiker ließ sich als Freigänger vom Kaufhausdetektiv beim Ladendiebstahl im Sulzbacher Main-Taunus-Zentrum erwischen («nacheinander Kosmetik für 100 DM, CDs, Musik-kassetten, Batterien und einen Herrengürtel für 40 DM»).

Ist es der Selbstüberschätzung von Personen zuzuschreiben, die sich gerne im Rampenlicht sehen, in dieser Lebenssituation ihrer Ein-lassung vor Gericht das Bekenntnis vorauszuschicken: «Es ist wohl unverständlich, dass eine Person wie ich plötzlich dreist zum Mittel eines Diebstahls greift?»[20] Hier wird eine Grundhaltung der Korrup-ten offenbar, die allen Ernstes glauben, sich persönlich nichts vor-werfen zu müssen. Sie sind der Überzeugung, sich im Interesse des Gemeinwohls und der Unternehmen aufgeopfert und mehr geleistet zu haben, als man gemeinhin erwarten darf. Dafür und auch für nicht entgoltene «Überstunden» eine «Entschädigung» zu beziehen, kann in ihren Augen nichts Verwerfliches sein. An einem solchen Charak-ter, der sich trotz Verurteilung um ein Mandat als Stadtverordneter bewirbt, zerschellen die an Loyalität und Moral gemahnenden Worte des Strafkammervorsitzenden: «Das Verhalten des Angeklagten, der nach der Bedeutung seines Amtes in besonderem Maße hätte ein Vor-bild an Lauterkeit und Pflichterfüllung sein müssen, ist geeignet, das Vertrauen des Bürgers in eine sachgerechte und von pflichtwidrigen Einflüssen freie Entscheidung von Amtsträgern der öffentlichen Ver-waltung zu erschüttern und zu untergraben.»

Der Bürgermeister einer aufstrebenden Taunusgemeinde meinte, er habe sich nicht der Bestechlichkeit schuldig gemacht, sondern «nur» der Vorteilsannahme. Das Gesetz macht da zwar einen feinen Unter-schied, die Moral aber nicht.[21] Der Politiker gehört zu den Vertretern einer Clique von wenigen, die sich auf Kosten vieler bereichern. An-gesichts einer Vita, die für Fleiß, Solidität und Zuverlässigkeit steht, traut die Allgemeinheit Personen wie ihm ein korruptes Verhalten nach Auftreten und Charakter nicht zu, der als Amtsleiter Anerken-nung erfuhr und sich als engagierter Kommunalpolitiker bodenstän-diger Beliebtheit erfreute. Derselbe Mann nahm, der Anklage zufolge, über einen Zeitraum von 26 Jahren als Leiter des Tiefbauamtes und später auch als Bürgermeister immer wieder Geld für Aufträge an. Nötig hatte er das nicht, immerhin verdiente er damals, zu Anfang der 1990er Jahre, bereits 6300 DM netto im Monat. Aber ein gutes Ein-kommen hat noch nie vor Korruption gefeit: «Im Anschluss an die Weihnachtsfeier übergab ihm der Firmenvertreter auf dem Weg zu seinem Pkw einen Umschlag mit der Bemerkung, er solle diesen einstecken, was er auch tat. Im Pkw stellte er fest, dass sich in dem Umschlag 2000 DM in bar befanden.» Von Baufirmen und einem Ingenieurbüro kassierte er regelmäßig je 2000 DM zum Jahreswechsel, mal war es «Reisegeld» über 2000 DM anlässlich einer mehrtägigen Reise mit anderen Bürgermeistern und den Ehefrauen nach Wien («man übernachtete im Hotel Sacher»), mal übernahm ein Unternehmen die ihm in einem Strafverfahren auferlegte Geldbuße von 2500 DM. Dann gab es wieder unentgeltliche Bauleistungen an den Wohnhäusern des Staatsdieners und seiner Kinder sowie die Lieferung von Sanitärobjekten (135 000 DM). Wie üblich wurden die Zuwendungen mit seiner Zustimmung und mit einem Aufschlag von mindestens 110 % durch fingierte oder überhöhte Rechnungspositionen zum Nachteil seiner Gemeinde refinanziert. Ein Firmeninhaber: «Mit Aufnahme der Zahlungen habe ich persönlich und teilweise im Beisein meines Mitarbeiters mit ihm abgesprochen, dass die Zuwendungen mittels fingierter und um einen Aufschlag überhöhter Positionen zu Lasten der jeweiligen Körperschaft (Wasserbeschaffungsverband der Gemeinden) oder Gemeinde eingerechnet wurden.» Der Bürgermeister kam letztendlich nicht umhin, diese Darstellung zu bestätigen: «Es bestand ein stilles Einverständnis, ohne dass darüber aus Anlass der einzelnen Zahlungen immer wieder gesprochen werden musste, dass die Vorteilsgeber ihre Aufwendungen in laufende Baumaßnahmen der Gemeinde oder der Verbände einrechnen. Mir war auch klar, dass die Zuwendungen mit dem 2- bis 2,5-fachen Satz eingerechnet wurden.» An anderer Stelle wird ergänzt: «Wir haben auch darüber gesprochen, bei welchen Gewerken die Einrechnung machbar ist.» Die Zuwendungen wurden dem Amtsleiter und späteren Bürgermeister von den Firmen nicht aufgedrängt: «Der Bürgermeister sprach mich an, dass seine beiden Kinder jeweils ein Eigenheim errichteten, und fragte mich, ob meine Firma hierbei behilflich sein könnte. Gleichzeitig gab er zu verstehen, dass meine Firma bei der Gemeinde hinsichtlich zukünftiger Aufträge mehr zum Zuge kommen würde.» Mit «behilflich sein» war für den Unternehmer erkennbar gemeint, dass die Bauleistungen kostenlos sein sollten. Daher wurden keine Rechnungen gestellt und wie erwartet auch nicht gefordert. Die Janusköpfigkeit solcher Straftäter, die den Spagat ihrer Doppelmoral unbeschadet ein Leben lang stehen können, ist kennzeichnend für die Korrupten in Amt und Politik. Als Justitia den Bürgermeister zu zwei Jahren Freiheitsentzug und einer Geldstrafe verurteilte, hatte den ehemaligen Bauingenieur schon längst der bürgerliche Tod ereilt: Untersuchungshaft, Presseveröffentlichungen, Verlust aller Ämter und ohne Aussicht, in seinem erlernten Beruf je wieder Fuß zu fassen.

Der Bürgermeister einer Stadt hinter dem Taunuskamm, in Personalunion Verbandsvorsteher von Abwasser- und Wasserbeschaffungsverbänden der umliegenden Gemeinden, sorgte gegen Bares nicht nur für Aufträge an zahlungsbereite Firmen, sondern verstand es obendrein, seine Insiderkenntnisse über Bauland und Immobilien gewinnbringend zu vermarkten. Diese Form der Meistbegünstigung gegen Bares setzte er als Abgeordneter des Hochtaunus-Kreises fort, wo er als Mitglied des Bauausschusses an einer wichtigen Schaltstelle saß. Die Annahme von «Bargeld- und Sachzuwendungen im Gesamtvolumen von mindestens 694 100 DM» im Verlaufe von elf Jahren legte die Staatsanwaltschaft dem Bürgermeister zur Last, der zu drei Jahren und sechs Monaten Freiheitsstrafe verurteilt wurde, die er zum großen Teil verbüßen musste.

Der Verurteilte, vormals auch noch ehrenhalber als Richter tätig, der nun seine mehr als zehn Ämter in Ausschüssen, Verbänden und Gesellschaften aufgeben musste und auch die kriminellen Gewinne nicht behalten durfte, hatte zuvor schon zweimal vor der Justiz gestanden. Damit offenbarte er ein touchiertes Verhältnis zum Gesetz und gegenüber fremdem Vermögen, was so recht nicht in das tradierte Bild von einem vorbildlichen Staatsdiener passen will. So galt der Abgeordnete wegen Körperverletzung und Verkehrsunfallflucht als vorbestraft und war auch noch wegen Untreue verurteilt, weil er Geldstrafen, Gerichts- und Anwaltskosten von Bediensteten aus Kassenbeständen der öffentlichen Hand bezahlt hatte. Seiner Politkarriere hatte all das nicht zum Nachteil gereichen können. Reisen von Amtsträgern («inklusive der Kosten für die Flugtickets, mindestens 5000 DM»), die angeblich der Fortbildung und der Kontaktpflege dienen, erscheinen in einem weniger günstigen Licht, wenn man die Sponsoren aus Firmenkreisen kennt und weiß, dass diese sich schon vor Reiseantritt mit Barem («mindestens 2000 DM») großzügig zeigen. Da gesellt sich das eine zum anderen, wenn man erfährt, dass zwischen Staatsdienern, Abgeordneten und Firmen Einvernehmen darüber bestand, Abrechnungen zu fingieren und durch Manipulation der Submissionsergebnisse («Auf Wunsch des Bürgermeisters wurde der Firma die Möglichkeit gegeben, nachträglich einen Nachlass von 5 % in ihre Angebotsunterlagen einzutragen, damit sie billigster Bieter wurde») Aufträge zuzuschanzen: «Die Zuwendungen erhielt ich dafür, dass ich kartellwidrige Absprachen unter den Firmen duldete. D. h., die öffentlichen Ausschreibungen erfolgten nur pro forma. Das Ergebnis der Ausschreibung wurde vorher abgesprochen.» Es passt ins Bild, wenn derselbe Bürgermeister Bauleistungen für sich privat einfordert («Errichtung eines Rohbaus») oder auch diverse Elektrogeräte («u. a. mehrere Fernsehgeräte, Kühlschrank, Herd, Radio, Rasierapparate sowie Haushalts- und Gartengeräte»). Wie häufig bei solchen «Geschäftsbeziehungen» sind die Parteien geneigt, ihr Verhältnis auf eine berechenbare Grundlage zu stellen und auf diese Weise für Klarheit und «Rechtssicherheit» zu sorgen: «Mit dem Bürgermeister wurde in einer Gaststätte am Schlossplatz die Vereinbarung getroffen, dass künftig 3 bis 5 % pro Auftragsvolumen zu zahlen sind. Er bestellte mich eigens für dieses Gespräch nach W., weil uns dort keiner kennt. Es war ein regelrecht konspiratives Treffen unter vier Augen. Danach rief er regelmäßig an und verlangte Abschlagszahlungen bis zu 25 000 DM. Wir trafen uns zwecks Übergabe auf Parkplätzen.» Und der geneigte Leser weiß längst, wer das alles bezahlt: «Die an den Bürgermeister geleisteten Zuwendungen wurden in Baumaßnahmen der Stadt eingerechnet. Ich kann mich konkret daran erinnern, dass in ein Projekt 60 000 DM bereits vor der Submission auf Initiative des Bürgermeisters in unser Angebot einkalkuliert waren. Weitere 50 000 DM wurden auf kleinere Baumaßnahmen der Stadt und der Verbände, denen der Bürgermeister vorstand, verteilt.»

Dass Korruptionsbeziehungen über Zeiträume von zehn, 20 und mehr Jahren unentdeckt bleiben und häufig nur durch Zufall enttarnt werden, ist in einem weiteren Beispielsfall eines Beamten belegt, der als Bürgermeister und Verbandsvorsteher über 16 Jahre hinweg von den örtlichen Baufirmen Sach- und Geldzuwendungen im Gesamtwert von einigen 100 000 DM als Gegenleistung für Aufträge einforderte: «Der Angeschuldigte bestimmte jeweils den Zahlungszeitpunkt – regelmäßig in der Urlaubs- und Weihnachtszeit – und den Übergabeort – im Allgemeinen ein Parkplatz.» Der Staatsdiener bediente sich bei den Unternehmen nach Gutdünken: Er «übergab mindestens dreimal jährlich gesammelte Bewirtungs- und Tankbelege sowie Einkaufsquittungen und verlangte, die Beträge von jeweils zusammengerechnet mindestens 300 DM in bar erstattet zu bekommen. Auf gezielte Anforderung erhielt der Angeklagte Gegenstände wie z.B. eine Schlagbohrmaschine, zwei Regale und eine Werkbank. Zudem erhielt er wie verlangt drei Sätze Winterreifen und drei Lieferungen Rasendünger.» Die Baufirmen verrichteten, teilweise unter Einschaltung von Subunternehmen, «kostenlose Bauleistungen an den Anwesen des Angeklagten, seiner Ehefrau und seines Sohnes» (insgesamt sechs (!) bebaute Grundstücke). Bestandteil der Korruptionsabrede mit den Firmen war, dass – wie üblich – die Zuwendungen in die Baumaßnahmen der Kommune und der Wasserverbände eingerechnet wurden. Aufträge sind die Quelle allen Schmiergeldes. Also musste der Beamte dafür sorgen, dass seine Vorteilsgeber genügend Aufträge erhielten, wenn das Geld fließen sollte. Ausdrücklich forderte er zum Betrug auf: «Der Angeklagte verlangte von dem Ingenieurbüro (das im Auftrag der Gemeinde die kommunalen Baumaßnahmen plante und ausführte), dafür zu sorgen, dass die von ihm genannten Unternehmen hinsichtlich bestimmter öffentlicher Baumaßnahmen den Auftrag erhalten und ihnen hierzu ermöglicht wurde, die Submissionsunterlagen zu manipulieren.» Seiner Forderung verlieh er dadurch Nachdruck, dass er drohte, sonst ein anderes Planungsbüro einzuschalten. Die ausgewählten Unternehmen erhielten ihre Unterlagen zurück und veränderten die Preise, sodass sie mit dem nunmehr «günstigsten» Angebot den Zuschlag erhielten. Bei der Durchsetzung seiner Geldforderungen kannte der Bürgermeister keine Scham: «Er bestellte den leitenden Mitarbeiter zwei- bis dreimal im Jahr, regelmäßig zur Weihnachts- und Sommerzeit, in sein Büro oder verabredete ein Mittagessen und legte seine Zahlungswünsche offen.» Er brauchte nicht zu befürchten, dass die Phalanx des Schweigens von einem der Beteiligten durchbrochen wurde. Schließlich waren sie alle Gewinner. Die Bürger, die die Zeche zu bezahlen hatten, ahnten als Verlierer nichts von den kriminellen Zuständen in ihrer Heimatgemeinde. Am Ende stand seine Verurteilung zu einer Freiheitsstrafe von zwei Jahren und neun Monaten, die Verhängung einer Geldstrafe von 90 000 DM sowie das Verbot, für die nach dem Gesetz mögliche Höchstdauer von fünf Jahren öffentliche Ämter zu bekleiden.

Die im Hinblick auf die häufig langen Tatzeiträume kurze Verjährungsfrist von nur fünf Jahren nach Tatende ist ursächlich dafür, dass ein großer Teil der Bestechungsdelikte und Betrügereien verjährt.

Das Strafverfahren führt also häufig nicht zu einer umfassenden Klärung und Ahndung von Korruption und Betrug. Die Verwaltung und damit die Allgemeinheit bleiben sozusagen mit ihrem Problem allein. Die tatsächlichen Schäden, die durch zu hohe Angebotspreise und die Abrechnung fingierter Leistungen entstehen, lassen sich nur durch intensive Prüfmaßnahmen nachweisen. Hierfür fehlt es der geschädigten Verwaltung an ausreichend qualifizierten Revisoren und an dem für die Beauftragung externen Sachverstandes erforderlichen Geldmittel. Die Gemeinden scheuen überwiegend langwierige und kostspielige Zivilprozesse. Sie verzichten lieber auf die Durchsetzung ihrer Schadensersatzansprüche und schließen außergerichtliche Vergleiche ab, die nicht verdecken können, dass im Endergebnis der Steuerzahler der Dumme ist.

Einer Zentralfigur im kreisweiten Bestechungsskandal hatte die Anklage ursprünglich die Annahme von 390000 DM Bestechungsgeld zu Last gelegt. Die tatsächlich erfolgten Zahlungen dürften weit darüber gelegen haben. Es handelte sich um den Kreistagsabgeordneten, der seinen politischen Einfluss ausnutzte, Firmen als Gegenleistung für Parteispenden und Zahlungen an ihn sowie an andere Mandatsträger und Bürgermeister fortlaufend mit Aufträgen des Kreises und kreisangehöriger Gemeinden zu versorgen. Sinngemäß sagte er, dass alle Firmen zahlen müssten, «sonst läuft nichts». Da aber nach damaliger Rechtsauffassung des Landgerichts der Kreistagsabgeordnete, der zugleich Mitglied des Haupt- und Finanzausschusses war, kein Amtsträger sei,[22] blieb die wiederholte Bestechlichkeit für den Mandatsträger strafrechtlich folgenlos. Eine Gesetzeslücke, die bis heute nicht geschlossen ist. Den Bürgern in den Hochtaunus-Gemeinden wollte es nicht recht einleuchten, dass ein Politiker mit weit reichendem Einfluss, der sich selbst gern als «Oberlandrat» titulieren ließ, nur wegen Beihilfe zur Bestechlichkeit belangt werden sollte, weil er einem Vizelandrat «Umschläge von Baufirmen mit 60000 bis 70000 DM gebracht hatte». Schließlich war es doch der Abgeordnete höchstpersönlich, der «den Schmiergeldtarif vereinbart hatte». Mochte sich aber die Öffentlichkeit ob dieser Ungleichbehandlung auch erstaunt die Augen reiben, das Kreistagsmitglied beklagte nach Verurteilung zu einem Jahr und neun Monaten Freiheitsstrafe sowie der Aberkennung der Fähigkeit, öffentliche Ämter zu bekleiden – durchaus missverständlich –, dass «ich nicht mehr mitmachen kann».[23] Denn nach dessen hausgemachter Philosophie waren die Zahlungen «als Dankeschön» für seinen Einsatz gegeben worden und weil er damit «dem politischen Willen der regierenden Hochtaunus-CDU entsprochen (habe), die heimische Wirtschaft zu bevorzugen». Die gesamte Führungsmannschaft der CDU einschließlich des amtierenden Landrats, «alle haben es gewusst», dass die beschränkte Ausschreibung den Unternehmern Vorteile bringt und «andererseits natürlich auch der Parteikasse». Zum Beleg zitierte der Angeklagte Parteigrößen, beschrieb die Tricks, mit denen Vorgaben des Innenministeriums umgangen wurden, und verwies darauf, dass der Kreisrechtsdirektor und andere Prüfinstanzen alles abgesegnet hätten. Als CDU-Kreisgeschäftsführer sei er schließlich «für die Durchsetzung der politischen Zielvorstellungen verantwortlich». Absprachen unter den Firmen waren ihm angeblich unbekannt. Die Firmen seien von allein auf ihn zugekommen: «Da ist auch für euch was drin», bis zu 300 000 DM in zehn Jahren. Lohn der Arbeit seien Wählerstimmen und Parteispenden gewesen. Erst später habe es «projektbezogene» Zuwendungen gegeben: «In diesem Rahmen habe ich mich versuchen lassen, habe Dankeschön-Gelder angenommen», auch auf dem Herrenklo. In Wirklichkeit hatte der Kommunalpolitiker massiv «Sonderzahlungen», z. B. für Errichtung und Betrieb einer Bauschuttrecyclinganlage («0,50 DM pro verarbeiteter Tonne Bauschutt»), von Baufirmen und Planungsbüros eingefordert und in ausgiebigen Verhandlungen Wege aufgezeigt, wie diese Schmiergelder in überhöhten Rechnungspositionen wieder hereingeholt werden können. Für die Firmen galt der Abgeordnete als «Mehrheitsbeschaffer», und man zahlte in der Erwartung, dass er seinen «politischen Einfluss» im Interesse bevorzugter Auftragsvergaben an ortsansässige Firmen bei den kreisangehörigen Gemeinden geltend macht. Alle Vorteilsnehmer waren über das System der Einrechnung mit einem Aufschlag informiert, dasselbe galt für Vizelandrat und Kreistagsabgeordneten: «Mit beiden habe ich persönlich die Praxis der Einrechnung abgesprochen.» Mit ausdrücklicher Billigung des Politikers rechneten die Firmen ihre Schmiergeldzahlungen «in 90 % der Fälle mit dem zweifachen Betrag in die Baumaßnahmen ein, zu etwa 10 % mit dem dreifachen Betrag». Bleibt nachzutragen, dass der Angeklagte auch im Umgang mit Schmiermitteln fossiler Art einigen Geschäftssinn bewies, verkaufte er doch über seinen «Mineralölhandel» Kraftstoffe mit einem Aufschlag gegenüber dem Marktpreis von durchschnittlich 0,65 DM pro Liter an just die Baufirmen, die ihm ob seines segensreichen Wirkens als Kommunalpolitiker volle Auftragsbücher zu verdanken hatten.

Mangelnde Einsichtsfähigkeit ist aber nicht nur für Politiker kennzeichnend. Auch die Vorteilsgeber treibt kein schlechtes Gewissen um. Der Bauleiter und «rechte Hand» des Inhabers eines der in dem engmaschigen Netz des Geben und Nehmens im Hochtaunus-Kreis eingewobenen Tiefbauunternehmens, wegen Bestechung, Betrug und Untreue in 33 Fällen angeklagt, konnte sich «nicht so schuldig fühlen, weil ich im Endeffekt nichts alleine getan habe»,[24] und überraschte zumindest die Prozessöffentlichkeit mit seiner Selbstdarstellung als kleiner Befehlsempfänger, der im Auftrag des Firmeninhabers lediglich «Schmiergeldbotendienste» für Bürgermeister übernommen habe. Die Rechtfertigungsrhetorik, man habe sich ja nicht selbst bereichert, und der Versuch, ihr Verhalten dadurch zu neutralisieren, dass man «als Mann im Team» im Interesse anderer gehandelt habe, ermöglichten es diesen Tätern, ihren Namen für Betrug und Manipulation herzugeben. Anders hingegen verhält es sich aus Sicht dieser Täter, die keinen Grund für persönliche Verantwortung sehen, weil sie ihren «Platz im zweiten Glied» haben, bei den Vorteilsnehmern: «Die Kerle können nicht genug kriegen.»

Ein Techniker im Tiefbauamt der Stadt Bad Homburg war in seinem Dienstbezirk die treibende Kraft und machte den Unternehmern deutlich, dass sie ohne Bakschisch nicht mit Aufträgen für Straßenunterhaltung rechnen können. «Eine Kontrolle des Vergabeverhaltens fand nicht statt.» 486 000 DM kassierte der Sachbearbeiter laut Anklage in bar zuzüglich diverser Sachzuwendungen (regelmäßige Essenseinladungen, Elektrogeräte aller Art, Herd, Kühlschrank, Farbfernseher), kostenlosem Tanken und Einkauf (u.a. Lebensmittel in Großmärkten, Spirituosen, «ganze Rinderviertel»). Der Sachbearbeiter wies Rechnungen zur Zahlung an, hinter denen keinerlei Leistungen standen. Die kriminellen Gewinne von 710 000 DM wurden im Verhältnis 2/3 für die Firma und 1/3 für den Staatsdiener geteilt. Geldbeträge bis zu 35 000 DM wechselten im Firmenbüro, auf Baustellen oder in den Toiletten von Bad Homburger Gaststätten ihren Besitzer. Die Umsätze der bevorzugten Baufirmen schnellten nach oben. 48 000 DM, bei dem Beamten sichergestellt, wurden eingezogen und eine Freiheitsstrafe von viereinhalb Jahren verhängt: «Korruption untergräbt das Rechtsbewusstsein und die Moral einer Bevölkerung», warnte der Vorsitzende der Wirtschaftsstrafkammer und appellierte an die Staatsanwälte, angesichts der Vielzahl der Fälle «nicht abzustumpfen», sondern weiter energisch durchzugreifen. Da musste der Richter geahnt haben, dass der nächste Korruptionsskandal auf dem Terminzettel stand, der Fall «Flughafen Frankfurt» mit einer neuen Dimension systematischer Selbstbereicherung.

Nachdem mit der letzten Verurteilung eines Amtsleiters der Schlussstrich unter einen Skandal gezogen war, konnte der ehedem beschauliche Landkreis mit dem ihm dem Strafkammervorsitzenden verliehenen Superlativ der «höchsten Korruptionsdichte» in der Bundesrepublik aufwarten. Diesen Status hat der Kreis mittlerweile dank der Kölner Müllaffäre sicher nicht ungern eingebüßt. Aber nicht nur in hessischen Gemeinden stehen Hochburgen der Käuflichkeit. Andernorts wissen Bürgermeister ebenfalls um die Möglichkeiten des Machtmissbrauchs zur Mehrung des eigenen Vermögens.

«Der Krake von Hohenthurm»[25]

Korruption im Zusammenhang mit den Folgen der deutschen Einheit ließ sich nicht nur bei Treuhandprivatisierungen feststellen. Neben ungezählten Tätern aus dem Westen nutzten auch Bürger der neuen Bundesländer ihre kriminelle Chance. Die besondere Situation der Nachwendezeit mit ihren Rechtsunsicherheiten, fehlenden Kontrollen und ohne funktionierende Verwaltung und Justiz ermöglichte es auch einem Bürgermeister vor den Toren der Stadt Halle, über einige Jahre an allen Gemeindeleistungen mitzuverdienen. Das sehr umfangreiche Wirtschaftsstrafverfahren begann mit einer Strafanzeige der Zentralstelle für die Ermittlung von Regierungs- und Vereinigungskriminalität. Ein enttäuschter Bewerber, der mit seinem Versuch scheiterte, ein Treuhandgrundstück zu erwerben, sagte umfassend aus. Ihm war von dem Bürgermeister eine schriftliche (!) Honorarvereinbarung ausgehändigt worden, nach der er eine DM pro Quadratmeter des zu erwerbenden Grundstücks an eine GmbH zahlen sollte, deren Inhaber der Bürgermeister selbst war. Im Gegenzug versprach der Bürgermeister, für einen reibungslosen Verlauf Sorge zu tragen. Bei den strafrechtlichen Ermittlungen kam ein kaum überschaubares Geflecht von über 30 Firmen zu Tage, die sich um den Bürgermeister gruppierten. Alle bedienten sich aus der Gemeindekasse, als gehörte sie ihnen. Der

Bürgermeister profitierte von fast allen wirtschaftlichen Vorhaben rund um die Gemeinde, plünderte deren Konten und kassierte mindestens 730 000 DM. Die Handwerksunternehmen zahlten für Aufträge zur Modernisierung der Plattenbauten an den Bürgermeister oder eine seiner Scheinfirmen. Die Aufsichtsbehörden fielen nicht nur durch mangelnde Kontrollmaßnahmen, sondern auch durch eigene kriminelle Verflechtungen auf. Ein Bürgermeister einer Nachbargemeinde erhielt beispielsweise monatlich 3500 DM «Honorar» von dem Angeklagten, um rechtswidrige Genehmigungen abzusegnen. Der Bürgermeister stellte Scheinrechnungen, denen keine Leistungen zugrunde lagen, über eine Projekt- und Bauleistungs-GmbH seiner Freundin, deren faktischer Geschäftsführer jedoch er selbst war, mit 230 000 DM an die Gemeinde und zahlte sie zugleich an sich selbst aus. Er schloss über eine von ihm dominierte Unternehmensberatung einen Beratervertrag, wonach ihm als Gegenleistung für die angebliche Beratung bei der Planung, Bauvorbereitung und Baudurchführung eines bestimmten Grundstücks der Gemeinde eine «Entschädigung» von 56 000 DM zufließen sollte. Über einen weiteren Beratervertrag ließ er sich für die Vermittlung der positiven Bescheidung von konkreten Genehmigungsverfahren der Versorgungs- und Erschließungsplanung ein Honorar in Höhe von 190 000 DM versprechen. Unter Verletzung der Ausschreibungsvorschriften im Zusammenhang mit der Rekonstruktion von fünf Wohnblöcken der Gemeinde erteilte er rechtswidrig Aufträge an Firmen und ließ sich dafür 5 % «Provision» in Höhe von insgesamt etwa 286 000 DM über die «Unternehmensberatung GmbH» seiner Freundin auszahlen. Zur Verschleierung von Schmiergeldzahlungen veranlasste er ferner den Abschluss von fiktiven Außendienstmitarbeiterverträgen zwischen den Firmen und seiner Ehefrau.

Als gewählter Bürgermeister der Gemeinde bediente er sich ganz willkürlich aus den gemeindlichen Haushaltsmitteln. Es fehlte an jeglichem Kontrollwillen sowohl des Gemeinderates wie auch der Beamten der Verwaltungsgemeinschaft des Kreises oder der zuständigen Kommunalaufsicht. Eine Prüfung der haushaltsrechtlichen und vergaberechtlichen Voraussetzungen für die Ausgabe öffentlicher Mittel unterblieb ebenso wie die Prüfung der langfristigen Verträge, die für die Gemeinde mit hohen Zahlungsverpflichtungen verbunden waren. Ständige Missachtungen der Vergabevorschriften, um an ausgewählte

Unternehmen Aufträge zu vergeben, waren an der Tagesordnung. Mit Zustimmung des Gemeinderates (!) richtete der Bürgermeister außerhalb des gemeindlichen Haushalts ein so genanntes Baukonto ein, von dem er dubiose Überweisungen tätigte. Weder er noch seine Mittäter hatten eine Entdeckung zu fürchten. Nach eigenen Angaben hatte er am Schluss jegliches Maß verloren. Ein Unrechtsbewusstsein habe er nicht gehabt, Schmiergelder würden überall, vor allem in der freien Wirtschaft, bezahlt. Im Übrigen habe er von vergleichbaren Sachverhalten im Zusammenhang mit der Vergabe öffentlicher Aufträge durch andere Bürgermeister positive Kenntnis. Gesellschaften, bei denen er seine Freundin nach außen geschäftsführend eingesetzt hatte, dienten im Wesentlichen der Erstellung von Scheinrechnungen und dem Abschluss von Scheinverträgen. Dass es sich bei den Rechnungsbeträgen um Schmiergelder handelte, war allen Beteiligten klar. Die Vorteilsgeber waren an Rechnungen interessiert, die sie unter Vortäuschung einer ordentlichen Geschäftsführung steuerlich geltend machten. Von dem Schmiergeld will der Bürgermeister 420 000 DM allein für seine Freundin aufgewendet haben. Erhebliche weitere Summen Schmiergeld will er an Freunde ausgezahlt haben. Beschlagnahmt wurden lediglich 150 000 DM. Der ungetreue Bürgermeister wurde schließlich zu fünf Jahren und sechs Monaten Freiheitsstrafe verurteilt

Flughafen Frankfurt – «Der Michelangelo des Aufmaßbetruges»

Anonyme Anzeigen, vertrauliche Hinweise und ein enger Informationsaustausch mit der Staatsanwaltschaft in München legten bei der Flughafen Frankfurt AG (FAG) ein über Jahrzehnte sprießendes Beziehungsgeflecht[26] offen, das erneut ein Schlaglicht auf das hohe Maß an krimineller Professionalität in der Baubranche wirft.

Der Frankfurter Flughafen, eine der großen Drehscheiben des Luftverkehrs in Europa, war Tatort eines ausgefeilten Systems der gegenseitigen Bereicherung von FAG-Mitarbeitern und Firmen aus der Baubranche. Die Ermittlungen konzentrierten sich auf den Bau des 1994 fertig gestellten «Terminal 2», in das rund 2,5 Milliarden DM investiert worden waren. Die Namen von 218 Beschuldigten (Unternehmern und deren Mitarbeiter, Angestellte des Flughafens) standen schließlich auf der Agenda der Staatsanwaltschaft. Auf vielen tausend Seiten wurden in jahrelanger Ermittlungsarbeit die Beweise für ein Korruptionsdickicht zusammengetragen, das von internen Kontrollen weit gehend unbehelligt operieren konnte. Zurückhaltende Schadensschätzungen gehen von einem zweistelligen Millionenbetrag in DM aus, den die Täter zu Lasten der Flughafenbetreiber angerichtet haben.[27] Der tatsächliche Umfang der Verluste, die dem Unternehmen durch die korruptiven Machenschaften erwachsen sind, wird nie geklärt werden. Bei Investitionen von vielen hundert Millionen lässt sich im Nachhinein nie mehr feststellen, was tatsächlich verbaut wurde und wo planmäßiger Betrug die Rechnungen aufblähte. Das wissen die Täter, darauf spekulieren sie.

Spätestens seit Anfang der achtziger Jahre existierte ein ausgeklügeltes Bestechungs- und Absprachesystem, in das fast sämtliche Mitarbeiter der für die Planung und Errichtung von Kommunikationssystemen zuständigen Bauabteilung verwickelt waren. Für die Ermöglichung kartellwidriger Absprachen im Bereich der Kommunikationstechnik, Brand-, Einbruch- und Gefahrenmeldeanlagen hatten rund 30 Unternehmen von z. T. internationalem Rang Millionen gezahlt. Um die Schmiergelder zu waschen, gründeten die Mitarbeiter der Bauabteilung Scheinfirmen unter den Namen von Ehefrau oder Freundin oder auch unter eigenem Namen (mit dem schlichten Zusatz «Ingenieure»). Diese Scheinfirmen hatten zwar allesamt eigene Bankverbindungen, waren aber in keinem Register eingetragen und zahlten überwiegend keine Steuern. Unter solchen «Küchenfirmen»[28] stellten die FAG-Mitarbeiter komplett fingierte Leistungen für «Projektbetreuung», Beratung oder Planung in Rechnung. Die Rechnungsempfänger überwiesen prompt und verbuchten die Zahlungen «ordnungsgemäß».

Typisch für solcherart Scheinrechnungen sind die allgemein gehaltenen, nicht nachprüfbaren Leistungsbeschreibungen wie z. B. «Planung und Realisierung von Kommunikationsanlagen» oder «Netzplanung und Dokumentation». Aber auch die Unternehmen bedienten sich solcher Scheinfirmen, um für ihre mit den Schmiergeldabreden beauftragten Bauleiter den «für ihre Beteiligung am Korruptionssystem zustehenden Gewinnanteil zu realisieren». Diese Bauleiter stellten ihrerseits Gegenrechnungen über «Kick-back»-Zahlungen (also Rückvergütungen) an die «Küchenfirmen». Eine andere Form der Schmiergeldwäsche bestand darin, Bestechungsgelder

ABC Zeichen- & Schreibbüro

Firma M und Partner
An der Brücke 1–3
6000 Walddorf

RECHNUNG

Sehr geehrte Damen und Herren,
gemäß Ihrem Auftrag stellen wir wie folgt in Rechnung:

Planungsarbeiten	DM	16 870,00
Erstellen der Dokumentation		
Ihres Angebots Nr. 256	DM	2 496,00
Katalogisierung von Planungsarbeiten	DM	8 630,00
Erstellung von Messprotokollen	DM	10 500,00
Schreibarbeiten	DM	4 000,00
	DM	42 496,00
MwSt. 15 %	DM	6 374,40
	DM	48 870,40

Mit freundlichen Grüßen
ABC Zeichen- & Schreibbüro

Original der Scheinrechnung einer «Küchenfirma»; anonymisiert

als angebliche Mietzahlungen für die Eigentumswohnung eines FAG-Mitarbeiters auszugeben. In einem Fall mietete ein Unternehmen fiktiv ein Appartement «auf dem Reiterhof» des bestochenen Beamten (zwei Jahre Freiheitsstrafe und 36 000 DM Geldstrafe); naheliegenderweise wurden die Schmiergeldzahlungen an den Beamten, Mitarbeiter einer Autobahndirektion, (entnommen aus der schwarzen Kasse des Unternehmens, die sich aus der Veräußerung firmeneigener Gebrauchtfahrzeuge und dem Materialverkauf an Mitarbeiter speiste) auf Autobahnraststätten übergeben.

In der Schmiergeldschöpfung durch die Stellung von Rechnungen und Gegenrechnungen, unter wechselseitiger, schwer durchschaubarer Beteiligung kleiner und größter Firmen, Subunternehmen und Planungsbüros dokumentierten sich die einer kriminellen Organisation vergleichbaren Verhaltensmuster der Täter. Die konspirative Vorgehensweise, die von Anfang an darauf angelegt ist, alle Spuren zu verwischen, erschwerte die Sachverhaltsaufklärung. Aber gerade die über diese Scheinfirmen gestellten Rechnungen wurden letzten Endes den Tätern zum Verhängnis. Denn im Unterschied zu den kaum prüfbaren Bauleistungen waren die Rechnungen noch vorhanden. Sie dokumentieren die Schmiergeldabreden für den Außenstehenden allerdings erst, wenn der im Besitz eines «Schlüssels» – zumeist das Geständnis eines Täters – ist, mit dessen Hilfe man die Scheinrechnungen wie Hieroglyphen entziffern kann. Zahlungen wurden von den FAG-Mitarbeitern wie selbstverständlich erwartet: «Wir hatten den Eindruck (so die Aussage eines Firmenangehörigen), dass der Mitarbeiter der FAG-Bauabteilung für uns ein guter Partner war und dies vielleicht auch in Zukunft sein würde. In einem Gespräch bot ich daher ein ‹Dankeschön› in der Größenordnung von 30 000 DM an (das waren 10 % des erwarteten Auftrags). Dies war mit meinem Vorgesetzten abgestimmt worden. Ich hatte durchaus den Eindruck, dass das Angebot von uns auch erwartet wurde. Die Geldübergabe – in bar, in einem verschlossenen Umschlag – erfolgte vor einem Lokal in Sachsenhausen (dem Apfelweinviertel von Frankfurt/Main).» Für Montagearbeiten hatten die FAG-Mitarbeiter eine «Provision» von 20 % vereinbart. Der «Kostenaufstellung» einer Baufirma ist diese Zahlung für «Provi» über DM 2214,23 für einen Auftrag von 12 621,09 DM zu entnehmen. Die Provisionszahlung wurde durch die Abrechnung von nicht erbrachten Lohnstunden refinanziert. Die Rechnung «prüfte» der Provisionsempfänger selbst: «Wenn der Monteur eine Stundenzahl angegeben hat, dann habe ich diese abgezeichnet.»

Zu den Gegenleistungen für die Auftragsbeschaffung zählten auch Sach- und Dienstleistungen, wie etwa die Lieferung und der Einbau von elektrischen Anlagen in den Privathäusern der FAG-Mitarbeiter, die Bezahlung von Urlaubsreisen und Einbauküchen, die Belieferung der gesamten Bauabteilung mit Lebensmitteln und Getränken. Auf Rechnung einer der Firmen wurden Haushaltsgeräte und Unterhaltungselektronik im Gesamtwert von 390 000 DM geliefert.

```
Kostenaufstellung
Auftrag Nr. 92.111
                        Betrag:      12 621,09
Provi                                 2 214,23
Lohnkosten Müller                     2 000,–
Lohnkosten Meier                      5 000,–
Funktelefon                              93,38
Miete Schulz                            700,–
Elektro-Zubehör                          64,80
Werkzeug                                 42,95
```

Original der Kostenaufstellung einer Baufirma; anonymisiert

Das Bestechungssystem war nahezu bis zur Perfektion entwickelt. Das Prinzip der wechselseitigen Geneigtheit kennt viele Methoden, Aufträge am Wettbewerb vorbei zu überhöhten Preisen zuzuschanzen und die Helfershelfer in der FAG sowie die von diesen beauftragten externen Ingenieurbüros dafür zu entlohnen. So wurden die Leistungsverzeichnisse, die Grundlage der Vergabe von Aufträgen sind, auf bestimmte Hersteller zugeschnitten, die zugleich Mitbewerber um den Auftrag waren: «Als ‹Dankeschön› für die firmenspezifische Planung installierten wir für das Ingenieurbüro (das für die Bauabteilung der FAG tätig war) eine funktionstüchtige Telefonanlage im Wert von ca. 50 000 DM.» Teilweise wurden die Planungen von den Bietern selbst erstellt. Ein Wettbewerb existierte zumindest im Bereich der Kommunikationstechnik praktisch nicht. Hier kamen nahezu ausschließlich die Mitglieder eines Absprachekartells zum Zuge: «Wir waren im Grunde wie eine große Familie, keiner wollte dem anderen wehtun.» Die Mitarbeiter der Bauabteilung bestimmten, welche Firmen des Kartells Aufträge bekamen. Ein Unternehmer gab zu Protokoll: «Es waren die FAG-Planer, die im Wesentlichen festlegten, wer den Auftrag bekommen sollte. Wir haben dies dann so umgesetzt, dass das ausgeguckte Unternehmen, welches den Auftrag erhalten sollte, den übrigen Unternehmen mitteilte, zu welchem Preis es bieten werde. Die anderen Unternehmen gaben sodann entsprechend höhere Preise ab. Dieser Kontakt lief überwiegend telefonisch ab. Jeder wusste dann, was er zu veranlassen hatte. Diese Praxis ermöglichte es dem

Kartell, in der Regel deutlich höhere Preise durchzusetzen, als sie bei einem freien Wettbewerb erzielbar gewesen wären.» Die Preise lagen um bis zu 40 %, im Durchschnitt 20–30 % über den marktüblichen Konditionen. Das folgende Beispiel zeigt ein solch überteuertes Angebot: Ein Unternehmen schlägt auf seine Einstandskosten im Durchschnitt 48 % auf. Bei der FAG aber wurden die Aufschläge mit bis zu 224 % kalkuliert. Auf diese Weise wurden bei einer einzigen Maßnahme Schmiergelder von rund 380 000 DM finanziert und über «Küchenfirmen» gewaschen. Aufmaße wurden in dem sicheren Wissen, dass es keine Kontrollen gibt, schamlos fingiert: «Die Nachprüfungen der FAG ergaben, dass den Zahlungen von insgesamt 2 430 000 DM netto nur Leistungen in Höhe von 1 500 000 DM gegenüberstanden.» Oder: «Nach entsprechender gemeinsamer Absprache wurde das Aufmaß für die Rechnung über 87 372,40 DM um 30 % überhöht. Der Schaden betrug mindestens 26 000 DM.» Lohn- und Maschinenstunden wurden, wie üblich, in weit überhöhter Anzahl geltend gemacht. Aus den tatsächlich geleisteten «sechs Meister- und Monteurstunden» und «zwei Stunden für einen Autokran» wurden acht Meisterstunden, 16 Monteurstunden, acht Kranstunden, acht Hubladerstunden und acht Lkw-Stunden. Geräte wurden zu nie ausgelieferten Stückzahlen abgerechnet («25 Steuerschränke», obwohl «nur sieben tatsächlich aufgestellt wurden»). Ausgeführte Maßnahmen wurden einfach zweimal in Rechnung gestellt, das erste Mal mit 17 434 DM, das zweite Mal mit 14 817,75 DM. Reinigungsarbeiten, wie z. B. in Kabelschächten, oder Aufräumarbeiten, wurden zwar regelmäßig in Rechnung gestellt, sonst geschah aber nichts. Ein Beispiel unter vielen: «In einer tabellarischen Auflistung wurden 30 Leistungen in Höhe von insgesamt 89 356.89 DM aufgeführt, die tatsächlich nicht erbracht worden waren.» Zudem «wurde eine Nachtragsposition von 15 000 DM ohne entsprechende Gegenleistung in Ansatz gebracht», also so getan, als hätte der Hauptauftrag (der von vornherein gar nicht abgearbeitet werden sollte) nicht ausgereicht, die Maßnahme zu Ende zu bringen.

Die Schlüsselfigur des Korruptionskartells (drei Jahre und zehn Monate Freiheitsstrafe) von rund 20 zahlungsbereiten Firmen[29] machte 70 % seines Umsatzes mit der FAG, 71 Millionen DM in fünf Jahren. Hierfür zahlte sie über zwei Millionen DM Schmiergeld, die sie in Absprache mit den bestochenen FAG-Mitarbeitern über nicht erbrachte Bauleistungen im Rechnungswert von mindestens 6,21 Millionen DM zum Nachteil der FAG refinanzierte. Maßstab aller Manipulationen war letzten Endes das der Bauabteilung zur Verfügung stehende Budget, das von Jahr zu Jahr infolge der ständig steigenden Kosten in Unkenntnis der betrügerischen Ursachen aufgestockt wurde. Es ging den FAG-Mitarbeitern darum, sich gemeinsam mit den Firmen so weit als möglich an diesem schier unerschöpflichen Budget zu bereichern. Die schon erwähnte Verjährungsproblematik trägt neben den Nachweisschwierigkeiten dazu bei, dass nur ein Teil der Taten verfolgt und abgeurteilt wird.

Eine ernst zu nehmende Kontrolle fand bei der FAG nicht statt. Da unterscheidet sich die Privatwirtschaft nicht grundsätzlich von der staatlichen Verwaltung. Ein fast schon naiv anmutender Kontrollersatz bestand bei dem Betreiber des Frankfurter Flughafens darin, die über 120 Firmen aus der Baubranche anzuschreiben «und um Bestätigung zu bitten, dass keine Tatsachen bekannt sind, die belegen oder darauf hindeuten, dass die Geschäftsbeziehungen zur FAG durch persönliche Vorteilnahmen belastet sind». Welche Reaktion erwartet man auf solch ein Angebot, sich selbst einen «Persilschein» auszustellen? Einer der im Zentrum der Flughafen-Korruption stehenden Unternehmer (acht Monate Untersuchungshaft, Verurteilung zu drei Jahren und zehn Monaten Freiheitsstrafe) antwortete höflich: «Die Seriosität der gesamten Auftragsabwicklung hat in fünfzehnjähriger Tätigkeit am Frankfurter Flughafen für mich absolute Priorität.» Ein anderer – später verurteilter – Firmeninhaber hält fest, «dass es im Sinne Ihrer Anfrage keine Gesichtspunkte gibt, die dieses Vertrauen nicht rechtfertigen würden». Ein Unternehmer beschwert sich sogar, nicht angeschrieben worden zu sein, wenige Tage später wurde er verhaftet. Angesichts solch eines lockeren Verständnisses von Aufsicht war die Strafkammer gehalten, einem FAG-Mitarbeiter aus der Bauabteilung (zwei Jahre und zehn Monate Freiheitsstrafe) strafmildernd «eine allzu sorglose Kontrolle seitens der Revisionsabteilung der FAG» zugute zu halten. Vernichtender, als das die Wirtschaftsstrafkammer tat, hätte das Urteil über die Kontrollstrukturen am Flughafen nicht ausfallen können: «Es liegt der Vorwurf nahe, dass das strafbare Tun im Rahmen einer sorgfältigen Revision früher hätte unterbunden werden können.» Dem stellvertretenden Abteilungsleiter wurde die Annahme von über 2,3 Millionen DM Bestechungsgeld zur Last gelegt und der Gesamtschaden auf 5,3 Millionen DM beziffert (acht Monate Untersuchungshaft, Freiheitsstrafe von fünf Jahren wegen Bestechlichkeit, Untreue und Betruges, ein Jahr Freiheitsstrafe wegen Steuerhinterziehung). Als langjähriger und erfahrener Mitarbeiter verfügte er über einen weit über die Planungsabteilung hinausgehenden Einfluss. Er war für die Firmen der entscheidende Ansprechpartner, er allein hatte das Sagen: «Er nahm entscheidenden Einfluss darauf, welche Firmen Aufträge erhielten, wie und in welchem Umfang Rechnungen zu Lasten der FAG manipuliert wurden und welche Zahlungen die FAG-Mitarbeiter der Unterabteilung erhielten.» Seine unmittelbaren Vorgesetzten waren selbst in das Korruptionsgeflecht eingebunden und wussten von den Manipulationen in der Unterabteilung und der Existenz eines Baukartells. Einer der Verantwortlichen aus der Führungsebene (Verurteilung zu einem Jahr und drei Monaten Freiheitsstrafe) räumte vor Gericht denn auch freimütig ein, nach seinem Aufstieg zum Abteilungsleiter Schmiergeld («in Briefumschlägen beim Mittagessen»), vor allem dafür bekommen zu haben, dass er nicht so genau hinschaute, wenn ihm Abrechnungen über angebliche Arbeitsstunden oder Aufmaße zur Prüfung vorgelegt wurden. Es musste aber nicht immer Bargeld sein (ein Rest von 12 000 DM aus einer Einzelzahlung von 20 000 DM «konnte in dem Tresor des Angeklagten» sichergestellt werden). Manchmal wartete er vergeblich auf eine Rechnung für die Renovierung der Wohnung (Wert: 15 000 DM). Reisen nach Israel und Wien (wieder einmal Übernachtung im berühmten Hotel Sacher) gehörten auch zu den Annehmlichkeiten, mit denen die Vertragspartner der FAG nicht geizten. Ein «Notebook mit Zubehör im Wert von 7000 bis 8000 DM» wurde auf einer Autobahnraststätte übergeben. Mit den Manipulationen selbst hatte der Abteilungsleiter nichts zu tun. Die überließ er seinen Untergebenen. Allenfalls verschwand er gelegentlich auf der Toilette, wenn ein Firmenvertreter in seinem Büro erschien und er wie zufällig die streng vertraulichen Unterlagen auf seinem Schreibtisch liegen ließ.[30] Bei der Abrechnung von Bauleistungen, die weitaus umfangreicher dargestellt wurden als tatsächlich ausgeführt, legten die Täter eine kaum zu überbietende Dreistigkeit an den Tag, Strafjuristen sprechen in diesem Zusammenhang von krimineller Energie.

Von den zahllosen Fällen soll ein Beispiel zitiert werden. Es handelte sich um eine der häufig anfallenden Kabelverlegungsarbeiten, die in Anbetracht des Volumens öffentlich hätten ausgeschrieben werden müssen. Dem zuwiderhandelnd, wurde der Auftrag unter Vortäuschung eines Wettbewerbs wie geplant an eine der Kartellfirmen vergeben. Die Schlussrechnung über 485 000 DM mit den dazugehörigen Aufmaßblättern, die die ausgeführten Bauleistungen belegen sollten, wies eine Massenüberhöhung von mindestens 210 000 DM auf, was der Sachbearbeiter auch feststellte. Der stellvertretende Abteilungsleiter forderte ihn gleichwohl auf, die Rechnung als sachlich richtig zu bestätigen und im Gegenzug über seine Scheinfirma fingierte Rechnungen über 80 000 DM an das Unternehmen zu stellen. Dieser Betrag wurde alsdann zu je einem Drittel unter dem Sachbearbeiter, seinem Vorgesetzten und dem Projektleiter der Kartellfirma aufgeteilt. Die spätere Prüfung der Innenrevision der AG bezifferte den Schaden sogar auf 348 000 DM, was in etwa dem Geständnis des Projektleiters (335 000 DM) entsprach. In einem anderen Fall dieser Art wurden 261 000 DM abgerechnet und zur Zahlung angewiesen. In den beschlagnahmten Projektunterlagen der Firma stellten die Fahnder später eine handschriftliche Aufstellung über die tatsächlich ausgeführten Leistungen fest: 71 948,60 DM. Zugleich fand man eine Notiz über die Höhe des Bestechungsgelds: 96 000 DM.

Bei den Aufmaßmanipulationen tat sich der «heimliche Chef» der Unterabteilung besonders hervor, der sich selbst als «Michelangelo des Aufmaßtürkens» rühmte. Es galt der Grundsatz, dass Aufträge «ausgeschöpft» werden müssen, d. h., Arbeiten wurden absichtlich überdimensioniert geplant, aber nur das Erforderliche ausgeführt und das Auftragsvolumen zu 100 % abgerechnet. Ein Firmenvertreter: «Das Projekt musste schnell abgeschlossen werden. Ich habe nach unseren Unterlagen ein Aufmaß erstellt und kam auf 1,2 Millionen DM. Der Auftrag hatte ein Volumen von 1,8 Millionen DM. Der FAG-Mitarbeiter schaute sich die Unterlagen gar nicht erst an, sondern sagte mir, ich solle ‹das Aufmaß erst mal mit Leben füllen›. Ich habe dann zusätzlich Lohnstunden aufgeschrieben und bin irgendwo bei 1,25 Millionen DM als Gesamtsumme rausgekommen. Als ich damit wieder bei dem FAG-Mitarbeiter war und er die neue Summe sah, schickte er mich gleich wieder weg. Ich solle das gesamte Volumen des Auftrags ausfüllen. Ich habe das dann, so gut es ging, gemacht.» Das Aufmaß wurde schließlich auf 1,8 Millionen DM «angefettet». Der gelernte

Fernmeldehandwerker fand es «eine glänzende Idee», Kabel, die für die vorübergehende Anbindung von Gebäudekomplexen verlegt wurden und alsbald wieder demontiert werden mussten, bei den endgültigen Verlegungsarbeiten erneut in Rechnung zu stellen, «alt für neu» nannte man das («ausweislich der Aufmaßblätter wurden 317 m Kabel verlegt» und als Neukabel in Rechnung gestellt, «verarbeitet wurde allerdings ein altes Kabel von ca. 140 m»). In großem Umfang wurden nicht erbrachte Tagelohnarbeiten in Rechnung gestellt: «Er sagte mir, dass zwischen der Auftragssumme und den in Rechnung gestellten Leistungen ‹noch Luft› in Höhe von 100 000 DM sei. Er bot mir an, dass wir bzgl. dieser Summe entsprechende Leistungen abrechnen, ohne diese tatsächlich erbracht zu haben. Wir stellten dann mehrere fingierte Rechnungen über Montage- und Stundenlohnarbeiten aus. In der Folgezeit kam es jeweils nach Aufforderung durch den FAG-Mitarbeiter zu weiteren fingierten Rechnungsstellungen über 250 000 bis 300 000 DM.» Neue Mitarbeiter wurden von der grauen Eminenz der Unterabteilung daraufhin ausgesucht, ob sie bereit waren mitzumachen. Er führte sie umgehend in das Absprachesystem ein und bedeutete dem Nachwuchs, «dass er, wenn er in der Abteilung bestehen wolle, sein Maul halten und mitmachen soll». Den jungen Ingenieuren entging nicht, dass derlei Verflechtungen auch in anderen Breichen des Flughafens üblich waren: «Es war schon immer so gewesen, dass sich jeder einen Obolus hinzuverdient.»[3] Auch die Neuen gründeten eigene Tarngesellschaften. Bei einem der neuen Mitarbeiter (Urteil zwei Jahre und zehn Monate Freiheitsstrafe) war es ein «Zeichen- und Schreibbüro» auf den Namen seiner Ehefrau, das seine fiktive Tätigkeit vom Wohnhaus der Eheleute aus betrieb: «Bereits das erste von diesem Mitarbeiter bearbeitete Projekt war Gegenstand einer Submissionsabsprache. In der Folgezeit ermöglichte er bei fast allen von ihm betreuten Projekten Absprachen der Bieter untereinander.» Zum Beispiel erteilte er dem Kartellführer einen Auftrag über 2 100 000 DM für die kommunikationstechnische Anbindung der «Feuerwache 2». Die Arbeit war gerade mal 56 870 DM wert. Abgerechnet wurde sie mit 189 000 DM, von dem jungen Diplomingenieur als sachlich richtig «geprüft» und von der FAG bezahlt. Dafür erhielt auch dieser neue Mitarbeiter regelmäßig Geldzuwendungen über seine Scheinfirma, die in knapp zwei Jahren 566 000 DM umsetzte. Einen gehörigen Teil davon musste er allerdings an den «heimlichen Chef» abführen. «Job weg,

Familie ruiniert und kurz vor der Scheidung», kommentierte der Angeklagte das Ende seines kurzen Ausflugs in die organisierte Wirtschaftskriminalität.[32]

In einem anderen Fall hatte ein bedeutender Hersteller für Verkehrsleittechnik bereits mehrere Baulose über acht Millionen DM erhalten, die Entscheidung über weitere Aufträge stand unmittelbar bevor, da kündigte der «Michelangelo» seinen Besuch an. Er wolle sich «ein Bild von der Leistungskraft des Unternehmers» verschaffen, hieß es. «Der will was», lautete die sibyllinische Warnung des Projektleiters (ein Jahr und neun Monate Freiheitsstrafe), der vor Ort die Kontakte zur FAG hielt. Zahlungen zur Beförderung des Umsatzes waren für das Unternehmen nichts Ungewöhnliches. Der Bericht eines Außendienstmitarbeiters legt da beredtes Zeugnis ab: «Das geplante Abendessen wurde vorverlegt. Das war mir sehr recht, weil die Angebote der Mitbewerber vorlagen und ich erfahren wollte, wie wir im Vergleich abschneiden.» In geselliger Runde, bei einem Glas Rotwein und in Damenbegleitung, «war ich bemüht, eine lockere Atmosphäre herzustellen», worauf, wie mit der Geschäftsleitung abgesprochen, eine «Zahlung von 20000 DM als Unterstützungshonorar» für den Fall der Auftragserteilung angeboten wurde: «Ich hatte in der Reaktion festgestellt, dass er mit einem Angebot in dieser Richtung gerechnet hat, und ich versicherte, dass selbstverständlich hierüber kein Wort verloren wird.» Auch bei dem Flughafen Frankfurt handelt es sich um eine bedeutende Referenz. Für das Firmenimage sollte dieser Kunde einiges wert sein. Also stellte sich die Geschäftsleitung darauf ein, dass der Besuch etwas kosten könnte. Wie viel, war unklar. Vorsorglich legte der Geschäftsführer (zwei Jahre Freiheitsstrafe, 36000 DM Geldstrafe) 40000 DM im Safe bereit. Dann kam der Besucher. Man begrüßte sich im Chefzimmer unter vier Augen. Ohne viel Worte zu machen, holte der Firmenverantwortliche den Umschlag mit den 40000 DM aus dem Safe und überreichte ihn dem Mann vom Flughafen. Der zählte sofort nach, steckte das Geld ein und gab sein Missfallen deutlich zum Ausdruck: «Was soll ich mit dem Begrüßungsgeld? Am Flughafen gilt ein eisernes Gesetz, dass grundsätzlich 3 % des Auftragsvolumens an mich zu zahlen sind. Das ist gängige Praxis.» Auf den Einwand, nicht über so viel Schwarzgeld zu verfügen, hatte der Michelangelo eine Lösung parat: «Wir sind Profis. Das wickeln wir über Rechnungen ab, die wir an Sie stellen.» Die Geschäftsleitung willigte ein – die begehrten Anschlussaufträge summierten sich auf rund 18 Millionen DM –, und der FAG-Mann sicherte zu, dass die Schmiergelder «in das laufende Projekt eingerechnet werden». Die fälligen rund 500 000 DM wurden vereinbarungsgemäß bezahlt. Das Unternehmen taumelte infolge des auch in der Presse überregional berichteten Korruptionsskandals um den Frankfurter Flughafen mit seinen 1200 Beschäftigten am Rande des Bankrotts, Kreditlinien wurden gesperrt, Aufträge storniert, Schadensersatz gefordert.

Wo es um Großaufträge geht, wird gerne mit unsauberen Methoden nachgeholfen. Da macht die FAG keine Ausnahme. Noch ein Sumpf, dessen Trockenlegung die Korruptionsfahnder nach der Affäre um den Flughafen Frankfurt beschäftigen sollte, breitete sich vor den Toren der Mainmetropole aus. Auch die Schmiergeldzahlungen an Angehörige der Gesellschaft für Technische Zusammenarbeit (GTZ) in Eschborn gehören zum Sittengemälde der Republik.

Von «Aufbau Dritte Welt» (GTZ) bis «Aufbau Ost» (Treuhandanstalt) – vor allem Aufbau des eigenen Vermögens

Gesellschaft für technische Zusammenarbeit – «Erst spendieren, dann spedieren»

«Gegen so viele kriminelle Energie auf einem Haufen ist man selbst mit den besten Kontrollen machtlos», klagte nach der Enttarnung des Korruptionsgeflechts in der Transportabteilung die überraschte Geschäftsführung der bundeseigenen Gesellschaft für technische Zusammenarbeit (GTZ) und wies Vorwürfe zurück, durch zu lasche Kontrollen die Korruption in ihrem Hause erleichtert zu haben.[33] Tatsache ist jedoch, dass Schwachstellen bei der Auftragsvergabe den Nährboden für kriminelle Handlungen schaffen. Sind obendrein die Kontrollen defizitär, berechenbar und leicht zu umgehen sind, wächst die Bereitschaft zur Selbstbereicherung.[34]

Fehlende Kontrollstrukturen und blindes Vertrauen in die Loyalität ermöglichten es auch einigen GTZ-Mitarbeitern, sich schamlos zu bereichern. Nicht weil sie so clever waren, blieben die Machenschaften von Mitarbeitern und Vertragsfirmen verborgen, sondern weil die Geschäftsführung nicht einmal im Ansatz Überlegungen angestellt hatte, ob angesichts eines Milliardenbudgets bei Mitarbeitern die Versuchung wachsen könnte, sich einen Teil davon in die eigenen Taschen zu wirtschaften. Die Geschäftsführung war nicht «machtlos», sondern untätig gewesen. Eine Reihe von Indikatoren gab Hinweise auf Schwachstellen und hätte allemal Anlass für eine Gefährdungsanalyse sein müssen. So wurde beispielsweise «bis 1983 keine Prüfung der Seefrachtrechnungen» vorgenommen, weil «die Rechnungsprüfungsstelle weder über detaillierte Unterlagen noch über in diesen Fragen sachkundiges Personal verfügte». Auch die Beauftragung eines externen Experten füllte die Kontrolllücke nicht, und es drängt sich der Eindruck auf, dass man von ernsthafter Innenrevision nichts verstand. Wie anders ist es zu erklären, dass es einer Abteilung überlassen blieb, selbst auszuwählen, die Rechnungen an die Kontrolleure weiterzuleiten. Dies hatte zur Folge, dass 65 % der Rechnungsvorgänge zurückgehalten und demzufolge auch nicht geprüft wurden. In nur 17 % der Fälle stellte die nachträglich eingeschaltete Revision überhaupt eine ordnungsgemäße Prüfung fest: «Ein absolut unbefriedigendes Ergebnis.» Bei den restlichen Rechnungsunterlagen blieben von den externen «Experten», die eine Pauschale für jeden Prüfungstag kassierten (!), überhöht abgerechnete Transportvolumen ebenso unbeanstandet wie fehlende Kostennachweise. Der Schaden betrug bei nur zwölf Rechnungsvorgängen bereits über 77 000 DM. Auf die Idee, zumindest die Angemessenheit der Preise zu kontrollieren, kam man nicht, denn – so die Geschäftsführung – «die Bevorzugung der Schmiergeld zahlenden Betriebe fiel auch deshalb nicht auf, weil diese Unternehmen dem Papier nach stets das günstigste Angebot unterbreitet hatten». Kaum jemals zuvor wurde Unwissen über gängige Korruptionsmuster in einem Interview so präzise formuliert. Das so genannte Vier-Augen-Prinzip stand, wie häufig, nur auf dem Papier. Die Vorschläge der Sachbearbeiter nickte man ab: «Aufgrund der Vielzahl der dem Vergabegremium vorzulegenden Vergabevorschläge wurde in der Regel nicht mehr detailliert geprüft.» Die Aufträge für bestimmte Destinationen gingen immer an dieselben Spediteure, und die Geschäftsführung setzte noch einen drauf: «Es ist bekannt gewesen, dass bestimmte Unternehmen überdurchschnittlich häufig den Zuschlag erhielten. Das ist aber auf ihre Spezialisierung auf Transporte in die Dritte Welt und auf die günstigen Angebote zurückgeführt worden.» Auf eine Straftat hätte nichts hingedeutet. Die «fragwürdigen Usanzen im Speditionsgewerbe», wo es, so der Vorsitzende Richter bei der Urteilsverkündung, «offensichtlich üblich sei, dass jeder jeden schmiert», waren zwar auch der GTZ-Geschäftsführung bekannt. Trotz des demonstrierten hohen Lebensstandards des im Zentrum der Absprachen stehenden GTZ-Mitarbeiters sah man aber keinen Grund, sich der für die Vergabe von Speditionsaufträgen zuständigen Fachabteilung gezielt anzunehmen: «Das große Auto des Verurteilten in der Tiefgarage der GTZ-Zentrale in Eschborn ist mir zwar aufgefallen», Gedanken habe man sich darüber aber nicht gemacht: «Schließlich gibt es eine ganze Reihe von Mitarbeitern mit ererbtem oder erwirtschaftetem Vermögen; von dem (verurteilten) Speditionskaufmann hieß es, er habe reich geheiratet.»[35] Es fehlte nur noch der Hinweis der Geschäftsleitung auf die nicht weit entfernte Spielbank in Bad Homburg als mögliche Ursache des plötzlichen Reichtums, um die Unlust zum Tätigwerden zu kaschieren. Schon der Umstand, dass GTZ-Angehörige vor ihrem Wechsel in die Transportabteilung bei der GTZ bei solchen Speditionsunternehmen beschäftigt waren, denen sie jetzt die Aufträge zuschanzten, wäre Anlass genug gewesen, ihre Tätigkeit einer genauen revisionsrechtlichen Prüfung zu unterziehen. Bei der GTZ hatte man die Gefahren der Korruption unterschätzt, wie schließlich auch die Geschäftleitung einräumen musste: «Wir haben geglaubt, dass es bei uns einfach nicht vorkommen kann», das typische Vogel-Strauß-Phänomen, das wir bereits aus anderen Bereichen von Wirtschaft und staatlicher Verwaltung kennen.

Bei dieser zu 100 % im Bundesbesitz befindlichen gemeinnützigen GmbH mit Sitz in Eschborn vor den Toren Frankfurts stießen nun die Korruptionsfahnder auf eine neue Dimension weltweiter Generierung von Bestechungsgeldern. Der Unternehmenszweck der GTZ ist die Erfüllung von Aufgaben der technischen Zusammenarbeit mit Entwicklungshilfeländern im Auftrag der Bundesregierung. Die dafür benötigten Mittel erhält sie aus dem Bundeshaushalt. Die Gesamtleistungen der GTZ betrugen 1995 1,64 Milliarden DM (davon Hilfsgüter im Wert von 336 Millionen DM), 2002 waren dies 882,6 Millionen Euro. Im Jahr 2002 beschäftigte die GTZ in über 130 Ländern 10 000 Mitarbeiter, davon rund 1000 in der Eschborner Zentrale. Ausgelöst wurden die Ermittlungen gegen mehr als 50 Tatverdächtige wegen Be-

An die Steuerfahndung bei der OFD Frankfurt

Sehr geehrte Damen und Herren,
wir sind eine Gruppe mittlerer Unternehmen, die auch auf Aufträge der Gesellschaft für Technische Zusammenarbeit (GTZ) in Eschborn angewiesen sind. Normalerweise sollten die Transportaufträge in Form einer beschränkten oder öffentlichen Ausschreibung vergeben werden, tatsächlich ist dies jedoch seit ca. zehn Jahren nicht mehr der Fall.

Die bei der GTZ für die Vergabe von Transportaufträgen zuständigen Mitarbeiter S und R erpressen unsere Mitglieder seit vielen Jahren zur Zahlung von «Vermittlungsprovisionen» für eine Auftragserteilung, zu zahlen entweder in bar oder an eine Hamburger Scheinfirma, deren Gesellschafter S ist, oder in Form von Sachleistungen, z. B. PKW, wie Porsche oder kürzlich auch Ferrari. Ebenso kam die Forderung nach Kleidung und Schmuck.

Art und Höhe dieser «Wünsche» sind als Festbetrag oder Prozentsatz des Auftragswertes bereits fester Bestandteil einer Angebotsnachfrage geworden.

Zur Klarstellung: Wir zählen zu diesen «Wünschen» nicht die bei der GTZ üblichen kleinen «Geschenke», wie Alkohol, Parfümerieartikel, goldene Kugelschreiber und kleinere Urlaubsreisen.

Wir haben, auch unter Einschaltung von Anwälten, vergeblich versucht, mit der zuständigen Hauptabteilung in ein sachliches Gespräch über diese Zustände zu kommen.

Original der anonymen Anzeige; anonymisiert

stechung, Betrug, Geldwäsche und Steuerhinterziehung durch eine anonyme Anzeige (S. 182).

Die verdeckten Maßnahmen zur Gewinnaufspürung – wie sonst nur bei der traditionellen organisierten Kriminalität (OK) üblich – führten zu bundesweiten Durchsuchungsmaßnahmen. Mehrere Mitarbeiter der GTZ und eine Reihe Angehöriger von Firmen aus der Speditionsbranche, darunter weltweit tätige Unternehmen, wurden in Untersuchungshaft genommen. Die Ermittlungen reichten bis nach London, Paris, Ankara, Liechtenstein und den Kapverden. Der umfangreiche Komplex «GTZ» zählte alsbald zu den Mannequins unter den klassischen Fällen der Käuflichkeit. Es ging um Schmiergeldzahlungen in Millionenhöhe und um andere Vorteile, wie etwa eine kostenlose siebentägige Reise zu Disney-World in Florida/USA für die ganze Familie. Als die Staatsanwälte einschritten, hatten in- und ausländische Speditions- und Schifffahrtsunternehmen bereits seit vielen Jahren Angehörige der GTZ planmäßig bestochen, um durch manipulierten Wettbewerb bevorzugt Aufträge für den weltweiten Transport von Hilfsgütern und Ausrüstungsgegenständen wie auch für den Charter von Schiffsladungen im Rahmen der Nothilfe etwa nach Mazedonien (Kohle), Ghana (Zucker), Armenien und Nicaragua (Weizen) zu erhalten. Der Korruption ist immanent, dass beide Seiten gewinnen. Nicht nur der Nehmer, auch der Geber will bestens verdienen. Hohe Umsätze und gute Gewinnmargen der Firmen liegen im beiderseitigen Interesse. Sie sorgen nicht nur für den stetigen Fluss der Schmiergelder, sondern sind auch der Garant für den Schulterschluss des Schweigens. So wurden denn die begünstigten Speditionsunternehmen aufgefordert, sie könnten mit ihren Frachtraten «ruhig etwas höher liegen». Aus den überteuerten Speditionsleistungen ließen sich Geld- und Sachleistungen leicht finanzieren. Etwa die Hälfte des Bruttogewinns ging üblicherweise an die Helfershelfer in der GTZ: «Es wurde anlässlich eines Restaurantbesuchs in Frankfurt die Vereinbarung getroffen, dass er künftig ca 50 % des Gewinns erhalten sollte.» Bezahlt wurde bereits ab Mitte der 1980er Jahre auch für den Einkauf von gebrauchten Containern, die für den Transport von Hilfsgütern in die Entwicklungsländer benötigt wurden: «Der Auftrag wurde uns von der GTZ erteilt. Ich bemerkte, dass der Preis pro Container um ca. 50 bis 100 DM höher lag als unsere Offerte. Das wiederholte sich bei weiteren Auftragsvergaben. Ich erkundigte mich telefonisch bei dem Sachbearbeiter, der mir sagte, das sei so in Ordnung. Ich habe mich bei ihm sogar noch bedankt. Einige Monate danach erschien der Sachbearbeiter der GTZ in unseren Firmenräumen und verlangte die Summe, die er als Differenz zu seinen Gunsten auf einem Zettel notiert hatte. Es handelte sich um mehrere Aufträge. Er machte mir unmissverständlich klar, dass dieser Betrag an ihn zu zahlen sei. Es war für mich klar, dass im Falle der Nichtzahlung weitere Aufträge von der GTZ nicht zu erwarten seien.» Der Differenzbetrag war fortan als Schmiergeld abzuführen. In vierteljährlichem «Abrechnungszeitraum» kassierte ein anderer GTZ-Mitarbeiter bei einem

Lieferanten innerhalb von drei Jahren rund 85 000 DM, insgesamt 207 000 DM (Freiheitsstrafe von zwei Jahren sowie Geldstrafe von 50 000 DM). Zur Freisetzung der Schmiergelder stellten Tochterfirmen, ausländische Subunternehmen und Agenturen u. a. in London, Kamerun, Türkei und Zaire Scheinrechnungen über tatsächlich nie angefallene Speditionsleistungen. Solche Scheinrechnungen gehören zum Korruptionsmuster und begegnen uns immer wieder. Im Fall «GTZ» wurden Kosten für die angebliche «Betreuung bei der Weiterleitung» geltend gemacht oder für die «Verzollung bei Einladung» oder auch für «Investigation, Intervention und Coordination», wobei es sich um eine kaum verhüllte Umschreibung für Beschleunigungszahlungen (Facilitation Payments) handelt, die im internationalen Geschäftsverkehr verbreitet und im Speditionsgewerbe an der Tagesordnung sind. Die Rechnungsempfänger verbuchten die Scheinrechnungen zumeist «ordnungsgemäß» unter dem jeweiligen Transportauftrag und überwiesen die Rechnungsbeträge umgehend auf das angegebene Geschäftskonto des Rechnungsausstellers. Die Valuta floss sodann – nach Abzug der Steuern und einer Provision für den Rechnungsaussteller (bis zu 10 % «für Verwaltungskosten») – an das Unternehmen zurück, entweder in bar oder auf Sonderkonten im In- und Ausland. Korruptionspartner gründeten eine Briefkastenfirma in Vaduz/Liechtenstein, an der jeder einen Anteil von 25 % hielt, über die sie die Schmiergeldzahlungen abwickelten. Die Geschäftskonten bei Liechtensteinischen Banken eröffneten nicht die Inhaber der Briefkastenfirma selbst, sondern in deren Auftrag eine der Liechtensteinischen Treuhandanstalten, deren Bedeutung für die vertrauliche Abwicklung von Finanzgeschäften bereits im Zusammenhang mit Parteispenden und Schwarzgeldern einem größeren Kreis interessierter Bürger bekannt geworden ist. Die Verschleierung der Bestechungszahlungen über ausländische Konten ist klassischer Bestandteil der Korruptionsgeschäfte und dient der Minimierung des Entdeckungsrisikos: «Herr A. (Geschäftsführer, verurteilt zu zwei Jahren und sechs Monaten Freiheitsstrafe) erkundigte sich bei mir, auf welchem Wege die Zahlungen am besten und unauffälligsten erfolgen könnten. In diesem Zusammenhang forderte er mich mehrfach auf, in der Schweiz ein Nummernkonto einzurichten.» Von Kurieren aus der Schweiz und Großbritannien in Koffern über die Grenze geschafft, wurden die Bargeldsummen den Empfängern auf Autobahnraststätten oder nachts an der Haustür übergeben: «Es handelte sich immer um dieselbe Person. Er war ca. 40 Jahre alt, 175 cm groß und sprach deutsch mit französischem Akzent. Den Namen kenne ich nicht. Er fuhr einen grünen Range Rover, Kennzeichen nicht bekannt. Ich meine, dass er entweder aus Frankreich oder aus dem frankophonen Teil der Schweiz kam.» Auch ein Rechtsanwalt verdingte sich als Geldbote. Umgerechnet 125 000 DM hob er von einem US-Dollar-Konto in Liechtenstein ab und übergab das Geld – nach Abzug seines Honorars von 27 000 DM – an den Schmiergeldempfänger. Um die kriminellen Erlöse entgegenzunehmen, begaben sich die Vorteilsnehmer auch ins Ausland, gerne nimmt man die Gelegenheit wahr, einige Tage auszuspannen: In Ankara erhielt der GTZ-Mitarbeiter für einen Auftrag über die Lieferung von 2200 t Mehl nach Georgien einen Umschlag mit Bargeld. Seine Freundin erinnert sich: «Am Abflugtag sagte er mir, ich solle auf seine Jacke aufpassen, da seien 70 000 DM drin.» Barschecks wurden vorzugsweise über Konten dritter Personen eingelöst. Bekannte, Freunde (Freiheitsstrafe von einem Jahr auf Bewährung) und auch Angehörige stellten gutgläubig oder gegen Provision ihre Girokonten zur Verfügung: «Am 7.2. und 10.2. löste ich wie üblich zwei Barschecks der Speditionsfirma über mein Konto ein. Es handelte sich um Schecks in Höhe von 19 300 DM und 19 600 DM.» Die Scheckbeträge lagen also knapp unter der Schwelle für Verdachtsanzeigen der Banken wegen Geldwäsche. Nicht immer stoßen die Fahnder auf solche Verbindungen – und manches Mal nur mit Hilfe von Kommissar Zufall: Bei einer überraschenden Wohnungsdurchsuchung wird der Wohnungsinhaber auf dem Weg zu seinem Anwalt angetroffen und festgehalten. Die obligatorische körperliche Durchsuchung durch den Kriminalbeamten fördert außer Kreditkarten und Personalausweis nichts Verwertbares zu Tage. Von dem anwesenden Staatsanwalt auf die Vorteile einer Kooperation mit den Ermittlungsbehörden aufmerksam gemacht, besinnt sich der Dreißigjährige aber, und er zieht, mit einem verschmitzten Lächeln in Richtung des Kriminalbeamten, der ihn gerade abgetastet hatte, einen kleinen, fein säuberlich gefalteten Spickzettel aus der Tasche seines Jacketts: «Kleine Fahndungspanne, was?» Auf dem Zettel waren die Schmiergeldkonten und deren Inhaber säuberlich aufgelistet.

Die zentrale Position innerhalb des Korruptionsgeflechts nahm ein gelernter Speditionskaufmann (monatliches Nettoeinkommen zur

Tatzeit 7000 DM) ein, der für die Vergabe von Transportaufträgen und Nothilfeprojekten der GTZ zuständig war. Für die Bevorzugung einzelner Spediteure hatte er seit Ende der 1980er Jahre viel Geld verlangt. Innerhalb von fünf Jahren kamen da 2,9 Millionen DM zusammen, die Zuwendungen im verjährten Zeitraum gar nicht gerechnet (sechs Jahre Freiheitsstrafe). Umsatzsteigerung war das Geschäftsziel der Speditionsfirmen, die keine Bedenken hatten, dafür auch kriminelle Methoden einzusetzen. «Dann lass es mal so laufen», war die lapidare Antwort der Geschäftsführung auf den Hinweis eines Mitarbeiters, dass bei der GTZ gezahlt werden muss. Die Geschäftsführung der deutschen Tochtergesellschaft schreibt an ihre ausländische Konzernmutter und teilt die aktuelle Korruptionsvereinbarung mit dem zuständigen Mann von der GTZ («vertrauliche Unterhaltung mit Herrn X») mit. In dem Schreiben an die Muttergesellschaft wird der Name des geschmierten GTZ-Mitarbeiters, «Monsieur X» genannt, nicht preisgegeben. Danach soll die bereits vor mehreren Jahren getroffene Schmiergeldabrede beibehalten werden. Allerdings werde künftig «ein monatlicher Pauschalbetrag» von 5000 DM gezahlt (in den folgenden 18 Monaten wurden über 350 000 US-Dollar nach Liechtenstein transferiert), sodass «keine Listen über die GTZ-Aufträge mehr erstellt werden müssen, die bis dahin Berechnungsgrundlage für die Höhe der Schmiergeldzahlungen waren». Die Pauschalvereinbarung wird gegenüber der Konzernmutter als «Erfolg» verbucht, weil unter dem Strich künftig weniger Schmiergeld zu zahlen ist. Für größere Einzelaufträge waren allerdings Sonderregelungen beabsichtigt. Der Absender des Schreibens mahnt, die «Wirtschaftlichkeit dieser Geschäfte» nur ja nicht in Zweifel zu ziehen und etwa die Zahlungen zu beenden, «auf keinen Fall sollten wir bis dahin kommen». Ist der Gedanke so fern liegend, dass Mitarbeiter, denen die Unternehmensleitung zumutet, Korruptionsabreden zu treffen und Schmiergelder zu transferieren, nicht nur daran denken, den Umsatz ihrer Firma zu steigern, sondern auch selbst von den Früchten ihrer Arbeit etwas haben wollen? Und wenn es nicht anders geht, auch ohne Wissen und Wollen der Vorgesetzten? Immerhin tragen sie als «Frontmänner» das Risiko strafrechtlicher Verfolgung. Einige der Angestellten der Speditionsunternehmen partizipierten heimlich mit bis zu 10 % an den Schmiergeldern, durch sogenannte Kick-back-Zahlungen, bei drei Angehörigen einer Spedition waren das

360 000 DM (Verurteilung zu Freiheitsstrafen von je drei Jahren), bei einem Prokuristen 50 000 DM (zwei Jahre und sechs Monate Freiheitsstrafe). Letztlich handelt es sich auch um (gern genommene) Schweigegelder: «Er wollte damit erreichen, dass auch wir beteiligt sind, falls irgendwann die Angelegenheit mit den Schmiergeldzahlungen auffliegen würde.» Die wirtschaftskriminelle Bilanz fiel für alle Beteiligten positiv aus, sieht man von dem strafrechtlichen Posten einmal ab (der sich angesichts des minimalen Entdeckungsrisikos nur selten in einer solchen Bilanz niederschlägt). Sie liest sich bei vier der überführten Firmen auszugsweise wie folgt: Firma 1 setzte in fünf Jahren 20,7 Millionen DM mit der GTZ um und zahlte hierfür 1,68 Millionen DM Schmiergeld. Firma 2 verbuchte in fünf Jahren 5,5 Millionen DM Umsatz und zahlte 513 000 DM Schmiergeld, Firma 3 erzielte in zwei Jahren 6,4 Millionen DM und zahlte 450 000 DM Schmiergeld, Firma 4 machte in zwei Jahren einen Umsatz von 9,1 Millionen DM und zahlte hierfür 170 000 DM Schmiergeld. Bei der moralischen Bilanzierung schlägt allerdings die Bedenkenlosigkeit negativ zu Buche, mit der sich die Nutznießer dieses Bereicherungssystems aus schierer Gewinnsucht einen überaus luxuriösen Lebensstandard mit Ferraris, Fernreisen und hochwertigen Immobilien zu Lasten der Ärmsten der Armen dieser Welt ermöglichten.

Für eine weit überteuerte Lieferung von 3000 t Weizen im Rechnungswert von 1 122 000 US-Dollar nach Armenien wurden beispielsweise Bestechungsgelder in Höhe von 202 000 DM gezahlt. Der Bruttogewinn für den Auftragnehmer betrug mindestens 670 000 DM. Ungeklärt blieb nicht nur in diesem Fall, ob der in Rechnung gestellte Weizen je sein Ziel erreicht hat: «Ich gehe davon aus, dass die Rechnungen mindestens überhöht sind.» Jedenfalls fehlten bei der Abnahme der Lieferung nicht weniger als 50 t Getreide im Rechnungswert von 18 700 US-Dollar. Diese wurde aber nicht etwa von dem Kaufpreis in Abzug gebracht. Vielmehr hatte der bestochene GTZ-Mitarbeiter entgegen eindeutiger Bestimmungen vorsorglich eine Transportversicherung zu Lasten der GTZ abgeschlossen (Prämie 12 000 DM!), die den (behaupteten) Schaden zu Gunsten des Lieferanten ersetzte. Für die Lieferung von 8000 t Kohle nach Mazedonien für 888 000 ECU («ein extrem hoher Preis») kassierte der GTZ-Mann 110 000 DM. Für 5000 t Weißmais nach den Kapverden für 1,6 Millionen US-Dollar verlangte er 125 000 DM. Außer Barem gönnten sich die Herren von der Spedition auch noch andere Annehmlichkeiten. Man zahlte ja nicht selbst. Alles ging on expenses der Firmen, letztlich der Steuerzahler, deren Gelder die GTZ-Mitarbeiter treuhänderisch verwalten (sollten). Auf Hamburgs Vergnügungsmeile ließ man es sich einmal so gut gehen, dass die lustige Herrengesellschaft ausgelöst werden musste. Die Geschäftsführerin wurde aus dem Bett geklingelt: «Das Geld ist alle.» Mit mehreren 1000-DM-Scheinen in der Tasche eilte sie zum Etablissement und half den Herren nachts um zwei Uhr aus ihrer Notlage.

Solch gewerbsmäßig betriebener Missbrauch eines staatlichen Amtes, das dem Inhaber im Vertrauen auf seine Loyalität und Rechtstreue zugewiesen wurde, ist auch in einem Fall das beherrschende Thema, das von einem Marineboot handelt und – mal wieder – vom Frankfurter Hochbauamt (dazu unten).

Der Fall GTZ zeigt wie andere Bereiche, in denen Kontrolle fehlt, wie Täter mit hoher krimineller Energie große Summen in ihre Taschen umzulenken verstehen. Als Beispiel für ähnliche Strategien andernorts mit gleichen Details – von den Geldkoffern mit Bargeld über die Geldwaschanlagen in Liechtenstein bis hin zum luxuriös schmarotzenden Lebensstil mit Ferraris und Yachten – können Vorgänge um die Treuhandanstalt dienen. Häufig werden die aufgedeckten Korruptionsstrukturen für ein singuläres Problem etwa «der GTZ», «der Treuhandanstalt» oder «des Täters» (der überführt wurde) gehalten. Damit wird fälschlicherweise impliziert, der Fall habe sich zusammen mit dem Abschluss des Strafverfahrens erledigt. Konsequenzen seien daher nicht zu ziehen. Man übersieht hierbei die korruptionsfördernden Strukturen, die jederzeit und an jedem Ort auftreten können.

Korruption bei der Treuhandanstalt

Mit der Strafanzeige der Revision der Treuhandanstalt (THA) wegen Verdachts auf ein Insidergeschäft (Unternehmensverkauf, Wert 5,7 Millionen DM für eine DM) entstand der schwerwiegendste Korruptionsfall, den die Strafverfolgungsbehörden im Treuhandkomplex aufdeckten. Es stellte sich heraus, dass zeitgleich mit dem Eintritt der Täter in die THA zusammen mit Externen ein regelrechtes Bestechungssystem installiert worden war.[36]

Alle Beschuldigten stammten aus Baden-Württemberg, kannten sich bereits aus früheren Zeiten und dachten nicht ernsthaft daran, pflichtgemäß Unternehmen zu privatisieren, wirtschaftliche Unternehmenskonzepte umzusetzen oder gar Arbeitsplätze zu schaffen. Es ging ihnen lediglich darum, in kürzester Zeit an Unternehmensverkäufen durch Bestechungsgelder und Betrug zu verdienen. Zu diesem Zweck verkauften sie Unternehmen oder Firmenanteile, Grundstücke und Sachwerte wie Fuhrparks und Warenlager nach kurzer Zeit gewinnträchtig weiter. Auf den Grundstücken ließen sie Grundschulden eintragen und entnahmen «Darlehen», also Geld für sich selbst oder um damit wie in einem Karussell neue Unternehmen zu kaufen. Die Amtsträger der Treuhand forderten Schmiergelder für die Genehmigung der Privatisierungen. Möglich war dies durch die Sondersituation des Privatisierungsdrucks, aber insbesondere auch durch die ausgeschaltete Kontrolle. Vorgesetzte waren in das Bestechungssystem involviert, konnten also bei den erforderlichen Genehmigungen überhaupt keine Kontrollfunktion ausüben.[37]

Die THA wurde mit Beschluss des Ministerrates der DDR vom 1. März 1990 als Anstalt öffentlichen Rechts mit Sitz in Berlin gegründet.[38] Gemäß Art. 25 I 1 des Einigungsvertrages[39] vom 31. Juli 1990 i.V.m. § 2 II 1 des Treuhandgesetzes[40] und § 1 I 1 der Satzung der THA war die bundesunmittelbare Anstalt des öffentlichen Rechts beauftragt, das ihr übertragene volkseigene Vermögen der ehemaligen DDR zu privatisieren und gegebenenfalls erforderliche Sanierungsmaßnahmen vorzunehmen.

Ein schwäbischer Unternehmer wurde wegen Bestechung, Urkundenfälschung und Untreue zu einer Freiheitsstrafe von fünf Jahren und drei Monaten verurteilt. Der vermeintlich solide Mittelständler, tatsächlich mit seinem Kfz-Zulieferbetrieb im Westen bereits vor dem wirtschaftlichen Aus, suchte nach der Wende, getrieben von «einer damals allgemein herrschenden Goldgräberstimmung» (so der Richter), aus dem Angebot der THA zu seinem Unternehmen passende Betriebsstätten. Allerdings nicht, um seinen Betrieb zu erweitern, sondern um Unternehmen auszuschlachten. Dieses Spiel funktionierte, weil Mitarbeiter der Treuhand und die vermeintlichen Investoren gemeinsame Sache machten: Der Unternehmer erwarb in kürzester Zeit im Zusammenwirken mit den bestochenen Treuhandmitarbeitern und unter insolventen Firmenmänteln sowie einer

Sitzgesellschaft aus Jersey (Briefkastenfirma) 25 Unternehmen und Betriebsteile und zahlte in zehn Monaten 5,45 Millionen DM Schmiergeld allein an den Abteilungsleiter Privatisierung der THA. Meist hob er die Beträge bar ab und überreichte sie dem Abteilungsleiter, der das Geld dann im Koffer über die Grenze nach Luxemburg schaffte. Der Unternehmer nutzte die Unerfahrenheit der ostdeutschen Geschäftsführer schamlos aus und konnte diese davon überzeugen, ihm insgesamt 10,25 Millionen DM aus Guthaben der Unternehmen auszuzahlen, um angebliche Altschulden der ehemaligen DDR-Firma zu begleichen. Aufgedeckt wurden Entnahmen aus den Unternehmen in Höhe von über 50 Millionen DM. Von dem Gesamtkaufpreis von 32 Millionen DM zahlte er lediglich 50 000 DM. Der Verpflichtung, 72 Millionen DM zu investieren und den Erhalt von 400 Arbeitsplätzen zu garantieren, kam er nicht nach. Der schwäbische Unternehmer und der aus Stuttgart stammende Unternehmensverkäufer und Abteilungsleiter der THA kannten sich von früher. Auf Kosten der ausgeplünderten Betriebe verbrachten beide einen gemeinsamen Urlaub in Kalifornien, wo sie wiederum gemeinsam eine Drei-Zimmer-Wohnung für 315 000 US-Dollar erwarben. Auch ihre Leidenschaft für Luxusautos teilten sie. Beide besaßen einen regelrechten «Fuhrpark» aus Luxuskarossen: Von Rolls-Royce über Mercedes S-Klasse bis Ferrari stand für jede Gelegenheit ein Gefährt zur Verfügung. Angesichts der großen Bestechungssummen und der erheblichen Schädigungen, die der Unternehmer im Zusammenwirken mit den Treuhandverantwortlichen angerichtet hatte, spielten die «kleineren» Verfehlungen in den Strafverfahren überhaupt keine Rolle mehr. So ließ er sich von den ostdeutschen Geschäftsführern seiner von der THA übernommenen Firmen auch regelmäßig Beträge bis zu 20 000 DM auf seine Privatkonten überweisen und dubiose Rechnungen von befreundeten Steuerberatern, Versicherungsvertretern und anderen Personen durch die ostdeutschen Unternehmen begleichen. Rechtswidrig abgezogene Gelder aus den unrechtmäßig erworbenen Ost-Firmen in Millionenhöhe steckte er in sein völlig überschuldetes schwäbisches Unternehmen. Aus denselben Quellen finanzierte er den Umbau seines Privathauses für 600 000 DM.

Der Abteilungsleiter für Privatisierung (G) – nach rascher Beförderung im Januar 1992 Direktor der THA – wurde wegen Bestechlichkeit und Untreue zu fünf Jahren und sechs Monaten verurteilt.

Der ehemalige Gebrauchtwagenhändler und gescheiterte Unternehmer mit Vorstrafen wegen Konkursverschleppung und Betrug (was bei der Einstellung niemand prüfte) kassierte ungeniert Schmiergelder und schanzte dem Unternehmer geeignete Objekte zur vorgeblichen Privatisierung zu. In Wahrheit beruhte die Bewerbung bei der Treuhand ohnehin auf einer Schmiergeldabrede vom 30. Januar 1991 zwischen dem Privatisierungsdirektor A und dem Rechtsanwalt D: Diese wollten eine Person einstellen, die Schmiergelder eintreiben und weiterleiten sollte, ohne dass die Hintermänner in Erscheinung traten. Von Anfang an war geplant, unter Firmenmänteln eigene Beteiligungen an den zu privatisierenden oder zu liquidierenden Unternehmen zu erwerben, um diese gewinnträchtig weiterzuverkaufen. So kam es. Nach der Einleitung der Ermittlungen gegen den Unternehmer sowie nach der fristlosen Entlassung flüchtete der Abteilungsleiter a. D. G mit 5,7 Millionen DM in die USA. Der Verbleib des Geldes konnte nicht geklärt werden. Weiteres Vermögen wurde durch die Übertragung von Immobilien an eine Briefkastenfirma in Liechtenstein, an seine Mutter und durch eine Abtretung zwecks Honorarforderung an seinen Verteidiger entzogen. Die THA klagte später allein gegen den ehemaligen Abteilungsleiter vergeblich auf 11,7 Millionen DM.

Der Direktor Privatisierung der THA Niederlassung Halle und frühere Rechtsanwalt A wurde wegen Untreue und Bestechlichkeit zu einer Freiheitsstrafe von fünf Jahren und sechs Monaten verurteilt. Der Jurist hatte sich nach vergeblichen Bemühungen, in diversen Anwaltskanzleien schnell zu Geld zu kommen, Ende 1990 erfolgreich bei der THA in Berlin beworben. In nur 15 Monaten kassierte er durch rechtswidrige Unternehmensverkäufe mindestens 4,7 Millionen DM Schmiergelder. Verantwortlich für die Privatisierung von Unternehmen hatte er als Amtsträger die Interessen der THA zu wahren, «möglichst gute Kaufpreise zu erzielen und nicht deren Vermögenswerte zu verschleudern», wie die Anklageschrift ausführt. Unter bewusster Missachtung aller rechtlichen Vorgaben für die Privatisierung genehmigte der Privatisierungsdirektor die Veräußerung von Unternehmen nach Annahme von Schmiergeldern. Das Urteil dazu: Der Angeklagte habe bereits kurze Zeit nach seiner Bestellung zum Privatisierungsdirektor die Möglichkeit gesehen, seine Entscheidungskompetenzen auszunutzen, um in großem Umfang zu Geld zu kommen.

«Er wollte bei geeigneten Objekten die Erteilung der für die Wirksamkeit der einzelnen Kaufverträge erforderlichen Genehmigung durch die THA davon abhängig machen, dass die Kaufinteressenten neben dem an die Treuhandanstalt zu zahlenden Kaufpreis zusätzlich noch eine «Provision» an ihn privat bezahlten. Da sich der Angeklagte selbst bei der Akquisition der Schmiergelder im Hintergrund halten wollte, benötigte er einen Komplizen, der mit der Schmiergeldforderung an den Kaufinteressenten herantrat und dann auch die entsprechenden Zahlungen entgegennahm. In dem Stuttgarter Rechtsanwalt D, den er bei seiner eigenen Anwaltstätigkeit bei Konkursverfahren kennen gelernt hatte, sah der Angeklagte den geeigneten Partner für den geplanten Schmiergelderwerb. Der getrennt verfolgte und in diesem Zusammenhang bereits rechtskräftig zu der Freiheitsstrafe von vier Jahren und zehn Monaten verurteilte D erklärte sich bereit, für die Treuhand-Niederlassung Halle Firmenliquidationen durchzuführen und am Schmiergeldprojekt des Angeklagten mitzuwirken. Bei einem gemeinsamen Abendessen am 30. Januar 1991 im Grand-Hotel in Ostberlin besprach der Angeklagte mit D, wie das gemeinsame Schmiergeldprojekt durchgeführt werden sollte.» Rechtsanwalt D sollte die Höhe des Kaufpreises der Objekte und das Schmiergeld festlegen. «Kaufinteressenten hatte D dann nahe zu bringen, dass die Genehmigung des Kaufvertrages für das betreffende Objekt durch die THA nur dann erteilt werde, wenn außer dem offiziellen Kaufpreis noch ein weiterer Betrag als Schmiergeld bezahlt werde. Die jeweils geforderten Schmiergeldbeträge sollte D dann in voller Höhe vereinnahmen und zur Hälfte an den Angeklagten weiterleiten. Die andere Hälfte sollte D für sich behalten. Nach Zahlung der Schmiergelder hatte der Angeklagte für die Genehmigung der betreffenden Verträge durch die THA zu sorgen.» D wurde am 31. Januar 1999 zum Liquidator für Treuhandobjekte bestellt.

Auch der ehemalige Direktor pflegte eine Vorliebe für auffällige Autos, die er nicht selbst bezahlte: Mercedes-Benz 600 SEL (Wert 223 000 DM), Porsche 911 Carrera 4 Coupé und BMW 750. Der Anwalt war für die Strafverfolgungsbehörden die «Spinne im Netz», die Person, die maßgeblich über die Geschäfte bestimmte und die Beziehungen knüpfte. Er schreckte auch vor Einschüchterungen und Beeinflussungen von Zeugen nicht zurück. Rechtsanwalt sei er geworden, um reich zu werden, er habe mit Geld geprotzt und skrupellos seinen Vorteil um jeden Preis gesucht. Die Millionen wurden in der Plastiktüte von Kofferraum zu Kofferraum transportiert und am Flughafen übergeben. Der Anwalt beschäftigte als Liquidator der THA einen ehemaligen Notar als freien Mitarbeiter, der wegen Unregelmäßigkeiten bei Immobiliengeschäften in Baden-Württemberg entlassen worden war (vier Jahre und zehn Monate wegen Untreue). Dieser errichtete mit Millionenschäden für die Treuhand Schachtelsysteme von Grundstückverkäufen.

Die Summe der angerichteten Schäden sowie der gezahlten Schmiergelder und das Geflecht der beteiligten Personen konnten trotz äußerst umfangreicher Ermittlungen nur ansatzweise aufgedeckt werden.

Der Fall TÜV Frankfurt – «TÜV-Plaketten für ein Handgeld»

Die Ermittlungen führten zur Aufdeckung eines seit Mitte der 1970er Jahre eingespielten Systems der Vorteilsgewährung bei der Vorführstelle der 1992 privatisierten Technischen Überwachung Hessen GmbH (TÜH) in Frankfurt. Als Gegenleistung für beschleunigte Abfertigung von Fahrzeugen (Motivationszahlungen) und die Erteilung von TÜV-Plaketten trotz zum Teil erheblicher Mängel zahlten gewerbliche Vorführdienste an die Mehrzahl der Technischen Prüfer in vielen tausend Einzelfällen zwischen 10 und 50 DM. Erst ein präpariertes Auto beendete die skrupellose Gefährdung der Allgemeinheit durch Amtspersonen, deren eigentliche Aufgabe es doch gerade war, mängelbehaftete Fahrzeuge aus dem Verkehr zu ziehen.

Die Anlagen zur Technischen Kontrolle von Fahrzeugen findet man in Frankfurt am Main unweit der Messe auf einem weiträumigen Gelände, das «Am Römerhof» heißt. Und so nennt man den TÜV in der Region nicht einfach nur TÜV, sondern es ist der TÜV Am Römerhof, wo pro Jahr im Durchschnitt 30 000 Autos kontrolliert werden. Unter hohen Hallen finden neun Prüfanlagen Platz, über deren Gruben die Fahrzeuge gesteuert werden. Die Einrichtungen für Abgasuntersuchungen finden sich dort und die für eine Organisation mit 200 Beschäftigten notwendigen Gebäude. Das Kfz-Handwerk hat sich im Umkreis entlang hoher Bahndämme niedergelassen, Neu- und Gebrauchtwagenhändler und andere Industriebetriebe mehr. Jeder

Bürger kann Am Römerhof vorfahren und sein Auto durch den TÜV bringen. Man kann sein Fahrzeug aber auch einem gewerblichen Vorführdienst anvertrauen. Das sind Kleinunternehmer, die für Autohäuser, Werkstätten und für Privatleute die ungeliebte Verpflichtung übernehmen, Fahrzeuge turnusgemäß einer amtlich-technischen Kontrolle zuzuführen. Solch ein Vorführdienst erspart unangenehme Wartezeiten und erledigt alles, die Vorfahrt, die Zahlung der Gebühren und den ganzen Papierkram.

Es hatte sich bis weit über die Landesgrenzen herumgesprochen, dass der TÜV Am Römerhof bei Mängeln beide Augen zudrückt. Von dieser Spezialbehandlung profitierten Vorführdienste, Autohandel, Autobesitzer – und natürlich die Prüfer. Eine eingespielte Gemeinschaft, wie sich herausstellen sollte. Der Sprecher des TÜV suchte nach Bekanntwerden der Affäre in gewohnter Weise zu beschwichtigen: «Es gibt immer wieder schwarze Schafe.» Dabei hatten immerhin zwölf der eingesetzten fünfzehn Prüfer mitgemacht, die ausgeschiedenen Prüfer und die Ruheständler gar nicht mitgerechnet. So viele waren es, dass die Stellen der Inhaftierten und Suspendierten auf die Schnelle nicht neu besetzt werden konnten. Deshalb «müssen wir improvisieren», kündigte der Regionalleiter an, was nichts anderes hieß, als dass der Prüfdienst zeitweise fast zum Erliegen kam. Die Umsätze sollen um mehr als die Hälfte eingebrochen sein, auch weil, so wurde vermutet, die Prüfstelle in einschlägigen Kreisen nicht mehr als Geheimtipp galt.

Rivalisierende Gruppen, die vor der Einfahrt zum TÜV Am Römerhof wie Felsmuränen in Wohnwagen und VW-Bussen auf Kunden lauerten, köderten mit dem Angebot, jedes Fahrzeug anstandslos durch den TÜV zu bringen. Ein verlockendes Angebot bei so manchem altersschwachen Gefährt. Für eine Honorierung waren die Prüfer gerne bereit, Fahrzeuge trotz Mängeln durchzuwinken und eine TÜV-Plakette zu verpassen. Kleine Mängel wurden «übersehen», erhebliche Mängel als «leichte» eingestuft. «Abhängig vom Zustand eines Fahrzeuges» suchten sich die Vorführdienste ihren Stammprüfer aus. Die «schlechten Autos» mit den meisten Mängeln gingen vornehmlich an zwei Prüfingenieure, «die bei den Schrottautos gar nicht nachgeschaut haben». Trotz gravierender Sicherheitsmängel (abgefahrene Reifen und korrodierte Bremsbeläge, durchgerostete und notdürftig geschweißte Bodengruppen) wurden verkehrsuntaugliche

Fahrzeuge als «mängelfrei» begutachtet. Fahrzeuge ohne Mängel wurden bei korrekten Prüfern vorgefahren, «um das Bestechungsgeld zu sparen».

Erkauften sich die Vorführdienste eine verkürzte Wartezeit früher noch mit einem Frühstück oder Trinkgeld von drei bis fünf Mark, ging man seit den 1980er Jahren zu einer «zweiten Gebührenordnung» über. Prüfer und Vorführdienste waren eingespielt: Je nach Schwere der Mängel waren bis zu 50 DM pro Fahrzeug fällig, für die «Verkürzung der Wartezeit» zahlte man 10 DM. Abgerechnet wurde nach Stückzahl, es gab Mengenrabatt. Ausgezahlt wurde in der Grube, im Prüferhäuschen («in den Kittel gesteckt oder in den Fahrzeugschein eingelegt») oder nach Feierabend anhand der notierten Anzahl der tagsüber vorgeführten Fahrzeuge in einer Summe. Die Vorführer achteten darauf, immer genügend passende Geldscheine bei sich zu führen, Zehner und Zwanziger. Aufgrund der Menge der durchgeschleusten Fahrzeuge (bis zu 4809 pro Jahr und Prüfer), schwollen die Nebeneinkünfte zu erklecklichen Einnahmequellen an: «Die beiden Prüfer trugen unwahrscheinlich dicke Geldbörsen mit 20-DM-Scheinen mit sich» (ein Prüfer registrierte beispielsweise in einem Jahr 2277 Hauptuntersuchungen, bei denen er in nur 68 Fällen keine Plakette erteilt hatte). Monatlich kassierte einer der Prüfer bis zu 1200 DM von nur einem Zulassungsdienst (von zehn gewerblichen Vorführern in 1899 Fällen insgesamt über 43 800 DM in knapp fünf Jahren).

Hinweise auf Unregelmäßigkeiten beim TÜV in Frankfurt gab es bereits seit 1975, unter anderem von Rechtsanwälten, die für ihre Mandanten erhebliche Mängel trotz «frischem TÜV» monierten. Es gab Abmahnungen wegen der Arbeitsqualität. Aber den Warnsignalen maßen Vorgesetzte offensichtlich keine besondere Bedeutung bei, auch nicht bei solchen Vorführern, die nach internen Erkenntnissen als «einschlägig bekannte Zulassungsdienste von zweifelhaftem Ruf» galten. Eine regelmäßige Kontrolle der Plakettenabrechnung fand ebenfalls nicht statt, sodass sich Prüfer einen schwarzen Plakettenbestand zulegen konnten.

Prüfer sollen von der Käuflichkeit ihrer Kollegen gewusst, aber nichts unternommen haben, man wollte das Arbeitsklima nicht noch weiter beschädigen. Das war bereits erheblich belastet, weil die Prüfleistungen pro Technischem Angestellten massiv angehoben worden waren. Man sparte am Personal. Vier Fahrzeuge sind innerhalb einer Stunde ordnungsgemäß zu prüfen, 24 pro Tag und Prüfer. Bis zu 60 Autos waren es tatsächlich. Da glaubten einige der amtlichen Ingenieure ein Recht auf einen finanziellen Ausgleich zu haben: Ein bisschen korrupt kann doch keine Sünde sein.

Das System «Plakette gegen Bargeld» wurde denn auch eher zufällig entdeckt, und dies nicht durch die Vorgesetzten der Einrichtung in Frankfurt, sondern durch das Regierungspräsidium in Darmstadt (RP). Bei einer Stichprobe stieß die Landesbehörde auf die kruden Machenschaften. Ein Bediensteter des RP hatte verdeckt als Privatmann einen Wagen mit erheblichen Mängeln präpariert, um zu kontrollieren, wie die Technische Überwachung in Frankfurt funktioniert. Auf der Einfahrt zum TÜV Am Römerhof sprach ein Unbekannter den Mann vom RP an, er sei bereit, die Angelegenheit «ohne Komplikationen» zu erledigen. Die verlangte «Gebühr» lag um einiges über der offiziellen. Das Auto wurde durch den Unbekannten vorgeführt und mit dem Ergebnis «geringe Mängel» zusammen mit einer Bescheinigung ausgehändigt, die den Erhalt der Prüfplakette garantierte. Die Beseitigung der «geringen Mängel» sollte lediglich eine Werkstatt bestätigen, das Auto musste nicht nochmals vorgeführt werden. Wenige Wochen später dasselbe Spiel: Diesmal präsentierte der RP gleich zwei Fahrzeuge und ließ diese durch zwei gewerbliche Vorführdienste zur Hauptuntersuchung vorstellen. Beiden Autos testierten die käuflichen Prüfer Mängelfreiheit. Noch am gleichen Tage begutachtete ein Sachverständiger die Fahrzeuge als «verkehrsunsicher» und entfernte die Prüfplaketten.

Nach Abschluss der Ermittlungen zählten die Fahnder 41 Beschuldigte (Prüfer und Vorführdienste). Nur wenige der Tatbeteiligten dürften durch die Maschen gefallen sein. Die Autos mit den billig erkauften amtlichen Sicherheitstestaten hingegen konnten nicht aus dem Verkehr gezogen werden. Es bleibt die Hoffnung auf den nächsten TÜV, einen seriösen.

Frankfurter Korruptionsaffäre III – «Vom Marineboot zur 10 %-Mafia»

Im Dezember 2000 wurde die Stadt Frankfurt am Main von ihrer dritten Korruptionsaffäre eingeholt. Das setzte Erinnerungen an die

Welle von Bestechungsfällen frei, die die Kommune zu Ende der 1980er Jahre erschüttert hatte. In mehr als zehn städtischen Ämtern war damals über Jahre hinweg systematisch betrogen und bestochen worden. Millionen hatten die bevorzugten Firmen als Bestechungsgelder gezahlt, und in Millionenhöhe wurden Stadt und Steuerzahler geschädigt. Seinerzeit waren mehr als 400 Personen von Ermittlungen betroffen, davon 239 Angehörige der Kommune, allein im Straßenbauamt wurden 103 Bedienstete von der Strafjustiz und ihrem Disziplinarvorgesetzten zur Rechenschaft gezogen. 75 Mitarbeiter waren entlassen worden.[41] Externe Wirtschaftsprüfer und ein Akteneinsichtsausschuss hatten das städtische Vergabesystem nach Schwachstellen untersucht und zahlreiche Änderungen bewirkt. Das Vier-Augen-Prinzip und verbesserte Kontrollen sollten fortan Korruption und Manipulation verhindern, eine mobile Prüfgruppe für unangemeldete Kontrollen wurde eingerichtet und ein Antikorruptionsreferat als Ansprechpartner für 21 000 Beschäftigte bestellt. Man glaubte, gegen Bestechungsaffären des erlebten Ausmaßes geschützt zu sein. Aber schon 1989 plagte den damaligen Personaldezernenten der Stadt Udo Müller «das ungute Gefühl, dass schon bald neue Ereignisse ins Haus stehen». Er sollte im Gegensatz zu dem vormaligen OB von Schoeler, der der Überzeugung war, er habe «den Korruptionssumpf trockengelegt», Recht behalten. Die Schatten der Korruptionswirtschaft fielen nicht zum ersten Mal auf das Hochbauamt. Die Ermittlungen konzentrierten sich auf den Bereich der Bauunterhaltung. Über diese Behörde urteilte ein Unternehmer einmal in unmissverständlicher Klarheit: «Es ist normal, dass im Hochbauamt geschmiert wird.» Mal wieder also die Bauverwaltung.

Aber nicht nur die Bauverwaltung ist ein viel besuchter Abreitplatz für Mauscheleien. So dahingestreute Bemerkungen gegenüber Firmenvertretern wie: «Da muss auch für mich etwas drin sein», sind im öffentlichen Dienst nichts Ungewöhnliches. In nicht wenigen Ämtern der Verwaltung ist der Amtsschimmel tief schwarz eingefärbt und treibt die verbreitete Korruption teilweise skurrile Sumpfblüten. Manche Diener des Staates legen das Verhalten absolutistischer Fürsten an den Tag und halten sich Unternehmen wie Domestiken, wie etwa der Angehörige einer kommunalen Behörde: Beim gemeinsamen Skatspiel mit Geldeinsatz durfte der Unternehmer keinen Stich machen. Der nämliche nebst Ehefrau musste bei den Gartenfesten des

Beamten den Ausschank bedienen – dass das Catering auf Firmen-kosten lief, verstand sich von selbst. Auch hatte er dafür zu sorgen, dass in dem Beamtenhaushalt stets frische Blumen, Obst und Gemüse vorrätig waren.

Korruption und kein Ende? Sowie der Hydra der Korruption ein Kopf abgeschlagen wird, scheinen unweigerlich gleich mehrere nach-zuwachsen. Ist kein Kraut gegen das Schmiergeldunwesen gewach-sen? Ist es Gleichmut im gelassenen, wenn nicht gar nachlässigen Umgang mit den überall frühlingshaft hervorbrechenden Korrupti-onstrieben, oder fügt man sich resignierend?

Die dritte Korruptionsaffäre, die die Stadt Frankfurt innerhalb eines Jahrzehnts heimsuchte, wurde erneut durch eine sträfliche Ver-nachlässigung der internen Kontrollen begünstigt. Der Verzicht auf engmaschige interne Kontrollsysteme ist umso erstaunlicher, als die Kommune seit Ende der 1980er Jahre mehrfach üble Erfahrungen mit eingespielten Schmiergeldbeziehungen machen musste. Trotz ein-schlägiger Vorgänge hatte es die Kommune unterlassen, eine effektive Finanzkontrolle einzurichten. Der Aufbau eines präventiven, also ei-nes die Korruption verhindernden Vorsorgeprogramms wird abge-lehnt, weil dies angeblich «nicht dauerhaft vor Korruption schützt». Gefährdungsanalysen in korruptionsanfälligen Verwaltungsbereichen hält man für «zu aufwändig» und «regelmäßige Stichprobenkontrol-len für nicht zweckmäßig und notwendig».[42] Das Antikorruptions-referat wurde von ursprünglich acht Mitarbeitern auf heute drei zurückgefahren. Das Revisionsamt ist nicht in der Lage, die notwen-digen Prüfmaßnahmen in dem erforderlichen Umfang zeitnah auszu-führen.[43] Man glaubt tatsächlich, es den Mitarbeitern überantworten zu können, «stichprobenartig» zu prüfen, ob Aufträge ihrer ehemali-gen Kollegen geschmiert worden sind.[44] Wie das funktionieren soll, wird ein Geheimnis bleiben. Nicht einmal ein abgestimmtes Verfah-ren existiert zwischen den Ämtern, wie mit Korruptionsverdacht umzugehen ist. Darf man sich angesichts solcher Grundeinstellung wundern, wenn unter den 120 Beschuldigten, darunter das Hochbau-amt mit 60 betroffenen Bediensteten, die Frankfurter Aufbau AG (FAAG), eine kommunale Wohnungsgesellschaft (42 Tatverdächtige) und der Evangelische Regionalverband Frankfurt a. M. (ERV), alt-bekannte Namen auftauchten? 90 Verantwortliche in über 65 Firmen, allesamt dem traditionellen Bauhandwerk zugehörige Betriebe, standen im Verdacht, in mehr oder weniger bedeutendem Umfang an Jahrzehnte zurückreichenden Absprachen und Vorteilsbeziehungen beteiligt gewesen zu sein.

Die Sonderabteilung der Staatsanwaltschaft durchsuchte zusammen mit dem 1995 eingerichteten Spezialkommissariat bei der Frankfurter Kriminalpolizei, unterstützt durch die Landeskartellbehörde sowie die Rechnungsprüfer der Stadt und der FAAG, mit bis zu 120 Kriminalbeamten nach und nach 144 Wohnungen, Firmen und Dienstzimmer, stellte Tausende von Akten sicher und nahm 18 Personen in Untersuchungshaft. Das neue Verfahren stellte sich zunächst als eine Affäre der kleinen Sünder dar, bei der viele wenig genommen hatten, wenig im Vergleich zu der hemmungslosen Profitgier wie etwa bei der Treuhandanstalt oder der Messe Frankfurt, wo es um Millionen ging. Die «Veranstaltung der kleinen Fische»[45] wuchs sich indessen zu einem beträchtlichen Skandal aus. Der Kreis der Tatverdächtigen erweiterte sich Tag für Tag. Erste Hinweise gingen ein, wonach neben dem Hochbauamt auch andere Fachämter betroffen waren. Um der Flut der Verfahren Herr zu werden und die Untiefen des Korruptionssumpfes auszuloten, beschloss die Staatsanwaltschaft zum zweiten Mal in der Frankfurter Korruptionshistorie, eine Selbststelleraktion durchzuführen.[46] Der Leitende Oberstaatsanwalt bot allen schwarzen Schafen, die sich freiwillig selbst stellen, einen «Sonderrabatt»: «Denjenigen Personen, die sich unaufgefordert der Staatsanwaltschaft offenbaren, sichere ich ausdrücklich zu, von allen gesetzlichen Strafmilderungsmöglichkeiten weitestgehend Gebrauch zu machen.» Der Initiative schlossen sich Stadt und FAAG an und erklärten sich bereit, den Selbststeller nicht zu kündigen. Auf Betriebsversammlungen wurde an die Mitarbeiter des Hochbauamtes und der FAAG appelliert, sich zu offenbaren und ihr Wissen um Verfehlungen von Kollegen und Firmen mitzuteilen:[47] «Schweigen, und zwar betretenes, herrschte unter den Mitarbeitern. Keine ergänzende Frage, nichts. Erst als sich die Versammlung auflöste, setzte lebhaftes Geraune ein.»[48] Die Angehörigen der FAAG verließen die Versammlung nach Art des Hammelsprungs durch eigens mit dem Anfangsbuchstaben ihres Namens gekennzeichnete Türen und unterzeichneten dabei die Anwesenheitsliste. Keiner sollte sich später herausreden können, er habe seine Chance zur freiwilligen Offenbarung nicht gekannt. Mit weiteren Durchsuchungen und Festnahmen hielten die Strafverfolgungsbehörden für eine Überlegungsfrist von 48 Stunden inne («Bis Donnerstag 24 Uhr»), um allen Betroffenen Gelegenheit zu geben, sich zu stellen – wer zu spät kommt, den bestraft die Justiz. Am ersten Tag nach Ablauf des Moratoriums wurde der nächste Bauunternehmer verhaftet und mehrere Geschäftsräume durchsucht.[49] Der Aufruf galt Bestochenen wie Bestechern. 22 Mitarbeiter der Kommune und der FAAG meldeten sich, um zu beichten. Aber noch in ihren «reumütigen Geständnissen» hielten einige mit der ganzen Wahrheit hinter dem Berg, wie Pokerspieler auf das schlechte Blatt ihres Gegners hoffend. Andere stimmten sich vorab mit ihren langjährigen Gönnern aus dem Baugewerbe ab, ob sie sich freiwillig stellen sollten oder nicht. Ein krimineller Korpsgeist, wie sonst nur aus anderen Milieus bekannt, diktierte die Sprachregelung: «Hast Du ausgesagt?» – «Nein.» – «Dann bleibt die Sache unter uns.» Kein einziger Unternehmer folgte dem Canossagang der Geständigen. Gerade diejenigen also entzogen sich dem Aufruf, die nicht müde werden zu klagen, sie würden zu Bestechungszahlungen erpresst und seien gezwungen mitzumachen, um Firma und Arbeitsplätze zu schützen.[50]

Aufgefallen waren die neuen Schmiergeldbeziehungen durch Zufall. Auf der Suche nach den dunklen Finanzquellen, die es brauchte, um ein ausgemustertes Marineboot zur Luxus-Yacht aufzurüsten, kamen die Ermittler im Jahr 2000 auf die Spur eines fest installierten Systems von Bestechung und Absprachen in so unterschiedlichen Einrichtungen wie dem Hochbauamt der Stadt Frankfurt, der FAAG und – im kleineren Umfang – bei dem Evangelischen Regionalverband Frankfurt (ERV). Wo zunächst Korruption im Spiel zu sein schien, wurde lediglich Unterschlagung entdeckt. Die Idee war bestechend, der Tatplan gerissen. Ein ungetreuer Buchhalter des ERV zweigte über fingierte Rechnungen unbemerkt 1,33 Millionen DM ab und finanzierte so ein Unternehmen, das zugleich gesichertes Einkommen und Schutz vor jeglicher Strafverfolgung garantieren sollte. «Independia», Unabhängigkeit, tauften sie mehrdeutig das ehemalige Minensuchboot der Bundesmarine «Algol», das, von allen Militaria befreit, mit Geld aus der Kirchenkasse zu einem Luxusliner mit kraftvollen Dieselgeneratoren und einem Dutzend First-Class-Kabinen ausgebaut wurde. Ein Prachtstück alter Schifffahrtstradition mit edlem Mahagonirumpf und glänzendem Messing, das für Arbeitsbeschaffungsmaßnahmen herhielt und das Fernsehen zu einem aufwändigen Bericht inspirierte. So wollte man von Stralsund aus in See stechen und alle Meere bereisen, die Kabinen an zahlungskräftige Urlauber verchartert. Die Milleniumsfeier sollte den Startschuss geben und in der Karibik die Datumsgrenze zweifach überfahren werden. Die Flyer waren bereits gedruckt und sogar im ERV, dem unwissenden Sponsor, verteilt, die ersten Kunden geworben, da verdarb der Staatsanwalt der ganzen guten Plan. Auf dem Höhepunkt seiner Restaurierung noch die Attraktion auf dem Hamburger Hafenfest, wurde das Schiff beschlagnahmt und sein Eigner festgenommen. Der Buchhalter wurde zu drei Jahren Freiheitsstrafe wegen Untreue und Betrug verurteilt, der Schiffseigner zu einem Jahr und acht Monaten wegen Geldwäsche.

Am Rande macht der Fall deutlich, dass die gern als Allheilmittel gegen Korruption gepriesene Rotation das genaue Gegenteil bewirken kann, nämlich den Bazillus in gesunde Bereiche zu verschleppen. Denn bei dem Mitarbeiter des ERV handelte es sich um einen ehemaligen Bauleiter des Hochbauamtes, der zum Regionalverband gewechselt war. «Er hat vom Hochbauamt offenbar eine problematische Praxis mitgebracht», umschrieb der Sprecher des ERV seine Befürchtung der korruptiven Kontamination feinsinnig.[51]

Die Korruptionsindikatoren wiesen den Fahndern den Weg. Alles wie gehabt: Verstöße gegen einschlägige und verbindliche Vergaberichtlinien zuhauf. Die bekannten Schwachstellen bei Auftragsvergabe: Entgegen den Ankündigungen der Kommune nach Aufdeckung der ersten Korruptionsaffäre konnten städtische Bauleiter nach wie vor alleine über die Vergabe von Aufträgen entscheiden. Eine Kontrolle der Bauunterhaltungs- und Reparaturmaßnahmen erfolgte im Hochbauamt grundsätzlich nicht. Es fanden sich hohe Kundenabhängigkeiten mit einem Anteil von weit über 40 % des Gesamtumsatzes. Fünf Bauleiter hatten den Dienst quittiert, gründeten eigene Firmen und schmierten dann ihre alten Kollegen vom Hochbauamt, um in ununterbrochener Folge Aufträge zu erhalten. Bei beschränkten Ausschreibungen wurden nur Bieter aus einem eng begrenzten Firmenkreis zur Angebotsabgabe aufgefordert, was grundsätzlich Absprachen begünstigt. Ausgewählte Haus- und Hoffirmen erhielten den Hauptanteil der Aufträge. Bei Instandsetzungsmaßnahmen gingen bis zu 95 % eines Gewerks an einen einzigen Handwerksbetrieb, ein sicheres Zeichen für wettbewerbswidrige Absprachen und möglicherweise auch Korruption.

Als Gegenleistung für Aufträge gab es für Bauleiter des Hochbauamtes und Gebietsarchitekten der FAAG Bargeld, Tankkarten und Sachleistungen aller Art, von der Steckdose über den Toaster (100 DM) bis zum Rasierapparat (175 DM). «Erst habe ich mich gewehrt, dann hie und da trotz Bedenken Geld angenommen und schließlich jedes Unrechtsbewusstsein verloren»,[52] mit dieser Schilderung seines schnellen Aufstiegs in die Etagen der Korruption leitete der erste Angeklagte in der dritten Frankfurter Korruptionsaffäre sein Geständnis vor dem Frankfurter Landgericht ein. Aus der Sicht der zahlenden Unternehmer stellte sich das Verhalten des FAAG-Mitarbeiters deutlich anders dar. Danach mussten sie zahlen, um überhaupt Aufträge zu erhalten, ohne sicher sein zu können, auch tatsächlich welche zu bekommen. Für Modernisierung und Sanierung von über 5000 Mietwohnungen und mehreren Gewerbeobjekten investiert die Gesellschaft jährlich mehr als zweistellige Millionenbeträge. Sie ist damit einer der bedeutendsten Auftraggeber des örtlichen Bauhandwerks. In rund 140 Fällen hatte sich der Gebietsarchitekt mit Sachleistungen (z.B. «eine Markise im Wert von 3000 DM für sein privates Anwesen») und Geldzahlungen (350 DM für «den Schreibtisch meiner Tochter», 400 DM für «einen Rasenmäher», 3000 DM für die Erstattung von «Kfz-Reparaturen») korrumpieren lassen (pro Unternehmen bis zu 24000 DM) und lernte auf diese Weise die Welt kennen («Reise nach New York für 3500 DM», «Reise in die Karibik für 11000 DM», «Urlaub in Dubai» 8000 DM). Mindestens neun Bauunternehmen steckten dem immer dreister werdenden Angestellten Umschläge zu. Von einem Unternehmer verlangte er Geld zur Begleichung seiner Steuerschulden von 15000 bis 20000 DM, ein anderes beteiligte sich mit 8000 DM an einer «Zahnbehandlung», die mit mindestens 35000 DM an überhöhten Leistungen wieder hereingeholt wurde. Andere Unternehmen konfrontierte der Architekt mit Sonderwünschen wie einem «Fallschirm-Tandem-Sprung», einem «Hubschrauberflug über Frankfurt» oder der Übernahme der Kosten «für die Feier meiner Ehefrau». Obwohl dem Mitarbeiter des Wohnungsunternehmens bekannt war, dass die Staatsanwaltschaft gegen die Firmen bereits ermittelte, blieb er für Schmiergelder empfänglich.[53] Ja, die Unverfrorenheit ging so weit, dass er nach Entlassung aus der Untersuchungshaft mit dem ihm zur kostenlosen Nutzung überlassenen Kraftrad zur Vernehmung bei der Staatsanwaltschaft vorfuhr.

Anteil aller Firmen am Gesamtauftragsvolumen

Gesamtauftragsvolumen	26 Mio. DM
Anzahl der Aufträge	9640
Anzahl der Firmen	283
Acht Firmen erzielen einen Gesamtumsatz von 6,5 Mio. DM =	25 %

Anzahl der beteiligten Firmen pro Gewerk

Auftragsvolumen Gewerk Fliesenarbeiten	1,3 Mio. DM	
Anzahl der Aufträge	279	
Anzahl der Firmen	3	
Eine Firma erhielt 242 Aufträge = 1,08 Mio. DM =		85,3 %

Weitere Beispiele bevorzugter Auftragsvergaben
an jeweils eine Firma

Gewerk Maurerarbeiten	81 %
Gewerk Dachdeckerarbeiten	85 %
Gewerk Metallbau	68 %
Gewerk Bodenbelagsarbeiten	95 %
Gewerk Elektroarbeiten	68 %

Beispiel für bevorzugte Auftragsvergaben bei Instandsetzungsmaßnahmen

Dieser Angeklagte (zwei Jahre und sechs Monate Freiheitsstrafe) war nicht der Einzige, der für die Verlockungen des illegalen Nebenverdienstes besonders anfällig war. Er hatte sich nicht viel mehr vorzuwerfen, als sich den ständigen Übungen seiner Kollegen angepasst zu haben. Verbreitet waren die von den Beschuldigten als «üblich» bezeichneten Geldgeschenke zu Weihnachten und Geburtstag: «Zahlungen zwischen 200 DM und 500 DM zu Geburtstag und Weihnachten werden von den Bauleitern allgemein erwartet.» Darüber hinaus gab es die bekannten «Extrazahlungen» in Höhe von 5 % der Netto-Schlussrechnungssumme bei auskömmlichen Baustellen. Ein Unternehmer: «Für gute Baustellen erhielten die Bauleiter von mir Sonderzahlungen. Ich setzte mich dann mit dem jeweiligen Bauleiter zusammen, und wir besprachen gemeinsam, was möglich war, d. h., wie viel ich zahlen konnte.» Hinsichtlich eines Bauleiters heißt es beispielsweise: «Er bekam von mir für ‹gute Baustellen› Extrazahlungen. Diese beliefen sich z. B. auf 15 000 DM für eine Schwimmbadmaßnahme, gezahlt in zwei Einzelzahlungen von 9000 DM und 6000 DM. Die Baumaßnahme lief gut, und da kann ja auch mal was rüberwachsen. Für eine andere Maßnahme erhielt er von mir 18 000 DM, übergeben in zwei Raten von 10 000 DM und 8000 DM.» Zum Abrechnungsmodus ergänzt der Unternehmer: «Bei der Geldübergabe haben wir uns mündlich darüber verständigt, welche Rechnungen damit abgegolten waren.»

Alle erdenklichen privat angefallenen Ausgaben – vom Bewirtungsbeleg bis zur Tankquittung, die Anschaffungskosten «für einen PC in Höhe von 4348,14 DM» oder «für eine VHS-Videoanlage Nordmende für 1634,09 DM» – ließen sich die Bauleiter von ihren Geschäftspartnern in bar erstatten. In Einzelfällen kamen Beträge bis zu 24 000 DM pro Jahr zusammen. Die Firmen wiederum verbuchten diese «nützlichen Aufwendungen» steuermindernd als Betriebsausgaben.

Zu den verschiedenen, untereinander nicht in Kontakt stehenden Personengeflechten zählte auch eine kleine, aus vier Personen bestehende Gruppe, die im Hochbauamt und bei den Firmen intern als «Zehn-Prozent-Mafia» einen zweifelhaften Ruf genoss. Der Name leitet sich aus der Forderung der Bauleiter nach 10 % der Auftragssumme ab. In rund 120 Einzelfällen verlangte einer der Haupttäter «den Zehnten» für sich, was sich auf 73 000 Euro laut Anklagevorwurf summierte. Bei einem Auftrag über 42 000 DM forderte der Bauleiter z. B. wörtlich: «Ich bekomme 10 % der Auftragssumme», also 4200 DM. Bei Weigerung erfolgte sofortiger Auftragsstopp. Die Einlassung des Bauleiters (im nicht genehmigten Nebenberuf Betreiber eines gastronomischen Betriebes, in dem seine Geliebte als Geschäftsführerin arbeitete), er habe «lediglich in wenigen Einzelfällen kleinere Geldsummen als Anerkennung für rasche Abwicklung von Geschäftsbeziehungen angenommen»,[54] nahm ihm die Wirtschaftsstrafkammer allerdings nicht ab und verurteilte ihn zu vier Jahren Freiheitsstrafe. Der Angeklagte war aber nur einer der Nutznießer eines seit vielen Jahren im Hochbauamt der Stadt verbreiteten Systems der Vorteilsgewährung. Ein Zeuge bezeichnete es als «normal», dass im Hochbauamt abhängig vom Auftragsvolumen Zahlungen an die Mitarbeiter geleistet wurden.

Ein Unternehmer diktierte die übliche Praxis frank und frei in das Protokoll des Staatsanwalts: «Allen von mir genannten Bauleitern, egal in welchem Amt, war klar, dass Zuwendungen, Geld- oder Sachleistungen, mit einem Aufschlag in die laufenden Baumaßnahmen eingerechnet werden. Das gehört zum allgemein bekannten System, sonst funktioniert das Ganze nicht.» Die «übliche Praxis» der Einrechnung erfolgte «sozusagen automatisch im Wege überhöhter Lohnstundenabrechnungen», so ein geständiger Bauleiter. Viele tausende Mehrstunden wurden so der Stadt in Rechnung gestellt, ohne dass ein Handschlag getan war. Bei einem Handwerksbetrieb waren dies im Jahr 2000 1306 Mehrstunden zu je mindestens 68,80 DM netto. Auch die «Sonderzahlungen» wurden auf diese Weise zu Lasten der Kommune refinanziert: «Die Extrazahlung von 5 % wurde jeweils mit einem Aufschlag von 150 % auf die Rechnung draufgeschlagen, d. h., wenn ich 400 DM an den Bauleiter gezahlt habe, dann habe ich zusätzliche Leistungen im Wert von 1000 DM in Rechnung gestellt, die gar nicht erbracht wurden.»

Keinem fiel auf, dass sich in bestimmten Schulen Rohrverstopfungen zu Dutzenden ganz untypisch häuften, Wasserhähne in wenigen Jahren mehrfach ausgetauscht und in kürzesten Abständen Reparaturen allgemeiner Art ausgeführt wurden. Allein drei mittelständische Baufirmen rechneten ersten Schätzungen zufolge 6,5 Mio. Euro zu viel ab.

Der Verfahrenskomplex ist ein Spiegelbild der Situation in der Baubranche, bei weitem nicht der einzige von illegalem Geben und Nehmen geprägte Wirtschaftszweig.

IX Die zehn Gebote der Korruptionsbekämpfung

Korruption – Krebsübel der Gesellschaft

Die geschilderten Alltagsfälle aus der Strafverfolgungspraxis lassen befürchten, dass Korruption weiter auf dem Vormarsch bleibt. Es liegt in der Verantwortung eines jeden, gleichgültig in welcher beruflichen oder gesellschaftlichen Stellung, zu bestimmen, in welchem Ausmaß sich die Korruption als eines der Krebsübel der Gesellschaft in Deutschland etabliert. Der Kampf gegen die Korruption wird nicht durch die Justiz, nicht durch härtere Gesetze oder noch so wasserdichte Kontrollen gewonnen, sondern in den Köpfen der Bürger entschieden.[1] In einem korruptionsfeindlichen Klima kann und wird das Schmiergeldunwesen nicht gedeihen. Die Stärke der Demokratie eines Landes hängt wesentlich «von der Kultur seiner Familien und der Energie seiner Bürger» ab (Paul Ginsberg). Es liegt mithin an jedem Einzelnen, ob wir den Regelverstoß als Normalität erleben oder der Korruption keine Chance geben und sie in all ihren Maskierungen entschieden ablehnen: die undemokratischen, weil nicht transparenten Amigobeziehungen und Seilschaften, Ämterpatronage und Nepotismus, all die Formen der Klientelwirtschaft, die das Gemeinwohl hintanstellen, die White Corruption, wie wir sie z.B. in den Beraterverträgen von Abgeordneten antreffen, die schwarzen Konten und anonymen Großspender politischer Parteien, die nicht aus dem Dickicht von Filz und Klüngel heraustreten. All diese Verhaltensmuster sind Türsteher der Korruption, sie schaffen erst die Bedingungen für das Eindringen des Schmiergeldwesens in Staat und Gesellschaft.

Eine vorbehaltlose Auseinandersetzung mit dem Krebsübel Korruption muss diese Missstände beim Namen nennen und die «Liebhaber des Halbschattens», wie Oliver Fahrni die Korrumpteure im Establishment nennt,[2] an das Licht der medialen Öffentlichkeit zerren.

Wo die politische und wirtschaftliche Elite eines Landes von der Mehrheit der Bevölkerung als inkompetent und käuflich eingeschätzt wird, wo ein «Ehrenwort» über Gesetz und Verfassung gestellt wird, wächst die Gefahr für die Legitimität des Staates und letztlich für die Stabilität des gesellschaftlichen Systems überhaupt: «Der demokratische Rechtsstaat beruht auf ethischen Prinzipien, die seine Funktion mit der Verantwortung für das Allgemeinwohl legitimieren.»[3] Wenn eine der Hauptursachen für die Ausbreitung der Korruption der Verlust ethisch-moralischer Grundwerte ist, dann kann die Überwindung des Schmiergeldunwesens nur gelingen, wenn wieder ethisch-moralische Maßstäbe unser Verhalten bestimmen und nicht das kaltschnäuzige Kalkül von Vorteil und Risiko des Rechtsbruchs. «Das beste Bollwerk gegen Korruption ist eine in der Politik, Verwaltung, Wirtschaft und in der gesamten Gesellschaft fest verankerte Kultur, die Korruption ächtet und ihr keine Chance lässt, sich auszubreiten. Die Unannehmbarkeit der Korruption setzt demnach die allgemeine Anerkennung und Praktizierung ethischer Grundwerte des Zusammenlebens in Staat, Wirtschaft und Gesellschaft voraus» (Dieter Dölling).[4]

Trotz scheinbar ungebrochener Kraft korruptiver Umtriebe allenthalben und des Verschwindens nachahmenswerter Vorbilder auf den Führungs- und Verantwortungsebenen dieser Gesellschaft bleibt doch auch die weit verbreitete Sehnsucht der Bürger nach einem sauberen Staat. Dieses Hoffen wollen wir bewahren. Und so ist es denn vielleicht sogar tröstlich, wenn nicht alles bekannt wird. Denn würde das Dunkelfeld der Korruption je vollständig aufgehellt, verlören wir Bürger wohl den Glauben, dass die Straftat die Ausnahme und die Anständigkeit die Regel ist.

Gesamtkonzept von präventiven und repressiven Maßnahmen

Ursächlich für die Ausbreitung der Korruption ist das Aufkommen eines Wertesystems, das einer privatnützigen, materialistischen Maxime den rücksichtslosen Vorrang gegenüber der Orientierung des individuellen Verhaltens am Gemeinwohl einräumt. Ein Staat, der durch die steuerliche Abzugsfähigkeit von Schmiergeldern die Korruption jahrzehntelang subventioniert hatte und auf diese Weise den Korruptionspraktiken auch noch die «Aura des Erlaubten» verlieh und gefällige Rechtfertigungsmuster für die auf Korruption gegründete Geschäftspolitik so mancher Unternehmen lieferte, ist ebenso verantwortlich wie ein Strafrecht, das den Korrupten heute noch viele Schlupflöcher bietet. Fehlende Kontrollen in Wirtschaft und Verwaltung fügen sich ins Bild. Bekannte Abwehrstrategien werden nicht oder nur unzureichend genutzt. Schließlich ist die Strafverfolgung nur bedingt effizient.

Was geschieht, um den sozialschädlichen Folgen von Korruption in Politik und Gesellschaft und dem verbreiteten Bestechungsunwesen in Wirtschaft und Verwaltung wirksam zu begegnen? Auf Länderebene sind eine Anzahl von Verwaltungsrichtlinien zur Korruptionsprävention auf den Weg gebracht worden, deren Umsetzung in der Praxis noch weit gehend aussteht und für deren korruptionshemmenden Erfolg es keine Beweise gibt. Die verschiedenen Maßnahmen auf kommunaler Ebene sind Insellösungen geblieben, die untereinander nicht abgestimmt sind und nach dem ersten Schreck über entdeckte Korruption schnell wieder in Vergessenheit geraten. Ein wichtiger therapeutischer Ansatz war die Verabschiedung des Korruptionsbekämpfungsgesetzes durch den deutschen Bundestag im Jahr 1997. Mit der Novellierung der Bestechungstatbestände war zwar ein guter Wurf gelungen, bis heute fehlt aber der politische Wille, ein Gesamtkonzept zur Korruptionsbekämpfung zu entwickeln.

Das mit «Zehn Gebote zur Korruptionsbekämpfung» umschriebene Koordinatensystem einer umfassenden Antikorruptionsstrategie verbindet repressive und präventive Regelungsbereiche.[5]

Erstes Gebot: Korruptionsregister – Fiskus und Wettbewerb schützen

Unternehmen, deren Zuverlässigkeit infolge schwer wiegender oder wiederholter Zuwiderhandlungen im Geschäftsverkehr nicht gegeben ist, sind auf Dauer oder zeitlich begrenzt vom öffentlichen Auftragswettbewerb bundesweit auch schon vor rechtskräftigem Urteil auszuschließen, wenn im Einzelfall angesichts der Beweislage keine vernünftigen Zweifel an der Tatbegehung bestehen. Die Aussperrung dient dem Schutz eines freien und ungestörten Wettbewerbs und liegt nicht nur im Interesse der seriösen Wirtschaft, sondern auch der Verbraucher und Steuerzahler. Die Voraussetzungen eines Ausschlusses vom öffentlichen Auftragswettbewerb sind ebenso wie die Wiederzulassung gesetzlich zu regeln.

Zweites Gebot: Unternehmensstrafrecht – Anreize schaffen für eine neue Unternehmensethik

Eine ebenso starke generalpräventive Wirkung wie der Aussperrung käme einem Unternehmensstrafrecht zu. Nicht Einzelpersonen repräsentieren in der modernen Industriegesellschaft die klassische Wirtschaftstätigkeit, sondern juristische Personen und Personenvereinigungen. Aus der wachsenden Freiheit eines grenzüberschreitenden, globalen Wirtschaftens und aus der zunehmenden ökonomischen, gesellschaftlichen und politischen Machtfülle von Unternehmen folgt eine höhere Verantwortlichkeit gegenüber den von der unternehmerischen Betätigung ausgehenden potenzierten Gefahren für Mitarbeiter, Verbraucher und Allgemeinheit. Es ist ein deutlicher Anstieg der Wirtschaftskriminalität von 2000 auf 2001 um über 21 % zu verzeichnen. Mehr als 80 % aller Fälle schwerer Wirtschaftskriminalität werden aus Unternehmen heraus begangen. Die Schätzungen der in Deutschland verursachten materiellen Schäden schwanken zwischen zwei- und dreistelligen Milliardenbeträgen. Die wachsende Unternehmenskriminalität verdrängt den seriösen Wettbewerber, untergräbt die allgemeine Wirtschaftsmoral und hebelt nicht zuletzt wegen des Nachahmungseffekts das marktwirtschaftliche System aus. Das derzeitige Sanktionssystem gegen juristische Personen und Personengesellschaften ist unzulänglich. Die USA, Schweiz, Frankreich und andere Industriestaaten kennen die Strafbarkeit juristischer Personen, und ein strafrechtlicher Vorwurf wird schon wegen des Imageschadens ernst genommen. Mit dem Unternehmensstrafrecht wird das Unternehmen selbst – unabhängig von der Strafbarkeit einzelner Personen – zum Strafrechtssubjekt. Der Nachweis, welcher Mitarbeiter im Unternehmen die Tat geplant und ausgeführt hat, ist nicht erforderlich. Die Straftat wird dem Unternehmen zugerechnet. Die Verbandsstrafbarkeit als eine neben das Individualstrafrecht tretende eigenständige Sanktion ist kriminalpolitisch sinnvoll und ein geeignetes Mittel zur Bekämpfung der ausufernden Wirtschaftskriminalität. Die Einführung eines Unternehmensstrafrechts soll zugleich Anreize für ein gesetzmäßiges Verhalten und zur Förderung einer kriminalitätshemmenden, ethikorientierten Unternehmenskultur schaffen.

Drittes Gebot: Fünf-Jahres-Sperre – erst protegieren, dann profitieren

Es sind Fälle bekannt, in denen Amtsträger, zumal in leitenden Funktionen, von einem Lagerwechsel zu solchen Unternehmen der Privatwirtschaft profitieren, die sie während ihrer dienstlichen Tätigkeit auffällig protegiert hatten. Solche Korruptionsrisiken werden dadurch unterbunden, dass der Amtsträger vor Ablauf einer Sperrfrist von fünf Jahren nach dem Ausscheiden aus dem öffentlichen Dienst in keine geschäftlichen oder arbeitsrechtlichen Beziehungen zu einem Unternehmen treten darf, mit dem er dienstlich näher befasst war, wenn die Gefahr der Interessenkollision nicht auszuschließen ist.

Viertes Gebot: Gesetzeslücken schließen

Abgeordnetenbestechung – ein typisches Placebo-Gesetz

Die Bestechung von Abgeordneten war in der Bundesrepublik Deutschland über vier Jahrzehnte lang straflos möglich. Erst auf Druck des Bundesverfassungsgerichts hat der Gesetzgeber 1994 den Tatbestand der Abgeordnetenbestechung in das Strafgesetzbuch eingefügt. Den Bundesbürgern dürfte auch nicht bekannt sein, dass der neue Tatbestand die Betätigungsfelder der Abgeordneten in den Ausschüssen, Kommissionen, Fraktionen und in anderen parlamentarischen Gremien gar nicht erfasst, der § 108 e StGB daher unter Juristen als ein typisches Placebo-Gesetz gilt, das in Wahrheit nur vortäuscht, die Bestechung von Abgeordneten umfassend regeln zu wollen. Unter Strafe steht nur, wenn ein Abgeordneter Vorteile als Gegenleistung für ein bestimmtes künftiges Abstimmungsverhalten im Parlament annimmt. Weder das nachträgliche «Dankeschön» ist strafrechtlich geregelt noch die im Zusammenhang mit der Lobbytätigkeit bekannte Pflege der politischen Landschaft. Wenn also ein Industrieverband einem Abgeordneten einen Sack Geld ins Büro stellt, muss sich keiner der Beteiligten vor einem Strafgericht verantworten. Mit guten Gründen fordert daher die UN-Konvention von 2003, dass Schluss sein muss mit der strafrechtlichen Privilegierung von Abgeordneten, die in Sachen Korruption nicht besser gestellt sein dürfen als jeder normale Amtsträger.

Angestelltenbestechung – keine Privilegierung von Selbstständigen

Nach § 299 StGB machen sich Angestellte und Beauftragte eines geschäftlichen Betriebes strafbar, wenn sie einen Wettbewerber bei dem Bezug von Waren und gewerblichen Leistungen unlauter bevorzugen. Das Gesetz erfasst hingegen nicht den Geschäftsinhaber und freiberuflich Tätige und auch nicht die Bestechung im Zusammenhang mit Aufklärungs- und Beratungsleistungen. § 299 StGB dient der Einhaltung der grundlegenden Regeln des fairen und ungehinderten Wettbewerbs. Diese werden nicht nur durch die Bestechung von Angestellten gefährdet. Darüber hinaus erfasst der Tatbestand nicht einmal alle modernen Formen der Korruption, die Anlass für die Novellierung der einschlägigen Amtsdelikte (§§ 331 ff. StGB) waren. Z.B. bleiben Zahlungen zur «Klimapflege», das so genannte Anfüttern und die (nachträglichen) «Dankeschön»-Zahlungen weiterhin straflos möglich.

Geldwäsche – auf alle Korruptionstatbestände erweitern
Die enormen Bereicherungssummen werden weltweit versteckt, Geldwäsche ist ein typisches Begleitdelikt der Korruption. Der Geldwäscheparagraf erfasst aber nicht alle Korruptionstatbestände. Diese Lücke kann durch einen gesetzgeberischen Federstrich geschlossen werden.

Gewinnabschöpfung – Straftaten dürfen sich nicht lohnen
Korruption zahlt sich aus, weil immer noch die Möglichkeiten der Gewinnabschöpfung begrenzt sind. Dies führt in nicht wenigen Fällen dazu, dass der Täter im Besitz der kriminell erlangten Vorteile bleibt. Eine verbesserte Gewinnabschöpfung ist nicht nur ein Beitrag zum Opferschutz, sondern setzt auch ein deutliches Signal, dass sich Straftaten nicht lohnen dürfen.

Verdunkelungsgefahr – gesetzliche Vermutung des Haftgrundes
Korruptionsdelikte sind Heimlichkeitsdelikte, die von Beginn an auf die Verschleierung von Tat und Täter angelegt sind. Diese konspirative Vorgehensweise setzen die Straftäter nach Tatentdeckung fort, wodurch eine Sachverhaltsaufklärung in vielen Fällen nachhaltig erschwert oder unmöglich wird. Im Interesse einer effizienten Strafverfolgung ist daher eine klarstellende Regelung in § 112 Abs. 2 Nr. 3 StPO geboten, wonach von Verdunkelungsgefahr auszugehen ist, wenn der Straftat Verschleierungshandlungen vor und nach ihrer Begehung deliktsimmanent sind.

Aktive und passive Bestechung sind die Kehrseiten einer Medaille. Dennoch kann nach derzeitiger Gesetzeslage nur der Geber bei der Wirtschaftsstrafkammer angeklagt werden, nicht aber der Nehmer. Das kann zu dem grotesken Ergebnis führen, dass bei identischem Sachverhalt die Hauptverhandlung gegen Vorteilsgeber und Vorteilsnehmer bei zwei verschiedenen Strafkammern eines Landgerichts durchgeführt werden muss, wenn nicht beide gemeinsam angeklagt wurden. Der Gesetzgeber hat es schlicht redaktionell übersehen, die Zuständigkeit der Wirtschaftsstrafkammer gem. § 74 c Abs. 1 Nr. 6 GVG auf die passive Korruption zu erstrecken. Diese Regelungslücke gilt es zu schließen.

Fünftes Gebot: Telefonüberwachung – Korruption ist ein Kommunikationsdelikt

Die Aufdeckung von Korruptionsstraftaten ist wegen der konspirativen Vorgehensweise der Täter und weil es sich um eine opferlose Straftat handelt, besonders schwierig. Schon 1995 hatte daher die Arbeitsgemeinschaft der Generalstaatsanwälte die Telefonüberwachung gefordert. Die Bundesratsinitiative vom 3. 11. 1995 scheiterte ebenso wie die von der CDU/CSU-Fraktion im Deutschen Bundestag 1998 hierzu eingebrachten Gesetzentwürfe. Dies erscheint umso unverständlicher, als die bisher im Katalog des § 100 a StPO aufgeführten Straftaten hinsichtlich der Schwere ihrer Rechtsgutverletzung teilweise weit unterhalb der Korruptionsstraftaten angesiedelt sind. Der Gesetzgeber hat es versäumt, den Wertungswiderspruch aufzulösen, der darin besteht, dass bei aktiver und passiver Bestechung (§§ 332, 334 StGB) sogar eine akustische Wohnraumüberwachung mit Wanzen (§ 100 c Abs. 1 Nr. 3 StPO) zulässig ist, das mildere Mittel der Telefonüberwachung aber verboten bleibt. Diese gesetzgeberische Ungereimtheit ist nicht länger hinnehmbar.

Sechstes Gebot: Kleine Kronzeugenregelung – den Schulterschluss des Schweigens aufbrechen

Um den Schulterschluss des Schweigens aufzubrechen, muss die Justiz dem Täter, der aus dem Korruptionssumpf aussteigen will, die Hand reichen und einen berechenbaren Anspruch auf Strafmilderung zugestehen, wenn er daran mitwirkt, über die freiwillige Offenbarung seines Tatbeitrags hinaus in die Strukturen der Korruptionskriminalität einzudringen.

Siebtes Gebot: Verbesserung der Strafverfolgung – Kompetenzzentren einrichten

Nicht hohe Strafen schrecken bekanntlich von der Tatbegehung ab, sondern das Risiko schneller Tataufklärung und zeitnahe Verurteilung. Die Entdeckung von korruptiven Straftaten ist aber bisher weit gehend dem Zufall überlassen und im Übrigen von der einschlägigen Erfahrung des jeweiligen Ermittlers abhängig. Mit alten Konzepten wird man neuen kriminalpolitischen Herausforderungen nicht gerecht. Aus gutem Grund hatte der Bundestag mit der Verabschiedung des Korruptionsbekämpfungsgesetzes von 1997 die Länder denn auch angemahnt, unverzüglich die erforderlichen administrativen Maßnahmen zu ergreifen.[6] Die Organisationsstruktur der Staatsanwaltschaften mit ihrer örtlichen Zuständigkeitszersplitterung ist nicht mehr zeitgemäß und verstellt den Blick für die Cross-Border-Strukturen des organisierten Verbrechens. Die Einrichtung von Zentralstellen zur Korruptionsbekämpfung bei Justiz und Polizei («Kompetenzzentren») wird die Strafverfolgung erheblich voranbringen.

Achtes Gebot: Mehr Transparenz – Transparenz ist der Todfeind der Korruption

Die Korruption blüht im Verborgenen, sie baut auf die Abschottung von Manipulationssystemen und die Geheimhaltung ihrer personellen Verflechtungen. Als ein «Beziehungsnetzwerk der Heimlichkeit» hat Rohde-Liebenau von Transparency Deutschland die Korruption bezeichnet.

Akteneinsichtsrecht – eine Gläserne Verwaltung schaffen

Der ungehinderte Zugang der Bürger zu Akten der staatlichen Verwaltung ist nicht nur ein wichtiges Signal gelebter Demokratie. Die Offenlegung von Verwaltungsentscheidungen stellt auch einen wichtigen Beitrag zur Korruptionsprävention dar, weil das Risiko der Aufdeckung von Regelverstößen und Manipulationen entscheidend hoch gefahren wird.

Mehr Transparenz – Anzeigepflicht, aufklären statt vertuschen
Auffällige Verstöße gegen Ausschreibungs- und Vergabevorschriften
und andere Regelwidrigkeiten werden häufig auch dann nicht von den
Verwaltungsbehörden zur Anzeige gebracht, wenn sich der Verdacht
der Korruption aufdrängt. So wie die Finanzbehörden gesetzlich verpflichtet sind, Korruptionsstraftaten den Staatsanwälten anzuzeigen,
sollten auch die allgemeine Verwaltung einschließlich ihrer Prüf-
verbände sowie die Rechnungshöfe des Bundes und der Länder verpflichtet werden, bei Vorliegen des Verdachtes von Korruption und
vergleichbar schwer wiegenden, den Fiskus schädigenden Handlungen die Strafverfolgungsbehörden umgehend zu unterrichten.

Neuntes Gebot: Landesombudsmann –
Ansprechpartner für Hinweisgeber

Aus Angst vor Mobbing oder eigener Strafverfolgung schrecken viele
davor zurück, mit den Ermittlungsbehörden in Verbindung zu treten,
und würden ihr Wissen zuerst lieber einer neutralen Stelle anvertrauen.
In solchen Fällen macht ein «vertrauliches Telefon» Sinn und hat sich
in der freien Wirtschaft bewährt. Es ist daher nur folgerichtig, in den
Bundesländern einen Rechtsanwalt als Ansprechpartner für Bürger,
Selbststeller und Hinweisgeber zu bestellen (Landesombudsmann),
der der anwaltlichen Schweigepflicht unterliegt. Er entscheidet in Abstimmung mit dem Hinweisgeber, ob man zur Staatsanwaltschaft geht.

Zehntes Gebot: Verbesserung der Kontrollen –
Korruption ist ein Kontrolldelikt

Der Korruption ist allein mit den Methoden der repressiven Strafverfolgung nicht beizukommen. Man sollte nicht warten, bis das Kind in
den Brunnen gefallen ist. Das Schwergewicht eines umfassenden
Antikorruptionsprogramms liegt auf der Prävention, das heißt der
Verhinderung von Korruption. Eine der Hauptursachen für die zunehmende Ausbreitung der Korruption sind organisatorische Defi-
zite etwa bei Planung und Auftragsvergabe sowie der Mangel an qualifizierten Kontrollstrukturen: Gelegenheit macht Diebe. Fehlende
Kontrolle macht korrupt. Die kriminogenen Faktoren, die Korruption begünstigen, lassen sich reduzieren, wenn die internen Siche-
rungssysteme auf die Entdeckung von Schwachstellen angelegt sind.
Es gibt ein umfangreiches Sortiment konkreter Handlungsvorschläge.

Diese werden häufig nicht oder nur halbherzig umgesetzt. Wer aber verschärfte Gesetze und intensivere Strafverfolgung mit dem Hinweis auf Selbstkontrollen ablehnt, ohne tatsächlich etwas zu tun, der setzt sich dem Verdacht aus, alles beim Alten lassen zu wollen.

Wachstumsbranche Korruption – agieren statt lavieren

Das Ziel sollte klar und selbstverständlich sein: Wir sind keine Bananenrepublik und wollen auch keine werden. Der Weg zu diesem Ziel ist kein Spaziergang, er ist steil und steinig. Vor unbequemen Maßnahmen darf nicht zurückgeschreckt werden. So wie Krebsgeschwüre nicht durch Gesundbeten austrocknen, so heilen auch Maßhalteappelle nicht von der Sucht zur Selbstbereicherung. Das Letzte, was wir brauchen können, sind Scheinaktivitäten und Alibiaktionen. Lassen wir uns nicht von Schlagworten wie Jobrotation und Vier-Augen-Prinzip täuschen, die nur tatkräftiges Handeln vorgaukeln wollen. Es gibt weder einfache Antworten noch schnelle Lösungen. Korruption ist eine ständige Herausforderung, eine kriminalpolitische und gesellschaftliche Daueraufgabe.

Von der Politik kann erwartet werden, dass das Hohelied der Korruptionsbekämpfung nicht nur sonntags gepfiffen wird, sondern den Bekenntnissen, alles Erforderliche zur Eindämmung des Bestechungsunwesens zu tun, werktags auch Taten folgen. Mit geschmeidigem Wegducken werden drängende Probleme nicht gelöst. Das Gebot der Stunde lautet: agieren statt lavieren. Wir dürfen nicht zulassen, dass hierzulande ein Klima der Akzeptanz von Korruption entsteht.

Das Korruptionsphänomen wird weiterhin die Öffentlichkeit beschäftigen, und neue Skandale werden der Lackmustest für die eingeleiteten Antikorruptionsmaßnahmen sein. Es besteht kein Anlass, die Hände in den Schoß zu legen, die Straftäter werden es jedenfalls nicht tun.

Anmerkungen

Einleitung

1 Vgl. z. B. Darstellungen von Noack, Paul, Korruption. Die andere Seite der Macht, 1985; Schuller, Wolfgang, Korruption und Staatspolizei im spätrömischen Staat, in: Fleck, Christian/Kuzmics, Helmut (Hrsg.), Korruption. Zur Soziologie nicht immer abweichenden Verhaltens 1985, S. 72–91; Kulesza, Ryszara, Die Bestechung im politischen Leben Athens, Konstanz 1995; van Klaveren, Jakob, Corruption as a Historical Phenomenon, in: Heidenheimer, Arnold J./Johnston, Michael/LeVine, Victor T. (Ed.), Political Corruption 1989, S. 73–86; Brauneder, Wilhelm, Die Korruption als historisches Phänomen, in: Brünner, Christian (Hrsg.), Korruption und Kontrolle 1981, S. 75–104.

2 Philippi, Hans, König Ludwig II. von Bayern und der Welfenfonds, Zeitschrift für Bayerische Landesgeschichte 23, 1960, S. 66–111; Bellers, Jürgen (Hrsg.), Politische Korruption in der Bundesrepublik, Münster 1989, S. 15 ff.

3 Max Weber, zitiert bei Stenke, Wolfgang: Staatsdiener. Über die Entstehung der Beamtenmoral, Kursbuch Korruption 1995, S. 29 ff.; 34 ff. Noack, Paul, a. a. O., 1985, S. 113 (Fn. 1).

4 Vgl. dazu auch die ausführlichen Darlegungen bei Noack, P., a. a. O., 1985, S. 122 ff. (Fn. 1). Siehe auch Gräfin Dönhoff, Macht und Moral, was wird aus der Gesellschaft? Köln 2000, S. 174 ff.

5 Noack, Paul, a. a. O., S. 132 (Fn. 1).

6 Noack, Paul, a. a. O., S. 130 (Fn. 1).

7 Leyendecker, Hans, Staatsanwälte im Anzug, Süddeutsche Zeitung 8./9. März 2003.

8 Leyendecker, Hans, a. a. O. (Fn. 7); Steinbeis, Die Ermittler scheuen sich nicht mehr, auch Vorstandsetagen ins Visier zu nehmen, Handelsblatt, 25. 2. 2003, S. 2.

9 Insbesondere die prominenten Verteidiger der ebenso prominenten Beschuldigten werfen den Staatsanwälten in den Medien Maßlosigkeit und Verfolgungseifer vor. Das manager magazin 8/03 fragt auf dem Cover: «Sind Deutschlands Manager kriminell?» Die Darstellung beginnt mit dem Satz: «Aggressiv wie nie zuvor verfolgt die Justiz

Deutschlands Wirtschaftselite» und bietet Verteidigern eine Plattform
für ihre Vorwürfe gegen die Staatsanwälte.

10 «Staatsanwalt: Bis zu 111 Millionen DM veruntreut», Frankfurter Allgemeine Zeitung vom 26. 2. 2003, S. 12.

11 Zach, Manfred, Monrepos oder Die Kälte der Macht, 2002, S. 329,
rororo.

12 Sutherland, Edwin H., White Collar Crime. 1949 [1983].

13 Maier, Winfried, Wie unabhängig sind Staatsanwälte in Deutschland?
In: von Arnim, Hans Herbert (Hrsg.), Korruption. Netzwerke in
Politik, Ämtern und Wirtschaft, 2003, S. 121–131; Bannenberg, Britta,
Korruption in Deutschland und ihre strafrechtliche Kontrolle. BKA-
Forschungsreihe Band 18, 2002.

14 Schaupensteiner, Wolfgang, Korruptions-Kartelle. Ein Blick hinter die
Kulissen des Bauwesens. Kriminalistik 1990, S. 507–510.

15 Laut Duden «Betrügerei im Dienst», vielleicht abgeleitet vom Falsch-
spiel mit zur Kennzeichnung durchstochenen Karten.

16 U. a. Vahlenkamp, Werner/Knauß, Ina, Korruption – hinnehmen oder
handeln? BKA-Forschungsreihe Band 33, Wiesbaden 1995; Kerbel,
Sylvia, Korruption in der öffentlichen Verwaltung am Beispiel einer
Großstadtverwaltung, Speyer 1995; Mischkowitz, Robert/Bruhn,
Heike/Desch, Roland/Hübner, Gerd-Ekkehard/Beese, Dieter, Ein-
schätzungen zur Korruption in Polizei, Justiz und Zoll. BKA-
Forschungsreihe Band 46, Wiesbaden 2000. Weitere Nachweise bei
Bannenberg, Britta, a. a. O., 2002, S. 61 ff. (Fn. 13).

17 Bannenberg, Britta, a. a. O., 2002 (Fn. 13).

18 Bellers, Jürgen (Hrsg.), a. a. O., 1989 (Fn. 2); Noack, Paul, a. a. O., 1985
(Fn. 1); Müller, Udo, Administrative Möglichkeiten einer wirksame-
ren Korruptionsbekämpfung, in: Friedrich-Ebert-Stiftung (Hrsg.),
Korruption in Deutschland, Ursachen, Erscheinungsformen, Bekämp-
fungsstrategie, Berlin 1995, S. 105, 106 f.; Schaupensteiner, Wolfgang,
Korruption in Deutschland, in: Friedrich-Ebert-Stiftung (Hrsg.),
a. a. O., 1995, S. 95, 97.

19 Klein, Karl, als stellvertretender Bundesvorsitzender des Deutschen
Beamtenbundes in einer Stellungnahme, in: Friedrich-Ebert-Stiftung
(Hrsg.), a. a. O., 1995, S. 129–131; Steinke, Wolfgang, Wer gut schmiert,
der gut fährt, Korruption im öffentlichen Dienst, Kriminalistik 1992,
S. 359 f.; zweifelnd Seidel, Bernd, Nimmt die Korruption zu? Überle-
gungen zu einer effektiveren Strafverfolgung, Kriminalistik 1993, S. 2, 4.

20 Korruptionsbekämpfungsgesetz vom 13. 8. 1997, Bundesgesetzblatt
1997 I, Nr. 58, vom 19. 8. 1997.

21 Beschlüsse des 61. DJT, C S. 9, in der Abstimmung angenommen mit
73:6:11.

22 De With, Hans, Zur Abgeordnetenbestechung, in: Friedrich-Ebert-Stiftung (Hrsg.), 1. Nachfragekonferenz zur Korruption in Deutschland, Berlin 1996, S. 79 ff.; Noack, Paul, Die politische Dimension der Korruption, in: Friedrich-Ebert-Stiftung (Hrsg.), a. a. O. 1995, S. 23–30; Scheuch, Erwin K./Scheuch, Ute, Cliquen, Klüngel und Karrieren, Hamburg 1992; Tondorf, Günter (Hrsg.), Staatsdienst und Ethik, Korruption in Deutschland 1995; von Alemann, Ulrich/Kleinfeld, Ralf, Begriff und Bedeutung der politischen Korruption aus politikwissenschaftlicher Sicht, in: Benz, Arthur/Seibel, Wolfgang (Hrsg.), Zwischen Kooperation und Korruption, 1992, S. 259–282; für eine Ausdehnung der Strafbarkeit Becker, Michaela, Korruptionsbekämpfung im parlamentarischen Bereich unter besonderer Berücksichtigung des § 108 e StGB und der Verhaltensregeln des Bundestages, Diss. Bonn 1998; Heisz, Janina, Die Abgeordnetenbestechung nach § 108 e StGB – Schließung einer Regelungslücke, Diss. Universität Göttingen, Aachen 1998; für strafwürdig, aber nicht regelbar hält Barton, Stephan, Der Tatbestand der Abgeordnetenbestechung (§ 108 e StGB), NJW 1994, S. 1098 ff., die Abgeordnetenbestechung.

23 Dazu treffend Barton, Stephan, a. a. O. (Fn. 22).

24 Dazu von Arnim, Hans Herbert, Staat ohne Diener, 1993/1995; ders., Fetter Bauch regiert nicht gern, 1999; ders., Die Besoldung von Politikern, ZRP 2003, S. 235–241.

25 Für die so genannte Abgeordnetenbestechung stimmen gesetzliche Bezeichnung und Inhalt jedenfalls nicht überein. Siehe auch Dölling, Dieter, Empfehlen sich Änderungen des Straf- und Strafprozessrechts, um der Gefahr von Korruption in Staat, Wirtschaft und Gesellschaft wirksam zu begegnen? Gutachten C zum 61. Deutschen Juristentag Karlsruhe 1996, München 1996, S. 1–115, S. 8 mit Fn. 4.

26 Dölling, Dieter, a. a. O., 1996, S. 7, 8 (Fn. 25).

I Was ist Korruption?
II Wie verbreitet ist Korruption?
III Wie schädlich ist Korruption?

1 Noack, Paul, a. a. O., 1985 (Einl. Fn. 1); Schuller, Wolfgang (Hrsg.), Korruption im Altertum, 1982.

2 Bellers, Jürgen, a. a. O., 1989 (Einl. Fn. 2); auch Bajohr, Frank, Parvenüs und Profiteure. Korruption in der NS-Zeit, 2001.

3 Urteil des LG Bonn (27 F 7/83) vom 16. 2. 1987 gegen Eberhard von Brauchitsch, Hans Friderichs und Otto Graf Lambsdorff; Landfried, Christiane, Parteifinanzen und politische Macht, Eine rechtsvergleichende Studie zur Bundesrepublik Deutschland, zu Italien und den USA, 2. Aufl. 1994, S. 143 ff.

4 Scheuch, Erwin K./Scheuch, Ute, a. a. O., 1992 (Einl. Fn. 22); dies., Die
   Spendenkrise – Parteien außer Kontrolle, rororo 2000; Roth, Jürgen,
   Der Sumpf, 1995, Piper-Verlag; Roth, Roland, Politische Korruption
   in der Bundesrepublik, in: Fleck, Christian/Kuzmics, Helmut (Hrsg.),
   Korruption, 1985, S. 143 f.; Goetz, John/Neumann, Conny/Schröm,
   Oliver, Allein gegen Kohl, Kiep & Co, Die Geschichte einer uner-
   wünschten Ermittlung, Berlin 2000; Hafner, Georg M./Jacoby, Ed-
   mund (Hrsg.), Die Skandale der Republik, rororo 1992; Leyendecker,
   Hans/Prantl, Heribert/Stiller, Michael, Helmut Kohl, Die Macht und
   das Geld, Göttingen 2000; Kleine-Brockhoff, Thomas/Schirra, Bruno,
   Das System Leuna, Wie Politiker gekauft werden, warum die Justiz
   wegschaut, rororo 2001.
5 Bellers, Jürgen (Hrsg.), a. a. O., 1989, S. 39 ff. (Einl. Fn. 2).
6 Schild, Wolfgang, Bilder von Recht und Gerechtigkeit, 1995, S. 197–
   199.
7 Zu Begriff und Phänomen Rose-Ackermann, Globale Wirtschaft und
   Korruption, in: Pieth, Mark/Eigen, Peter (Hrsg.), Korruption im internationalen Geschäftsverkehr, Bestandaufnahme, Bekämpfung, Prävention, 1999, S. 41.
8 Vgl. die Angaben Fn. 1, 3, 4.
9 Dölling, Dieter, a. a. O., 1996, S. 9 m. w. Nw. (Einl. Fn. 25).
10 Landfried, Christiane, a. a. O., 1994, S. 173 ff. m. w. Nw. (Fn. 3); Noack,
   Paul, 1985, S. 7 ff. (Einl. Fn. 1) zu den vielfältigen Facetten der Korruption. Für die Definition politischer Korruption ist z. B. streitig, ob
   Korruption die Verletzung von Rechtsnormen voraussetzt, ob die
   «Meinung der Eliten oder die öffentliche Meinung für die Beurteilung
   der Korruption ausschlaggebend» ist oder ob es eher auf die Analyse
   der Korruption oder auf ihre Einschätzung ankommt.
11 Lambsdorff, Johann Graf, Korruption als mühseliges Geschäft –
   eine Transaktionskostenanalyse, in: Pieth, Mark/Eigen, Peter (Hrsg.),
   Korruption im internationalen Geschäftsverkehr. Bestandsaufnahme,
   Bekämpfung, Prävention, Neuwied, Kriftel 1999, 57.
12 Siehe dazu unten IV Wachstumsbranche Korruption und VII Wie entstehen Korruptionsbeziehungen?
13 Schaupensteiner, Wolfgang, Das Korruptionsbekämpfungsgesetz.
   Eine scharfe Waffe gegen ein verbreitetes Übel? Teil 1 und 2, Kriminalistik 1996, S. 237–243, 306–313; ders. Das Korruptionsbekämpfungsgesetz. Erstes Etappenziel erreicht, Kriminalistik 1997,
   S. 699 ff.
14 Klärend hierzu BGH 1 StR 372/02 vom 23. Mai 2002, NJW 2002,
   2801 ff. und BGH 1 StR 541/01 vom 23. 10. 2002, BGHSt 48, 44 = NJW
   2003, 763.

15 Lackner, Karl/Kühl, Kristian, StGB, Strafgesetzbuch mit Erläuterungen, 24. Aufl. 2001, § 331 Rn. 1.

16 Lackner, Karl/Kühl, Kristian, a. a. O. § 108 e Rn. 1 sowie BT-Drs. 12/5927, S. 4.

17 «Immer untendurch», Der Spiegel 14/2002, S. 44.

18 Die informative BKA-Studie von Vahlenkamp, Werner/Knauß, Ina, a. a. O., 1995 (Einl. Fn. 16), zielte nicht auf ein statistisches Situationsbild der Korruption in Deutschland, sondern zeigte als Ergebnis von Expertenbefragungen und Literaturanalysen verbreitete Korruptionsmuster auf; die Studie von Mischkowitz, Robert u. a., a. a. O., 2000, beruht auf Einschätzungsbefragungen von Polizei, Justiz und Zoll. Aktenauswertungen fanden sich bislang fast nur in länger zurückliegenden Studien, z. B. Schönherr, Roland, Vorteilsgewährung und Bestechung als Wirtschaftsstraftaten, Eine Untersuchung über die Zuweisung dieser Delikte zur Wirtschaftskriminalität durch die Staatsanwaltschaften, Freiburg 1985.

19 Bannenberg, Britta, a. a. O., 2002 (Einl. Fn. 13).

20 Die Definitionen organisierter Kriminalität sind nach wie vor sehr umstritten. Der wesentliche Unterschied zwischen organisierter Wirtschaftskriminalität und sonstiger organisierter Kriminalität wird hier darin gesehen, dass organisierte Wirtschaftskriminalität sich vornehmlich aus Strukturen grundsätzlich legal agierender Wirtschaftsunternehmen ergeben kann und dass es an dem Einsatz der Gewalt im Gegensatz zu sonstigen Formen der organisierten Kriminalität fehlt. Zur organisierten Kriminalität Militello, Vincenzo/Arnold, Jörg/Paoli, Letizia (Hrsg.), Organisierte Kriminalität als transnationales Phänomen, 2000; zu den Einzelheiten Bannenberg, Britta, a. a. O., 2002, S. 97 ff., 325 ff. (Einl. Fn. 13).

21 www.transparency.de.

22 So das Fazit, Wegener, Bernhard, Der geheime Staat, Arkantradition und Informationsfreiheit in Deutschland, 2004 (erscheint demnächst).

23 Bannenberg, Britta, a. a. O., 2002, S. 51–61, 58 f. (Einl. Fn. 13); Kubica, Johann, Korruption in nationaler und internationaler Dimension, Kriminalistik 10/2002, S. 589–599.

24 Haumer, Heinz, Bundeslagebild Korruption, die neue Polizei 3/2002, S. 9–13.

25 Kreuzer, Arthur, Kriminologische Dunkelfeldforschung, NStZ 1994, S. 10.

26 Zu weiteren ausführlichen Fallschilderungen unten VIII.

27 Hier wird lediglich dargestellt, welche Quellen in der Vergangenheit eine Rolle spielten, um Korruptionsbeziehungen zu entdecken und Strafverfahren einzuleiten. Es geht nicht darum darzustellen, wie man

gezielt mit Hilfe von Indikatoren Schwachstellen aufdeckt. Nach Art der Rasterfahndung ist es möglich, systematisch korruptionsgefährdete Bereiche zu analysieren. Die Darstellung des Indikatorensystems würde hier zu weit führen und ist einer gesonderten Veröffentlichung vorbehalten.

28 So zu Recht die Pariser Ermittlungsrichterin Laurence Vichnievsky im Fall Elf Aquitaine.

29 Giving information (usually to the authorities) about illegal or underhand practices (*Chambers Dictionary*); ausführlich zur Problematik Bannenberg, Britta, a.a.O., 2002, S. 375–395 (Einl. Fn. 13).

30 Rügemer, Werner, Wirtschaften ohne Korruption, Fischer 1996, S. 80f. Schaupensteiner, Wolfgang, Bekämpfung von Korruptionsdelinquenz. Vom Unwesen des Bestechens und Bestochenwerdens, Kriminalistik 1994, S. 514–524; ders., Submissionsabsprachen und Korruption im öffentlichen Bauwesen, ZRP 1993, S. 250–253; 80% – 90% aller öffentlichen Bauten seien durch Korruption betroffen, Kilian, Gottfried, Korruption im Bauwesen. Oder: Mafiose Praktiken in Perfektion, Kriminalistik 1994, S. 249–254; detaillierte Angaben und Nachweise bei Müller, Udo, Korruption in der öffentlichen Verwaltung. Typologie und Schaden im Baubereich, Kriminalistik 1993, S. 509–516; Müller, Udo/Marcus, Paul, Der Korruption auf der Spur, Kriminalistik 1995, S. 103–105; Bangard, Annette, Aktuelle Probleme der Sanktionierung von Kartellabsprachen, wistra 1997, S. 161–172; von der Üblichkeit gehen auch Insider aus, die es wissen müssen: Jürgen Schneider berichtet in seinen «Bekenntnissen eines Baulöwen», 1999, diese Praktiken aus eigenen Erfahrungen und bereits aus der Nachkriegszeit, da schon der Vater Bauunternehmer war. Er habe während der Lehrzeit in der Firma des Vaters schnell ein Ausmaß des alltäglichen Betruges bemerkt, das ihn anfangs zwar entsetzt habe, das er aber schnell als üblich und sogar notwendig akzeptierte. Ebenfalls üblich seien Preisabsprachen und Betrügereien bei Bauausführung und Abrechnung, als «strategische Gegenmaßnahmen» gerechtfertigt und neutralisiert. Schneider bringt Beispiele für Möglichkeiten, aus einem Bauauftrag eine Goldgrube zu machen, und meint: «Durch alle Tricks zusammen ließen sich locker 10 bis 15 Prozent des Auftragswerts extra herausschlagen. Das heißt, dass es in Sonderfällen auch mal bis zu 50 Prozent ausmachte», vgl. Schneider, Jürgen, 1999, S. 47ff.

31 Hofmann, Frank/Zimmermann, Bernd, Die Bekämpfung der Korruption. Aktivitäten des Gesetzgebers zur Eindämmung der Korruption, Kriminalistik 1999, S. 585–587; Schaupensteiner, Wolfgang, Korruption in Deutschland – Das Ende der Tabuisierung, in Pieth, Mark/Eigen, Peter (Hrsg.), Korruption im internationalen Geschäftsverkehr,

Neuwied 1999, S. 131–147.

32 Sielaff, Wolfgang, Bruchstellen im polizeilichen Berufsethos, Kriminalistik 1992, S. 351–357, zu Zusammenhängen zwischen veränderter Polizeikultur, Berufsauffassung und Korruption.

33 Hofmann, Frank/Zimmermann, Bernd, a.a.O., Kriminalistik 1999, S. 585 (Fn. 29); Rügemer, Werner, Wirtschaften ohne Korruption, Frankfurt am Main 1996, S. 80ff.

34 Kilian, Gottfried, a.a.O., Kriminalistik 1994, S. 249ff. (Fn. 29).

35 Noack, Paul, Die politische Dimension der Korruption, Kriminalistik 1995, S. 481–486, 486: Politische Korruption bildet seit jeher die Schattenseite der Macht und muss eingedämmt werden, um dem Verfall politischer Moral vorzubeugen; von Arnim, Hans Herbert, Das System, München 2001.

IV Wachstumsbranche Korruption

1 Begründung des ehemaligen bayerischen Finanzministers Max Streibl zur Annahme eines Darlehens vom bayerischen Bäderkönig Eduard Zwick, zitiert nach Sighard Neckel, Der unmoralische Tausch, eine Soziologie der Käuflichkeit, Kursbuch Korruption 1995, S. 1ff., 14.

2 Paul, Wolf, Korruption in Lateinamerika, in: Lüderssen, Klaus (Hrsg.), Aufgeklärte Kriminalpolitik oder Kampf gegen das Böse? Bd. III, Makrodelinquenz, 1998, S. 413ff.

3 Süddeutsche Zeitung vom 6. 4. 2000.

4 Umfrageergebnis KPMG 1995.

5 Baum, Lehrstunde in Schmiergeld, Frankfurter Rundschau vom 13. 10. 2000.

6 Zitate wie diese werden hier und im Folgenden nicht näher belegt, da die Personen aus Datenschutzgründen nicht mit den konkreten Strafakten und Datenquellen in Verbindung gebracht werden sollen.

7 Der Spiegel 2003, Heft 44, S. 46: «Bakschisch für Taschkent»; FAZ vom 28. 10. 2003.

8 KNA-Meldung vom 6. 3. 1995.

9 Das sieht Eberhard von Brauchitsch allerdings anders: «Wenn aus Dankbarkeit beim Empfänger ein Abhängigkeitsgefühl entsteht, ist das das Problem des Empfängers, nicht des Spenders», zitiert nach Sighard Neckel, a. a. O., S. 14 (Fn 1, IV).

10 Vahlenkamp, Werner/Knauß, Ina, a.a.O., 1995 (Einl. Fn. 16).

11 Adam Smith, Inquiring into the Nature and Causes of the Wealth of Nations», 1776.

12 Lüderssen, Klaus, Strafrechtliche Interventionen im System des Wettbewerbs – kritische Betrachtungen de lege ferenda, in: Dahs, Hans (Hrsg.), Kriminelle Kartelle? 1998, S. 53ff., 56; Cramer, Peter, Strafbare

Kartelle? Zur strafrechtlichen Beurteilung des sog. Submissionsbetruges, in: Dahs, Hans, a.a.O., 1998, S. 27ff.

13 Anti-Korruptionsbericht BDI und Control Risks Deutschland, 2002.

14 So der Vorsitzende der Deutschen Bischofskonferenz Lehmann, KNA-Meldung vom 6. 3. 1995.

15 So der Aufsichtsratsvorsitzende der Heraeus Holding, Die ZEIT 28. Mai 2003.

16 Süddeutsche Zeitung vom 23. 5. 2002.

17 Sykes, Gresham/Matza, David, Techniques of Neutralization: A theory of delinquency. American Sociological Review 1957, S. 664–670.

18 Ernst & Young 2003, Wirtschaftskriminalität in Deutschland.

19 Antikorruptionsbericht 2002 von BDI und Control Risks Deutschland.

20 Das OECD-Übereinkommen über die Bekämpfung der Bestechung ausländischer Amtsträger im Internationalen Geschäftsverkehr vom 17. Dezember 1997 führte in Deutschland am 10. September 1998 zur Verabschiedung des Gesetzes zur Bekämpfung internationaler Bestechung (IntBestG), die Strafbestimmungen traten mit dem von Deutschland unterzeichneten Abkommen am 15.2.1999 in Kraft. Firmenangehörige, die im Ausland bestechen, können seitdem durch deutsche Strafverfolgungsbehörden verfolgt werden.

21 Umfrage Ernst & Young 2003; was im Übrigen der Einschätzung der Bevölkerung entspricht. 76% der von Allensbach im Jahr 2002 befragten Bundesbürger sind der Meinung, dass Korruption in den letzten zehn Jahren zugenommen hat.

22 Antikorruptionsbericht 2002 von BDI und Control Risks Deutschland.

23 Umfrage Ernst & Young 2003.

24 Nach einem Bericht der Frankfurter Rundschau vom 6. Juni 2003 ist es den Mitarbeitern der Fraport AG erlaubt, «im Zusammenhang mit Beauftragungen Geschenke, wie Spirituosen, Schmuck (!), Eintrittskarten und Gutscheine bis zum Wert von 40 Euro anzunehmen».

25 Fraport-Vorstandsvorsitzender Wilhelm Bender, Frankfurter Rundschau vom 6. 6. 2003.

26 Zum Beispiel KPMG Integrity Services.

27 DIE ZEIT vom 27. 3. 2003.

28 Bannenberg, Britta, a.a.O., 2002 (Einl. Fn. 13).

29 Staatssekretär im BMI, Göttrik Wewer.

30 Udo Müller, Süddeutsche Zeitung vom 17. 2. 1995.

31 Forsa-Umfrage Juli 1995.

32 Frankfurter Allgemeine Zeitung vom 15. Mai 2002.

33 TI Global Corruption Barometer; befragt wurden im Juli 2002 40838 Personen aus 47 Ländern.

34 Frankfurter Rundschau vom 24. 1. 2002.
35 Süddeutsche Zeitung vom 15. 3. 2002.

V Am Buffet der Gefälligkeiten
1 Wolfgang Schaupensteiner 2001 auf der Frankfurter Buchmesse über die Versuchungen der Korruption.

VI Schmiergeldwäsche – von «Küchenfirmen» und Umweg-finanzierungen
1 Von so genannten Beratungshonoraren an Politiker und andere «bezahlte Lobbyisten» (so zitiert die Süddeutsche Zeitung einen Mitarbeiter der Kirch-Gruppe) übrigens ganz zu schweigen. Helmut Kohl und ehemalige Regierungsmitglieder sollen als Abgeordnete für Gespräche («Berater») von Leo Kirch je bis zu 600000 DM erhalten haben, von Arnim, Hans Herbert, ZRP 2003, S. 237, a.a.O. (Einl. Fn. 24); Süddeutsche Zeitung vom 21. 2. 2003; Frankfurter Allgemeine Zeitung vom 21. 2. 2003.
2 Nach § 357 StGB macht sich ein Vorgesetzter, der die Tat eines Untergebenen wissentlich geschehen lässt, selbst strafbar.
3 Frankfurter Rundschau vom 11.12.1991, «keine Disziplinarstrafe mehr».
4 Frankfurter Rundschau vom 26. 11. 2003.
5 Handelsblatt 17. 7. 2001.
6 TI Bericht über die Veranstaltung mit dem Schwerpunkt Geldwäsche «TI Deutschland im Dialog mit dem deutschen Bankenwesen», 26. Februar 2003.
7 Honorarleistungen an Rechtsanwälte und Strafverteidiger führen zur Strafbarkeit wegen Geldwäsche, wenn das Geld aus Straftaten stammt und vorsätzlich als Honorar angenommen wird, BGHSt 47, 68; über die gegen diese Entscheidung eingelegte Verfassungsbeschwerde wird voraussichtlich im Frühjahr 2004 entschieden.

VII Wie entstehen Korruptionsbeziehungen?
VIII Korruptionsfälle
1 Vahlenkamp, Werner/Knauß, Ina, a.a.O., 1995 (Einl. Fn. 16).
2 Dazu ausführlich oben, IV Wachstumsbranche.
3 Werner Rügemer, a.a.O., S. 54 ff. (Fn. 30, I, II, III).
4 Anderson, Eugene N. und Pauline, Bürokratisierung und die Entwicklung der Beamtenloyalität, in: Fleck, Christian/Kuzmics, Helmut (Hrsg.), 1985, S. 104 ff.
5 Frankfurter Allgemeine Zeitung vom 4. 11. 1992.
6 Leyendecker, Hans, «Der tägliche Skandal», Süddeutsche Zeitung vom 15. 3. 2002.

7 Dazu oben VI Schmiergeldwäsche, Provisionen: «Wegwerfunterlage».

8 Frankfurter Allgemeine Zeitung vom 28. 4. 1988.

9 Schaupensteiner, Wolfgang, a. a. O., Kriminalistik 1990, 507 ff. (Einl. Fn. 14); ders., Kriminalistik 1994, 514 ff., 518 (Teil III, Fn. 29).

10 Frankfurter Rundschau vom 23. 1. 1997, «Richter ziehen Schlussstrich».

11 Frankfurter Rundschau a. a. O. (Fn. zuvor)

12 Einkaufskurier 1. 12. 1993.

13 Mühsames Ringen um Schadenersatz, Frankfurter Rundschau vom 7. 8. 1996.

14 Stabile Gebühren trotz der Korruptionsaffäre, Frankfurter Allgemeine Zeitung vom 29. 6. 1995.

15 Die seit Jahrzehnten allein regierende SPD in der Hochtaunus-Gemeinde Neu-Anspach verlor 27 % der Wählerstimmen, Frankfurter Rundschau vom 23. 1. 1997.

16 Das Verwaltungsgericht verurteilte später die Witwe zur Rückzahlung der zu Unrecht gewährten Gelder. Es sei «ein Aberwitz», dass ein Dienstherr einem Mitarbeiter Prozesskostenhilfe zahle, der im Verdacht steht, ebendiesen Dienstherrn geschädigt zu haben, so der Vorsitzende Richter. «Witwe muss die Prozesskostenhilfe zurückzahlen», Frankfurter Rundschau vom 11. 7. 2000.

17 Seit dem 19. März 1999 sind Schmiergelder, die im Inland oder Ausland gezahlt wurden, nicht mehr als Betriebsausgaben nach § 4 V 1 Nr. 10 EStG absetzbar, Steuerentlastungsgesetz 1999/2000/2002.

18 Siehe auch Leyendecker, Hans, «Der tägliche Skandal», Süddeutsche Zeitung vom 15. 3. 2002.

19 Frankfurter Rundschau vom 20. 6. 1996.

20 Frankfurter Rundschau vom 16. 8. 1996, Ladendieb G. zahlt.

21 Kirn, «Geschichte von Aufstieg und Fall», Frankfurter Allgemeine Zeitung vom 16. 2. 1995.

22 Anderer Auffassung in einer Aufsehen erregenden Entscheidung das LG Köln vom 29. Mai 2003, wonach Kommunalpolitiker Amtsträgern gleichzustellen seien und deswegen wie andere Staatsdiener auch wegen Korruption belangt werden können, Frankfurter Rundschau vom 30. 5. 2003, «Ein kleiner Unterschied mit weit reichenden Folgen».

23 «Des Ober-Landrats Versuchung auf dem Herren-Klo», Frankfurter Rundschau vom 17. 7. 1996.

24 «Ich fühle mich auch heute noch nicht so schuldig», Frankfurter Rundschau vom 20. 6. 1996.

25 «Prozeß um Korruption, Krake saß in Hohenthurm», Mitteldeutsche Zeitung vom 20. 10. 1996.

26 Vgl. auch Frankfurter Allgemeine Zeitung vom 8. 4. 1999.

27 «Küchenfirmen brachten Millionen», Die WELT vom 16. 3. 1999.
28 Dazu oben VI Schmiergeldwäsche, Küchenfirmen.
29 «Fliegender Wechsel auf der Anklagebank», Wiesbadener Kurier vom 28. 6. 1999.
30 «Sprießendes Beziehungsgeflecht», Frankfurter Allgemeine Zeitung vom 8. 4. 1999.
31 «Korruptionsprozess begann mit Geständnis», Frankfurter Neue Presse vom 17. 3. 1993.
32 «Korruption am Flughafen: FAG-Angestellter gesteht», Frankfurter Allgemeine Zeitung vom 17. 3. 1993.
33 Frankfurter Allgemeine Zeitung vom 27. 3. 1999.
34 Schaupensteiner, Wolfgang, Wachstumsbranche Korruption, 10 Gebote der Korruptionsbekämpfung, Forderungen an Gesetzgeber und Verwaltung; Bannenberg, Britta, Korruption in Deutschland und ihre strafrechtliche Kontrolle, jeweils in: BKA (Hrsg.), Wirtschaftskriminalität und Korruption, BKA-Herbsttagung 2002, München 2003, S. 73 ff., 106, S. 43–72.
35 Frankfurter Allgemeine Zeitung vom 27. 3. 1999.
36 Ausführlich Bannenberg, Britta, a. a. O., 2002, S. 167 ff. (Einl. Fn. 13).
37 Allgemein zur Treuhandkriminalität 2. Untersuchungsausschuss Treuhandanstalt, BT-Drs. 12/8404.
38 GBl. I Nr. 14, S. 107.
39 Vertrag zwischen der Bundesrepublik Deutschland und der Deutschen Demokratischen Republik über die Herstellung der Einheit Deutschlands vom 31. Juli 1990 (Einigungsvertrag).
40 Gesetz zur Privatisierung und Reorganisation des volkseigenen Vermögens (Treuhandgesetz) vom 17. Juni 1990, GBl. I Nr. 33, S. 300.
41 «Korruptionssumpf ist nicht trockengelegt», Frankfurter Allgemeine Zeitung vom 12. 7. 2001.
42 «Korruption: Keine schärfere Kontrolle», Frankfurter Neue Presse vom 29. 6. 2002.
43 «Zwei kämpfen gegen die Korruption, Städtisches Referat schrumpfte seit Affäre der 80er Jahre», Frankfurter Rundschau 11. 7. 2001.
44 «Korruptionsverdacht bringt Bauarbeiten ins Stocken», Frankfurter Rundschau vom 10. 9. 2002.
45 Kämmerer Glaser laut Frankfurter Rundschau vom 29. 8. 2001, «Mitarbeiter des Hochbauamtes hat reinen Tisch gemacht».
46 «Geburtstagsgruß mit Einlage», Der Spiegel 29/2001, S. 34.
47 «Hochbau tief im Korruptionssumpf», Süddeutsche Zeitung vom 15. 7. 2001; «Erklärungen zum Bestechungsskandal», Frankfurter Rundschau vom 11. 7. 2001; «Städtisches Bauen wieder tief im Korruptionssumpf», Frankfurter Allgemeine Zeitung vom 11. 7. 2001.

48 «Gruppendynamik im Korruptionssumpf», Frankfurter Rundschau vom 12. 7. 2001.

49 «Wenn das Handy einmal klingelt», Frankfurter Neue Presse vom 14. 7. 2001.

50 Eine Argumentation, die sich auch Klaus Zimmer, Stellvertretender Vorsitzender des Verbandes baugewerblicher Unternehmer in Hessen, zu Eigen macht: «Die schwierige Lage kann manchen geradezu in die Korruption drängen», laut Frankfurter Rundschau vom 13. 7. 2001. «Wirklich solide Unternehmen haben kaum eine Chance.»

51 «Die Luxusjacht versinkt im Korruptionssumpf», Frankfurter Rundschau vom 13. 7. 2001.

52 «Bestechlicher Bauleiter legt Geständnis ab», Frankfurter Allgemeine Zeitung vom 28. 5. 2003; «Bauleiter kassierte ab», Frankfurter Allgemeine Zeitung vom 28. 5. 2003.

53 «Haftstrafe für Korruption», Frankfurter Rundschau vom 7.6. 2003.

54 «Gelegentlich kleinere Beträge», Frankfurter Allgemeine Zeitung vom 19. 2. 2003.

IX Die zehn Gebote der Korruptionsbekämpfung

1 «Es waren die Menschen und nicht die Politiker, die entschieden hatten, dass genug genug sei», Leoluca Orlando, Ich sollte der Nächste sein, Zivilcourage – die Chance gegen Korruption und Terror, 2002, S. 8.

2 Oliver Fahrni, Letzte Schmierung, Die sauberen Geschäfte der Fünften Republik, Kursbuch Korruption, 1995, S. 47 f., S. 61.

3 Sangmeister, Die Spielregeln des Systems. Korruption in Lateinamerika, E + Z 1993, Heft 3, S. 70 f., 73.

4 Dölling, Dieter, a. a. O., 1996, S. 7, 8 (Einl. Fn. 25).

5 An dieser Stelle ist nicht der Raum für die detaillierte Darlegung der Forderungen. Ausführlich Schaupensteiner, Wolfgang, Wachstumsbranche Korruption. «10 Gebote der Korruptionsbekämpfung». Forderungen an Gesetzgeber und Verwaltung. In: Bundeskriminalamt (Hrsg.): Wirtschaftskriminalität und Korruption. BKA-Herbsttagung 2002. 2003, S. 73–109; ders., Wachstumsbranche Korruption. Lagebildbeschreibung – Korruption in Deutschland. Kriminalistik 1/2003, S. 9–18.

6 Entschließungsantrag, BT-Drucksache 13/8085; Plenarprotokoll BT-Drucksache 13/184, S. 16 645 f.; Maßnahmenkatalog BMI, BMJ vom 20. 3. 1996; Koalitions-Entwurf BT-Drucksache 13/5584, S. 8.

Rechtsgeschichte, Rechtspolitik

Winfried Hassemer/Jan Philipp Reemtsma
Verbrechensopfer
Gesetz und Gerechtigkeit
2002. 230 Seiten. Gebunden

Ute Gerhard (Hrsg.)
Frauen in der Geschichte des Rechts
Von der Frühen Neuzeit bis zur Gegenwart
1997. 960 Seiten mit 52 Abbildungen
und 1 Karte. Leinen

Jutta Limbach
Die Demokratie und ihre Bürger
Aufbruch zu einer neuen politischen Kultur
2003. 166 Seiten. Gebunden
Krupp-Vorlesungen zu Politik und Geschichte

Ute Gerhard/Trudi Krijn/Anja Weckwert
Erwerbstätige Mütter
Ein europäischer Vergleich
2003. 253 Seiten. Paperback
Beck'sche Reihe Band 1514

Verlag C. H. Beck

Hans-Ulrich Wehler
Deutsche Gesellschaftsgeschichte
in fünf Bänden

Band 1: 1700–1815
Vom Feudalismus des Alten Reiches bis zur Defensiven
Modernisierung der Reformära.
3. Auflage. 1996. XII, 676 Seiten. Leinen

Band 2: 1815–1845/49
Von der Reformära bis zur industriellen
und politischen «Deutschen Doppelrevolution»
3. Auflage. 1996. XII, 914 Seiten. Leinen

Band 3: 1849–1914.
Von der «Deutschen Doppelrevolution»
bis zum Beginn des ersten Weltkrieges
1995. XVIII, 1515 Seiten. Leinen

Band 4: 1914–1949.
Vom Beginn des Ersten Weltkrieges bis zur
Gründung der beiden deutschen Staaten.
2., durchgesehene Auflage. 2003.
XXIV, 1173 Seiten. Leinen.

Verlag C. H. Beck

Etienne Francois/Hagen Schulze (Hrsg.)
Deutsche Erinnerungsorte Band I–III
Limitierte Broschierte Sonderausgabe!
2003. 784 Seiten mit 86 Abbildungen.
Sonderausgabe

Etienne Francois/Hagen Schulze (Hrsg.)
Deutsche Erinnerungsorte Band II
Limitierte Sonderausgabe!
2003. 741 Seiten mit 77 Abbildungen.
Broschierte Sonderausgabe

Etienne Francois/Hagen Schulze (Hrsg.)
Deutsche Erinnerungsorte Band I
Limitierte Sonderausgabe!
2003. 727 Seiten mit 77 Abbildungen.
Broschierte Sonderausgabe

Heinrich August Winkler
Der lange Weg nach Westen
Band 1 + 2:
2002. 1416 Seiten mit Zwei Bänden im Schuber.
Broschierte Sonderausgabe

Verlag C. H. Beck